精神分析视野下的意识形态

孔明安 主编

河南大学出版社
·郑州·

图书在版编目(CIP)数据

精神分析视野下的意识形态/孔明安主编. —郑州:河南大学出版社,2012.2

(赫尔墨斯国际前沿论文书系)
ISBN 978-7-5649-0639-9

Ⅰ.①精… Ⅱ.①孔… Ⅲ.①意识形态—文集
Ⅳ.①B022—53

中国版本图书馆CIP数据核字(2012)第009926号

责任编辑	王可佳
责任校对	木　子
封面设计	吕　玮

出　版	河南大学出版社
	地址:郑州市郑东新区商务外环中华大厦2401号
	邮编:450046
	电话:0371—86059701(营销部)　网址:www.hupress.com
排　版	郑州市今日文教印制有限公司
印　刷	河南地质彩色印刷厂
版　次	2012年2月第1版　　印　次　2012年2月第1次印刷
开　本	890mm×1240mm　1/32　印　张　10.5
字　数	218千字　　　　　　印　数　1—3000册
定　价	25.00元

(本书如有印装质量问题,请与河南大学出版社营销部联系调换)

总　　序

马克思曾批评旧哲学只是以不同的方式"解释世界",而不知道更重要的工作乃是"改变世界"。马克思主义哲学以其实践性品格而著称。

孔夫子的解释学亦侧重于学以致"用"的方面,例如说:"诵诗三百,授之以政,不达;使于四方,不能专对;虽多,亦奚以为?"显然,对他而言读诗的最高境界不在诗内而在诗外。

当代西方社会学家齐格蒙特·鲍曼描述说:如今人文知识分子已从过去的"立法者"蜕变为"解释者"。鲍曼将前者视为现代性,后者视为后现代性。其价值倾向,这里不去究问。

因此,当我们将丛书定名为"赫尔墨斯"云云是否便意味着一个消极的和保守的计划呢?

赫尔墨斯，源出于古希腊神话，在他的诸多职能中，以作为神的信使最著名，因而"解释学"(hermeneutics)就是由他而来的。"在所有西方语言中，赫尔墨斯词源意味着：表达和辩术、转译和解释。"(贝尔纳·斯蒂格勒)

但是，我们所理解的"赫尔墨斯"却并不仅仅是"解释"，或仅仅局限于不及物的"认识"。解释学有待于重新解释。

第一，"解释"本身其实就孕育着"改变"的种子。我们何以要解释？"解释"不是解释行为的目的。"解释"是去蔽，是揭开隐藏的真理，是神话中所谓的"传达神的旨意"。对世界的"改变"当依赖于先于对它的"解释"或"认识"，因为毫无疑问，人是理性的动物。"解释"总是为"改变"构筑蓝图。"改变"自然也会反过来确认和修正"解释"。

第二，对于人文学者来说，其本职工作在于"解释"，在于为最终的"改变世界"提供合乎真理的知识。一个人文学者固然可以带着他的知识去从事其他职业，去做觉醒了的浮士德，但他将不再是学者了。学者以学术为业，以学术向世界说话。在他，"言"即是"行"，言行不二，以言行事。

因而我们的"赫尔墨斯"代表着坚守学术本位而又积极进取的入世态度。"解释世界"意在"改变世界"，或者说，"改变世界"先已内在于而不是拘禁于"解释世界"。

进入新世纪，我们是愈益强烈地感受到全球化力量的冲击和挑战。《共产党宣言》所期待的"世界文学"虽未实现，远未实现，但已在缓缓地向我们逼近了。而倘若把"世界文学"视为一个过

程,那么它实际上早已开始。全球化是一种变革性的力量,生活在变,知识在变,一切传统的东西都在经历着某种转型。

全球化对学术提出了更高的要求:要求超越民族之"片面性和局限性"的"世界文学"视野,要求解决世界共同问题的勇气和能力。我们无权选择"国际性",就像我们无权选择事实一样。"国内学术界"正在汇入"国际学术界"。"国际性"已表现当前学术的一个基本事实。我们被挟裹于其中。我们只能向"国际前沿"走去。否则,便不得不接受被边缘化的命运。

丛书提出一个"论文书"的概念,是有针对性的。近些年,形式上的"厚"、"重"、"大"书很受追捧,而一些很有学术分量的论文却难以找到恰当的方式面世:杂志嫌它长,出版社嫌它短,科研管理部门嫌它是"论文集"而不是"专著"。异乎此,我们则坚信,要发展学术,首要的是从一篇篇的论文做起,然后庶可形成真正的大书。

设立在百年老校河南大学的"河南省高校人文重点学科开放研究中心",自建立之日起就以开放的姿态和视界开展学术活动、组织学术研究,近年来在海内外产生一定的影响。现在,中心主任张云鹏教授出于对学术发展大势的把握,以前瞻性的目光,又将这套以"赫尔墨斯"为宗旨的丛书列入中心的工作日程。丛书有了"家",有了"温暖",但也更有了不容懈怠的"责任"。我们组织者个人能力有限,唯望得到海内外学人的不吝支持。学术是大家的事业,远的说,也是全人类的事业。

我们不敢对丛书做过高的期许,但我们会以较高的标准要求

丛书,以敬畏之心对待我们的学术事业。"只问耕耘,不问收获"。

是为序。

    汝 信 中国社会科学院学部委员、河南省高校人文重点学科开放研究中心学术委员会主任

          2008 年 3 月 4 日

目 录

总序 …………………………………………… 汝 信（1）

对象 a：拉康的欲望诗学 …………………… 吴 琼（1）

棘手的主体：自主抑或臣服 ………………… 马元龙（40）

精神分析维度中的实体和主体 ……………… 孔明安（68）
　　——兼论拉康—齐泽克的"实体即主体"

从主人话语到普遍性话语
　　——对拉康的《讲座XVII》中四种话语理论分析
　　…………………………………………… 蓝 江（105）

对象 a 的引入实现了对本质主义的超越 …… 刘玉贤（131）

齐泽克：作为幻象的意识形态 ……………… 严泽胜（152）

齐泽克的新意识形态理论 …………………… 韩振江（168）

穿越幻象，认同症兆
　　——论齐泽克探讨意识形态理论问题的新途径
　　…………………………………………… 贺翠香（182）

意识形态的崇高对象及其颠覆 ……………………… 李西祥(209)
齐泽克的意识形态认同理论与主体的自由可能性
　　……………………………………………… 刘长荣(232)
选择"恐怖",而非"担忧"
　　——齐泽克的生态危机思想解读 ……… 张　剑(246)
马尔库塞与弗洛伊德的心理学 ……………………… 丁国旗(268)
荣格的精神分析学在日本
　　——以河合隼雄的精神分析理论为中心 …… 张文良(290)
齐泽克论意识形态理论释例 ………………………… 季广茂(310)
后　　记 …………………………………………………… (323)

对象 a：拉康的欲望诗学

吴 琼

拉康曾经很自负地对他的研讨班听众说,他对精神分析学的一个重要贡献就是发现了"对象 a"(objet petit a,读作"对象小 a")。① 拉康正式使用"对象 a"这个提法是在 20 世纪 50 年代末——但对其意涵的阐述在这之前就已经开始了——自这以后,对象 a 便成为拉康精神分析学的一个核心概念,几乎在每期研讨班中都会涉及。但另一方面,在拉康的词汇中,对象 a 也是含义最为暧昧复杂的一个概念,它似乎始终处在未完成的、难以言尽的或者说不可定义的状态,其含义之曲折回转和游移不定,令人

---

① 关于这个词的译法,英语世界通行译作"object a",但拉康声称这个概念是不可翻译的,所以英语世界现在有更多的人倾向于保留原文不做移译。在汉语世界,流行两种译法:"对象 a"和"小对形",后一种译法太过艰涩,所以这里笔者取前一种较为直接的译法。

难以把捉——这一点倒是与"对象 a"本身的特质极其相符。自60年代到70年代,拉康一直在修正和重述他的这个概念,并把它延展到其精神分析理论的各个方面,使得它成为一个理论的缝合机器,似乎与精神分析理论和实践相关的所有一切最终都可以回溯到这里,并在此获得解释。

一

美国著名的拉康派精神分析学家布鲁斯·芬克(Bruce Fink)评论说:拉康认为,对象 a 是他对精神分析学作出的最重要的贡献。在拉康的作品中,很少有概念被如此广泛地阐述,从50年代到70年代被给以如此重大的修正,在如此多的不同角度被讨论,在我们对欲望、移情和科学的常规思考方式中需要做如此多的改变。同时,在拉康的著作中,也很少有概念有如此多的变身:小他、"agalma"(小神像)、黄金数字、弗洛伊德的原质之"物"、实在界、异形、欲望之因、剩余原乐、语言的物质性、分析师的欲望、逻辑连贯性、大他者的欲望、类像/赝品、失落的对象,等等。①

实际上,我们可以把"objet petit a"看做是拉康的一个"数学型"(matheme),是他的欲望与匮乏的辩证法的一个形式化表述,

---

① Bruce Fink, *The Lacanian Subject: Between Language and Jouissance*, Princeton University Press, 1997, p. 83. 正是基于对象 a 变身的这种多面性,芬克说,要阐述这个概念,甚至要一本书的篇幅才能完成——至于能否说清楚还另当别论。

是他的欲望诗学的一个原型,其含义可按字面直接理解为"小 a 作为对象"或"作为对象的小 a"。在精神分析学中,"对象"通常指的是欲望或欲望满足的对象,"对象 a"是一种对象,但不是一般意义上的欲望对象,而是使某个东西成其为(欲望)对象的对象,是作为欲望之成因的对象;更确切地说,它是引发欲望的对象-原因,同时也是使欲望之满足变得不可能的对象-原因。"对象 a"中小写且斜体的符号"a",在 50 年代拉康的使用中,它指的是小他、镜像、对体,现在则是一个不确定的未知,是一个"x",一个其本身不指涉任何意义的纯粹字符,其小写且斜体的书写形式,一方面显示了作为对象-原因的 a 的不确定性和不可定义性,另一方面则表示它与想象界、象征界和实在界的交互运作紧密关联。

"对象 a"究竟有多诡异?它真的就像拉康自己以及拉康研究者所说的那么不可捉摸吗?不妨选择几期研讨班来简单看一下拉康在属于他自己的这块地盘上的游移、盘旋。

拉康最早是 1958~1959 年在第 6 期研讨班《欲望及其阐释》上明确地使用了"对象 a"的提法,而在此之前,他已经在第 4、5 期研讨班中集中地讨论了精神分析经验中那个原初的、已然失落的对象的品质和功能,只是在那时它还未正式获得"对象 a"的命名。在第 6 期研讨班中,围绕着莎士比亚的《哈姆雷特》——拉康称它是一部有关欲望的悲剧——拉康在幻象的结构中探讨了欲望与对象 a 的关系,称对象 a 是永远失落的对象、不可能的对象,是被剥夺了的菲勒斯,可正是对象 a 的这一不可能性的品质,使

它成为了欲望的原因,成为了欲望主体在幻象中通过对象的不断替代来寻求的东西。不妨直接引述一段该期研讨班的文字:

> "对象 a",本是主体的镜像、主体的"病苦";在对它的关切中,是主体设身处地想像自己是它物。这种对象并不能满足什么需要,因为它自来就是相对的,即相对于主体而言的。从朴素的现象学——待会儿我还要回到这个话题——观点看,显然主体就呈现于幻象之中。而对象之所以是欲望的对象,也完全因为它是幻象的末项。我是想说,这种对象代替了主体——在象征界的进程中——被剥夺了的东西。
>
> ……什么是主体被剥夺了的那个东西呢?是"菲勒斯"。正是从"菲勒斯"那里对象获得了它在幻象中的功能,进而,从"菲勒斯"那里,欲望由作为欲望指向的幻象所构成。
>
> 幻象的对象,作为主体的镜像与"病苦",就是那代替了主体在象征界中被剥夺之物的另一元素。因此,这种想像界对象就在自身之中浓缩了存在的功德或尺度,成为十足的"存在的诱饵"——这是西蒙娜·薇依讨论过的话题,她曾经致力于思考一个人与他的欲望对象的那种最密切、最隐晦的关系,譬如莫里哀剧中的吝啬鬼与他的钱匣子的关系:人类欲望对象的物恋性质,在这里表现得淋漓尽致。确乎人世间

的一切对象都具备这个性质,起码从某一角度看是这样的。

〔……〕①

可接着在1959～1960年的第7期研讨班中,"对象a"这个概念突然又消失了,在那里,拉康把原初的失落对象不是界定为"对象a",而是界定为弗洛伊德的"物"(the Thing),并从实在界的维度讨论了这一对象的伦理品质。那么"物"和"对象a"之间有何关系呢?许多人认为拉康的这两个概念是对等的,"物"的概念不过是"对象a"的早期版本——在第7期研讨班之后,"物"作为一个概念在60年代和70年代的研讨班中几近消失了,似乎被"对象a"所取代。这个说法有值得商榷的地方:要知道,在拉康那里,"对象a"的使用要早于"物"的使用。的确,从拉康的解释来看,"物"与"对象a"之间有诸多重叠的地方,比如它们都代表着原初的失落对象,都代表着一种不可能性,是主体的欲望所不可趋近的,但据此把它们等而视之也是不妥当的,因为与这些重叠相比,它们之间的差异也许更为关键:作为原初的失落对象,拉康明确地把"物"定位在实在界,并强调主体只有借助象征界的能指运作的回溯效果来获知它的存在——作为不在场的存在;而对象a则主要关联着欲望的幻象结构,关联着象征界、想象界和实在界的交互作用,它固然属于"物"的领域,是"物"的一种回声,可

---

① 拉康:《欲望及对〈哈姆雷特〉中欲望的阐释》,陈越译,《世界电影》1996年第2期,第198～200页。基于术语统一的考虑,笔者对译文中的个别地方有所改动;另外,该文的标题译作《〈哈姆雷特〉中的欲望及其阐释》似乎更为妥当。

它的出现有赖于"物"的象征化,有赖于语言对身体的切割,还有赖于主体有关实在之"物"的想象或基本幻象。

再接着在1960～1961年有关移情的第8期研讨班中,"对象a"被嵌入移情-爱的关系结构中,在那里,苏格拉底被匮乏的欲望主体欲望的对象,想象在他的身上隐藏有许多的"agalma"(小神像、宝藏),它具有一种迷人的品质,一种深不可测、难以接近和难以理解的特质。尤其是,"agalma"作为真正的欲望对象、作为对象a不仅代表着主体之欲望的一种根本性欠缺,还代表着一种欺骗,欺骗主体去把它可填充欠缺的礼物加以欲望。就如同阿尔基比亚德对苏格拉底的移情之爱,他想象苏格拉底的身上具有其所欠缺的东西,欲望以一种爱的狡计把苏格拉底拉进爱的隐喻的游戏中,可苏格拉底洞穿了这个爱的伎俩,他知道自己毫无价值,知道自己所拥有的并非阿尔基比亚德真正欲望的。作为第一个"精神分析师",苏格拉底以其自知无知的辩证狡计揭示了对象a的幻象品质。对象a是基本幻象的对象,并因这幻象而成为欲望之因。

接下来在1962～1963年有关焦虑的第10期研讨班中,拉康进一步探讨了对象a作为欲望之因的构成功能。他指出,焦虑并非如弗洛伊德所言完全没有对象,而是其对象对主体而言是未知的,这个对象就是幻象公式"$\$ \lozenge a$"中的那个"$a$"。对象$a$不是任何具体的欲望对象,也不是欲望的目标,相反,它是欲望的成因,是引起欲望的东西,是欲望的对象-原因。如何理解对象a不是欲望的对象?简单地说,欲望对象是欲望在能指的转喻性链条上

进行替代和置换运作的对象,所以是象征界的对象,而对象 a 正是引起对象替代和对象置换的东西,它不属于象征界,但可以现身于象征界,这时,它指示着象征界的欠缺和缺失。当然,在某个根本的层面上说,我们也可以称对象 a 是一种对象:一种不可能的对象、不确定的对象,一种能指永远地向其运动的对象,一种不为欲望所知但却决定着欲望的命运的对象;更确切地说,它是一种召唤主体去欲望与之相遇但又总是与主体失之交臂的对象,而正是这种错失的相遇引发了主体的焦虑。

再下来在 1964 年的第 11 期研讨班中,"对象 a"又被置于观看的机制中,不可能的实在在他者场域中的凝视成为对象 a,成为捕获主体的欲望并引发主体的分裂的机器,同时,通过引入驱力的循环机制,"对象 a"与被语言切割的身体结构联系在一起,成为驱力借以运转起来的"部分对象"。

进而在 1966～1967 年的第 14 期研讨班《幻象的逻辑》中,拉康再次回到基本幻象的公式"$\$ \diamondsuit a$",通过对能指的意指机制亦即能指的失败的重新说明,讨论了"a"在幻象公式中的位置和作用,讨论了幻象关联于"a"的逻辑,以及"a"对于主体性别位置的确立的作用。在那里,对象 a 依然被界定为原初的失落对象,是不可同化的剩余或产品,它属于实在界,是产生主体的原初能指于绝对的差异中重复自身时在实在界上打开的切口。

还有在 1968～1969 年的第 16 期研讨班《从小他到大他》中,拉康宣称马克思发明了剩余价值,而他则发明了对象 a,并在这两个概念之间进行等价交换,说幻象公式中的"a"就是剩余原乐。

"*a*"(小他)就在"A"(大他)之中,然而它是在 A 那里打开了一个洞,正是对象的失落在身体与身体之享乐之间创造了一个裂隙,这就是对象 *a* 在大他场域中的效果,是主体从小 *a* 运动到大 A 的效果,而受到部分驱力的作用,主体为积累剩余原乐,必定还要从大 A 运动到小 *a*。

在紧接着的第 17 期研讨班《精神分析学的另一面》(1969~1970 年)中,拉康又把"*a*"置于四种话语的结构中,继续讨论对象 *a* 与知识、原乐或剩余原乐的关系,并称它就是作为"科学"的精神分析学的研究对象。至此,对象 *a* 就像是一个散落的珍珠,遍布于拉康话语的各个角落,它已经成为了一个真正不可言说的神秘之物,一个弗洛伊德意义上不可思议的、令人惊骇的原质和创伤性内核。

总之,在拉康那里,对象 *a* 就像是一个语义叠加的机器,一个精神分析的黑洞,总是躲在某个角落变换各种各样的假面,让主体朝向它、围绕它做飞蛾扑火般的终极飞行,最后再由它在墓穴旁为主体的失败举行哀悼的仪式。它令主体最为绝望的地方就在于:主体明知朝向它的过程将是一次与之错失的相遇,可主体却没办法让自己停下脚步,因为没有这个不可能的相遇,主体也就不复存在了。以此言之,对象 *a* 无疑是拉康抛给我们的一个诱惑、一个陷阱,一个原初就已经陷落但其碎片四处播撒的神秘城堡。面对其幽灵般的四处出没,我们该从哪里去捕捉它的踪迹呢?——欲望。欲望总是以朝向对象 *a* 的运动作为驱力目标;欲望因它而呈现,也因它而成为欠缺的欲望;欲望的欠缺因它而被

缝合,也因它而把主体引向迷乱和更深的欠缺。反正不管怎么说,脱离了欲望的视线,我们就无法走进对象 a 的幻形世界。

二

欲望的视线是引领我们进入对象 a 的阿里阿德涅之线,而上面的简要叙述又显示,在这条阿里阿德涅之线中,隐藏着一系列的环节,其中最为关键的环节有三个:语言或能指对主体的象征性切割、基本幻象的结构和朝向部分对象的驱力。从一定程度上说,把握了这三个环节,就可以抓住对象 a 的基本逻辑。下面笔者想从幻象的结构入手来讨论上面的这些环节——因为对象 a 总是在那里出现。

先要弄清楚什么叫"幻象"(fantasy)。首先,"幻象"不是一个与"现实"对立的概念,在精神分析学的语境中,所谓的"现实"实际都是心理构成物,是心理现实,用拉康的话说,它是语言或能指在无意识领域运作的结果,换句话说,精神分析学所讲的"现实"不是给定的知觉对象,而是无意识主体的幻象依照一定的能指逻辑结构出来的效果。其次,所谓的"幻象"不是指那种虚妄不实、荒诞不经的形象,幻象是一个场景,是主体借以投射其欲望的场所,幻象的场景可以存在于意识的层面,也可以存在于无意识的层面(这时,拉康将其称之为"基本幻象"),但不论它是虚妄不实的还是确实残留有记忆的踪迹,甚或就是主体之历史事件的某种重现,其对于主体而言都是欲望实现的某种真实机制,所以,幻象

的结构是与欲望的辩证运动关联在一起的。再者,按照拉康的解释,幻象还是一种防御方式,是主体面对父法的阉割、面对存在的匮乏和他者之欠缺而采取的一种相对固定的防御措施,换言之,幻象的结构具有临床意义,因为在每一种临床结构中,都存在一个幻象的场景,它是主体用来屏蔽、遮盖欲望的欠缺和匮乏的手段,例如神经症的幻象公式是"$\$\diamondsuit a$"(可理解为"分裂的主体对 a 的欲望"),而倒错的幻象公式正好颠倒过来:"$a \diamondsuit \$$"(但不能把它理解为"a 对主体的欲望",而应理解为主体把自己置于驱力对象的位置,视自己为他者的求原乐意志的手段或工具)。最后,虽然拉康把"$\$\diamondsuit a$"视为神经症的幻象公式,但他也把它看做一般的幻象公式,视其为基本幻象结构的表达,拉康对幻象的逻辑的思考大多是针对这个结构公式进行的。

在1966~1967年的第14期研讨班中,拉康专题讨论了"幻象的逻辑"。正如他一开始就指出的,这里的"逻辑"既指幻象结构("$\$\diamondsuit a$")本身的逻辑,也指构成幻象的意指链条的逻辑,还指对象 a 在幻象结构中出现的逻辑:

这个公式所建立的是一种联系,是作为被构成物的这种主体与被称作小 a 的另一东西之间的连接。小 a 是一个对象,其地位——我所谓"建构幻象的逻辑"就是为确定它的地位——确切地说,就在于一种关系,恰当地说,在于一种逻辑关系。[①]

当然,真正的问题在于被划杠的主体与"小 a"之间的逻辑关

---

① Jacques Lacan, *The Logic of Fantasy*, 1966~1967(1966年11月16日第14期讲座,未出版).

系是如何建立的,这正是拉康的"幻象的逻辑"的核心所在。在第14期研讨班中,他把能指的运作、他者的欠缺、阉割、主体的性化、对象 a 等融汇到一个非同一性的剩余逻辑中,对幻象的结构做了十分复杂的阐述。

首先是 $, 主体之为被划杠的主体。归纳起来,拉康对 $ 的讨论主要有两个维度——语言学的维度和人类学的维度,前者涉及能指的运作,后者涉及父法的阉割,两者说的实际是一回事,那就是象征机器对主体的象征性切割。

从能指的方面说,按照拉康的能指理论,能指是对另一个能指表征主体的,拉康把表征主体的能指称作"主能指"(master signifier),并且用符号"S_1"来表示,其他能指又称作他者场域中能指的集合,用符号"S_2"来表示,在这两类能指当中,S_1 并不包括在 S_2 之内,相反它是指示 S_2 的欠缺的能指,用代数式来表示就是"$S(\cancel{A})$",即"他者之欠缺的能指",这意味着,根本就不存在一个"能指的总体",能指的集合在其意指的过程中总是会错失某个东西,某个对主体而言构成认同的条件但又是主体无法思及的东西。于是,主体在能指的意义缝合中被分裂为话语中有意识的存在和隐藏在言说背后的无意识的存在。正因为此,拉康称语言的意指功能其实是能指对主体之存在的一种切割,是能指在主体身上划出一个切口——就像在 S 上加一个斜杠的符号"$"所表示的。

那么,语言对主体的这一切割究竟意味着什么?它到底会给存在的经验带来什么样的影响?这可以用人类学的方式来思考。

按照弗洛伊德对图腾与禁忌的人类学考察,子民对原始父亲的谋杀不仅没有倾覆父法的权威,反而是强化了这一权威的效能,父法成为深怀罪感的子民的认同对象,被内化为超我的律令。拉康把主体对父法的这种认同又称作是父法对主体的一种阉割,菲勒斯作为优先能指在其中发挥着关键的作用,只不过在认同中所认同的是象征的菲勒斯,而在阉割中被切割的是想象的菲勒斯,即一方面,主体可以通过认同父亲功能而在他者秩序中获得一个象征性的位置;但另一方面,主体是要为此付出代价的,那就是接受父法的阉割,压抑对母亲的欲望,放弃想要成为母亲的(想象的)菲勒斯的愿望。这也正是菲勒斯能指的悖论性功能。

其实,主体之所以愿意放弃对母亲的欲望,不仅是由于父法的淫威——父亲威胁要阉割他的实在的菲勒斯;也是由于父法的权威——父亲承诺可以保证他拥有象征的菲勒斯;还是由于"母亲他者"(mother)原本是有欠缺的——她欠缺实在的菲勒斯,所以只能让孩子充当想象的菲勒斯来帮助达成欲望的满足。实际上,在主体接受父法的象征性阉割之前,就已经在母亲他者那里遭遇了挫折,他的要求——无条件的爱的要求——无法被他者满足,他无法确定自己是不是母亲唯一的爱的对象,因而无法从母亲他者那里获得对自己的主体位置的指认,无法称自己是一个真正意义上的主体,更确切地说,他在他者之欠缺中充其量只能把自己定位为一个失败的主体,一个有欠缺的主体,并且这一定位的真正完成还必须等到俄狄浦斯情结解决之后,只有在主体接受阉割之后,他才能把自己在他者那里遭遇的失败命名为主体的失

败,把那个曾受困于挫折的辩证法无以自拔的主体命名为失败的主体。

为什么会有主体的失败呢?因为切割的剩余。拉康说,能指对主体的表征不可能是完整的,能指集合构成的他者场域总是有所缺失,语言的切割总会有所剩余,在能指链的回溯性生产中,总有某个意义剩余是能指所无法捕捉到的。换从认同和阉割的角度说,主体对他者的认同不可能完满,他者的欠缺总让主体陷入无尽的欲望煎逼,同样的,父法的阉割也不可能彻底,对母亲的欲望并不会因为受到压抑而彻底熄灭,反而会激发主体一次又一次的欲望寻唤。总之,在主体的欲望构成中,总会有一个剩余在那里运作,把主体引入幻象的结构中,幻象公式"$\$ \diamond a$"就表达了分裂的主体与这个剩余的结构关系,在此,"a"指的就是能指链的那个意义剩余、那个从象征的菲勒斯能指中滑脱的对象残余,它将以幻象的形式呈现在主体的面前。

那么,这个剩余、这个不可象征化的残留物到底是什么?它指的就是原初的、已然失落的对象,是在前主体阶段的欲望对象——母亲或母亲的欲望。尤其是,拉康强调说,所谓"原初的、已然失落的对象"实际是经历了创伤经验的主体事后回溯的结果,是主体在自身的失败中构建出来的,而不是说原初真的有这么一个对象存在,只是后来失落了,比如母婴之间的原初一体性原本就不存在,它是经历了母亲不在场或断奶创伤的儿童事后构想出来的,这时,母婴之间的原初统一性就成为激发欲望的原因,在此用符号 a 来标记这个对象-原因乃是为了强调其在回溯性建

构中呈现出的已然失落、永久失落的独特品质,也是为了强调该对象-原因的不确定性和未知性,强调它是不可象征化的,是能指的网络所无法捕捉的。

于此,我们可以暂时就象征性切割的失败与主体的欲望之间的关系定位出对象 a 的一系列悖论性质:

第一,对象 a 是象征性切割的剩余,是主体在他者场域的构成的剩余,故而与语言能指有着密切关系,其与能指的悖论关系可简单地表述为:没有能指,对象 a 就不可能出现,但对象 a 又是抵制象征化的东西,确切地说,它是对在能指界域中总是呈现为失落的东西的一种象征化。对象 a 是一种不可为想象和象征所吸纳的剩余,它是属于实在界的不可能的对象,是实在之物。

第二,对象 a 是悬置在主体与他者之间的东西,它既属于主体和他者,但也不属于这两者。它是内部与外部的悖论性结合,其与主体是一种外密性关系,即它既在主体之内,是主体自身最隐秘的一部分,但又不属于主体,它总是出现在主体以外的他处,总是躲避主体对它的捕捉。

第三,甚至于对象 a 与实在界的关系也是悖论性的,它虽然属于实在界,是实在界的不可象征化的内核,但它又只能在他者之欠缺中以想象的形式获得其原初的表征,并以这些表征来标记可想象的东西的界限,标记他者场域的能指集合的界限。在这个意义上说,对象 a 的不可能性根本指的是其在"三界"的任何一个界域中的不充分性。

第四,对象 a 代表着存在的原初缺失,它在标记想象的界限

及他者之欠缺的同时也标记了主体的被划杠,标记了主体的匮乏和欠缺。在第11期研讨班中,拉康说:

> 对象a是这样一种东西:为了构成自身,主体必须让自己与这个东西分离,就像与一个器官分离一样。它是欠缺的象征,也就是说,是菲勒斯的象征,但不是菲勒斯本身,而是就其是欠缺而言的。因此,它必定是这样一个对象:首先是可分离的,其次是与欠缺有关系的。①

对象a与存在之欠缺的这一关系对于主体性的构成有着根本的影响。一方面,对象a是对主体之欠缺的命名,是对能指的失败的命名,通过这一命名,主体的失败被翻转为失败的主体。拉康说,这正是幻象结构的功能所在:通过把自己建构为失败的主体,那个失落的原初对象将可以在替代对象的形式中以幻象的面目被重新召回。拉康特别强调了这一召回的回溯特征,强调了在这一召回过程中对象a作为欲望的"对象-原因"的特质。一般地,我们倾向于假定,在欲望把自身凝定于某个对象上之前,必定先有一个欲望主体存在。可拉康相反,他坚持认为,在欲望主体被构成之前,总是已然先有一个欲望对象;当然,这个对象不能是任何一个对象,而必须是作为欲望之因发挥作用的对象,是原初已然失落的对象,是主体本质上欠缺的对象,是在出场之前就已然缺席的对象,是主体在能指之失败中回溯性的建构的对象,亦即对象a的存在源自它的非存在,源自其在想象和象征的可表征

---

① Jacques Lacan, *The Four Fundamental Concepts of Psychoanalysis*, The Hogarth Press, 1977, p. 103.

之物中的不充分性。

另一方面,虽然对象 a 无法被象征化,无法在象征秩序中获得确定的意义,但它总是以驱力或部分驱力的形式作用于主体化的进程,比如它会因此而影响到主体在两性关系中的性化位置的确立。在第 11 期研讨班中,拉康说:

> 不论那使人类朝向他者场域的是驱力或部分驱力,抑或只有部分驱力是有关性化结果的心理的代表,这都表明:性化在心理上是由主体的某种关系来表征的,而这一关系又只是得自于性化本身。性化是通过欠缺的方式而在主体的场域中建立起来的。
>
> 在此有两种欠缺交叠着。第一种出自中心的不足,主体的降临与其自身的存在相较于他者而言的辩证法就是围绕着这一不足旋转的——因为事实上,主体有赖于能指,而能指首要的属于他者的场域。这个欠缺衔接着另一个欠缺,后者是实在的、更早的欠缺,可在生命的到来中或者说在两性的繁殖中来定位。实在的欠缺是生命在通过性方式繁殖自身的过程中所失落的东西,是作为生命的他自身的一部分。这个欠缺之所以是实在的,就因为它与某个实在之物有关,亦即生命——通过成为性别主体——已经受到个体之死的致命影响。①

总而言之,对象 a 是主体接受象征界切割后的剩余,它处在

---

① Jacques Lacan, *The Four Fundamental Concepts of Psychoanalysis*. The hogarth Press, 1977, pp. 204~205.

语言的彼岸,它被留在了实在界,成为能指不可穿透的晦暗之物,它的在场——缺席形式的在场——不仅见证了主体的分裂,而且见证了能指链所在的他者场域的欠缺和不完整,见证了主体与能指缝合的不彻底或不可能。

三

再回到幻象的公式"$\$ \Diamond a$":被阉割的主体对幻想的对象"$a$"的欲望。在这里,"对象 a"正是主体借以命名自己的东西,通过它,主体可以在想象的层面把象征的切割象征化,把自己对母亲的原初欲望象征化,把自己的失败象征化,把原初的失落对象象征化,因为对象 a 在幻象结构中被视为那一切的替代。

拉康在描述幻象结构的时候,时常喜欢举倒错的例子,尤其是受虐和物恋的例子,其中弗洛伊德关于"孩子被打"的受虐幻想最为他津津乐道,在研讨班中时有提及。所谓"孩子被打",说的是孩子看到别的小孩(比如他的兄弟)因调皮挨打,于是想象自己被父母打,弗洛伊德在 1919 年曾为此写了一篇论文进行分析,并将其视为受虐幻想的一种初级形式。拉康的分析的重点在于:挨打的幻想是孩子为进入象征秩序而采取的一种手段,通过把自己置于被打的位置,他可以把自己的缺失——爱的缺失——象征化,把因缺失而来的挫折象征化;而完成这一象征化行为的能指

就是想象中实施惩戒的工具,比如一根筷子,①后者在此是作为一个替代的菲勒斯能指发挥作用。为什么孩子要想象这样一个被打的场景呢？弗洛伊德和拉康的回答是:"在被打中,孩子感到自己被爱。"换言之,通过这一幻想的行为,孩子最终可以把自己建构为一个主体,一个有欠缺的主体,让他在想象中觉得爱是存在的,尽管是以否定——不被爱——的方式存在。若是想进一步以能指的逻辑来阐释这一被爱的幻象,不妨说,在此,孩子是通过想象自己被爱而把自己置于一个想象的菲勒斯的位置,而这一位置的获得又是借助某一象征性的工具——比如筷子——想象自己被打而完成的,所以,在这个幻象的场景中,孩子是相对于父母的欲望而言的想象的菲勒斯,而筷子是相对于孩子的被阉割而言的象征的菲勒斯。就这样,孩子通过在想象中召唤那个象征的能指的到来既命名了自己的欠缺和爱的缺席,又实施了这一欠缺的缝合,让缺席以在场的形式到场,从而使自己成为了一个有欠缺的主体。这就是幻象结构的功能——一种既阐释又掩盖、既框定又遮蔽主体之欠缺的屏幕功能。

通过上面的论述,我们可以看到,拉康所谓的幻象结构,实际就是想象界和象征界借助同一个对象、一个欠缺的对象(亦即对

---

① 在中国文化中,筷子在组织中国式的家庭关系结构方面大约是最具象征意味的一个器具,一个菲勒斯器具/手段,它的形状、它的摆放、它的握法、它与口腔快感的关系、它在主体间关系中的位置逻辑、它作为父母最便利或最容易上手的惩戒工具等等,这一切都使它独具一种可被精神分析化的气质:"筷子的精神分析:中国文化的菲勒斯能指。"

象 a)在主体身上的交互作用。而这个对象之为欠缺的对象是在双重意义上说的：就其与母亲的关系言之，它是母亲他者欠缺的对象，是主体在母亲他者中欠缺的对象；而就其与主体的关系言之，它是主体象征性的欠缺（阉割）的对象，是主体在想象的投射中象征性地认同（想象性地赎回）的对象。所以，在幻象的结构中，主体通过对欠缺对象的能指的象征性认同而表征自己为并"不是不拥有它"(is not without having it)。如同在女性的性化过程中主体（女性）把"不拥有"（菲勒斯）象征地"拥有"的一种形式一样，在幻象的结构中，主体实际把"拥有"转换成了一种象征性的"不拥有"的形式：他因为父亲而"拥有"了象征的菲勒斯，但却失去了想象的菲勒斯，他"支付"他的所是或将是（想象的菲勒斯）来维持自己在他者秩序中的主体化，因此，他所维持的只是一个有欠缺的主体化，一个以失去作为拥有之条件的主体化，也因此才有他在幻象中对自己的欠缺的想象和能指化，才有他作为一个有欠缺的主体对失落的对象的欲望。

所以，在幻象结构或所谓的"基本幻象"中，"a"是欠缺的想象性代表，是象征的菲勒斯在主体身上产生的切割或阉割效果的想象化，换言之，是想象的菲勒斯和象征的菲勒斯在幻象结构中交互作用的效果。但是，对于幻象公式中的"a"，我们还应当记住它的另一个更为根本的维度，即它作为不可象征化亦不可想象化的原初失落对象的实在的维度。在第 6 期研讨班中，拉康已经称"对象 a"是已然失落的实在的对象；接着在第 7 期研讨班中，他运用"物"的概念讨论了这一实在的对象的晦暗性质；进而到第

10期研讨班中,他又讨论了这种对象与焦虑的关系。

第10期研讨班的主题为"焦虑"。① 与弗洛伊德称焦虑没有一个确定的对象不同,拉康明确地说,焦虑"不是没有一个对象"。我们在第6期研讨班中已经看到了拉康使用的这个句型:"不是不拥有菲勒斯。"就像罗贝托·哈拉里所说,这个双重否定实际是对所论对象"幽隐的、不确定的状态"的一种说明,②它一方面显示了对象的在场,而另一方面又把这个在场之物置于一种晦暗性、模糊性、不可接近性的位置,赋予了它一种不同于一般对象的非凡特质。焦虑不是没有一个对象,它只是关涉着一个特殊的对象,一个不可象征化的实在之物,那就是"对象 a"。

"对象 a"何以成为了引起焦虑的实在之物?这仍要从欲望的辩证法——人的欲望就是他者的欲望——说起。前已论及,这个"他者的欲望"要在多重意义上来理解。

首先,就他者作为能指之宝库而言,主体是在他者之中来欲望的,可这个他者是有欠缺的,总有一个能指在那里被错失,所以主体在他者之中的欲望总要借助一个替代能指,由此而形成一个欲望的转喻链条。但另一方面,并不存在一个他者的他者,就是说,他者本身是有欠缺的,其在主体身上的运作总会产生出一个纯粹的意义剩余,即对象 a,主体因这个剩余而再次把自己投向

---

① 该期研讨班参见:Roberto Harari, *Lacan's Seminar on "Anxiety":An Introduction*, Other Press, 2001.

② Roberto Harari, *Lacan's Seminar on "Anxiety":An Introduction*, Other Press, 2001, p.34.

他者的欲望。

其次，就他者是处在他者场域中的他人主体，比如母亲他者而言，主体的欲望实际就对母亲他者的欲望，是对母亲他者之欲望的欲望，欲望成为母亲他者的欲望对象。而这个他者本身也是一个有欠缺的存在，她有一种实在的欠缺，她就是欠缺本身，她所欲望的是她自己所不拥有的，也是主体（孩子）所无法给予的。所以，面对母亲他者不断的要求，面对其匮乏所具有的不可言喻的坚执性，主体的欲望只会遭遇一次次的失败，他总是只能在一种焦灼的质询中——"你究竟想要什么？"——等待着他者的应答，而后者所能给出的只是一个失败的应答，是另一个质询——"我是谁？""身为女人的我究竟是什么？""你究竟想从我这里得到什么？"主体的欲望在母亲他者那里最后遭遇到的只是那个令主体和母亲他者倍感创伤的内核，是母亲的谜一样的欲望，是母亲对被阉割和被剥夺的菲勒斯的欲望，其相对于主体而言其实就是一个在回溯中才可想象的实在的欠缺。在这个意义上说，主体对他者的欲望、对他者之欲望的欲望不过就是对一个欠缺的欲望，主体欲望的是欠缺的欠缺，是在母亲那里就已然失落而后经由主体（孩子）回溯性地菲勒斯化的原初对象或"对象 a"。拉康说，由"对象 a"所指示出来的这一双重欠缺正是引起焦虑的原因。

进而，就他者还是处在象征之位的父亲他者而言，主体的欲望作为他者的欲望是由象征的菲勒斯主导的。主体为拥有这个象征的菲勒斯，就必得接受阉割，放弃想要成为想象的菲勒斯的愿望，这是主体的象征之债。但是，想要成为想象的菲勒斯的欲

望并不会因此而熄灭,它只是被象征地切割,被置于象征的菲勒斯能指的横杠之下,成为在自我意识中永远不可企及之物,成为一个无意识的实在之核,它是阉割后的剩余,并要继续以基本幻象的结构形态投射为"对象 a",以便主体重新将它赎回。在这里,"对象 a"可理解为是象征的能指穿刺实在界所产生的后果,是存在于他者秩序中的一个实在之洞,是实在界的残余,其对于主体来说同样是在想象的回溯中实现出来的,是主体在与实在界的相遇中遭遇到的引发焦虑的惊骇之物。

总之,不论我们在哪个层面来理解他者的欲望,都要关涉那个原初的失落之物,关涉他者的根本性欠缺,以及这个欠缺在幻象中的想象性返回;并且,通过把对象 a 置于实在界的维度来考察,拉康称对象 a 不是欲望对象本身,而是引起欲望的对象-原因,也是引起焦虑的原因。

绕了一圈又一圈,有人可能已经被绕糊涂了,越来越不知道"对象 a"究竟是何物了。其实,"对象 a"是什么东西并不重要,重要的是它在主体存在的三个界域的流转以及在这一过程中对主体的欲望和幻象的结构功能。不妨说,现实中任何一个东西都可能是你的"对象 a":LV 女包,某个歌手的口齿不清,流浪汉"犀利哥"的混搭和烟圈,某个女星的中性化长相,某个偶像的性取向,甚至自杀。这些都可能是捕获你的欲望的"疯狂的石头",但它们又不是真正的对象 a,它们只是"对象 a"的替代或类像,是"对象 a"以替代对象的形象把自己送到欲望的面前。所以,所谓"对象 a",就是你总是在欲望它但并不知道它到底是什么,你总是在它

的替身中来寻唤它但在面对面中又总是与之错失,你在它的面前总是遭遇失败,但这个失败却使你对它更为坚执。

四

对象 a 是引起欲望的对象-原因,那么,对象 a 作为欲望之因的功能是怎么实现的,或者说对象 a 是怎么从实在界返回到想象界和象征界的?拉康的回答是通过驱力的机制。不过,要说明驱力与对象 a 的这一关系,还得先说说拉康在第 11 期研讨班中对弗洛伊德的驱力概念所做的激进重写。

简单地说,拉康的重写着重在三个方面。

第一,驱力二元论。正如拉普朗切和庞塔利斯所说的,弗洛伊德的驱力理论始终是二元论的,早年他曾提出性驱力和自我驱力或自我保存的驱力的二元对立,后来他又提出了生命驱力(早年的二分驱力被合为一种)和死亡驱力的二元对立,并从此再未改变。所谓"生命驱力",指的是生命中欲求保存现有的生命统一体并想借此把自身建构为更具包容性的统一体的倾向,其典型的形式就是性驱力和自我保存的驱力;而所谓的"死亡驱力",指的是生命中欲求破坏已有的生命统一体、想要回复到原初的无机状态的一种惰性倾向,其典型的形式如破坏欲、掌控欲、权力意志等。弗洛伊德说,作为相互对立的两种生命…生命驱力和死亡驱力并非独立地存在着,而总是依照一定的比例混合在一起,例如在施虐-受虐这一近乎共生的现象中,前者就与生命驱力有

关,后者则与死亡驱力有关。

在精神分析学的世界中,死亡驱力是一个时常引起非议的概念。弗洛伊德自己也说死亡驱力概念的提出主要的是出于一种诗意的玄想,但他又觉得精神分析的许多临床事实,如受虐狂、侵凌性、重复强迫等,都要借此方可获得解释。正是由于死亡驱力的这种玄想性,使得他的信徒们对这一概念表现出强烈的抵制,唯有克莱茵学派把它置于对象关系理论的重要位置。拉康大约是受到克莱茵的影响,对死亡驱力尤为重视。早在第二次世界大战前有关家庭的论文中,他就把死亡驱力描述为是生命对已经失去的原始和谐的一种怀乡病,是一种想要回到与母亲的乳房结合为一的前俄狄浦斯阶段的欲求。到50年代建立"三界"学说的时期,拉康明确地把死亡驱力置于象征界来讨论,认为它是象征界的面具,是象征秩序的一种根本倾向,与生物学的本能无关,因此,对于弗洛伊德针对死亡驱力的那些带有本能论色彩的描述,应当加以隐喻性的理解。到60年代,拉康又把死亡驱力置于实在界的维度来讨论,称它是欲望主体的一种想要超越快感原则以抵达极度原乐王国的倾向。

对于弗洛伊德的驱力二元论,拉康的态度比较明朗,认为它最好地体现了驱力的悖论性质,不过,他是依据"三界"学说来说明这一点的:生命驱力对生命统一性的追求乃是想象界的一种运作,而死亡驱力欲求回复到无生命状态的倾向则在象征界的强迫重复或重复的自动性现象中获得了体现。同时,他又认为,所有的驱力都属于性驱力,而每一种性驱力又都包含有一种死亡驱

力;因此,弗洛伊德所谓的驱力二元论并不是说存在着两种驱力,而是说驱力在想象界和象征界有着不同的运作效果,不论是作为性驱力的生命驱力,还是遵循强迫重复原则的死亡驱力,它们都不是一种独立的驱力,而是每一驱力的两个基本方面:"就生命驱力和死亡驱力体现了驱力的两个方面而言,这一区分是正确的。"①拉康甚至说,每一种驱力实际都是死亡驱力。

第二,驱力的构成。弗洛伊德在1915年的论文《驱力及其转化》②中曾提出构成驱力的四个基本要素:驱动力、目的、对象和来源。驱动力(Drang)是驱力的动力因素,如饥饿感及其强度;目的(Ziel)是驱力对满足的寻求,如力图释放或解除饥饿感;对象(Objekt)是驱力为实现目的所借助的事物,如食物;来源(Quelle)则是驱力获得其心理表征的身体过程,如口欲快感。拉康在第11期研讨班中逐一讨论了这四个方面,这一讨论同样旨在强调驱力与本能的区别。他说,驱动力作为驱力的动力因素是一种由刺激产生出来的释放倾向,但这不是动物式的那种外部刺激,例如食物刺激产生的饥饿感,而是一种内部刺激,一种因为心理投注引发的持久的力,因而与动物式的需要的驱动力无关。目的作为驱力的满足决然不是动物式的满足,驱力的满足本质上是不可能的,"在驱力与满足这两个要素之间,所确立的是一种极端

---

① Jacques Lacan, *The Four Fundamental Concepts of Psychoanalysis*, The Hogarth Press, 1977, p.257.

② 中文习惯译作《本能及其变化》,见车文博主编《弗洛伊德文集》第2卷,第676～701页。

的对立,这一对立提示我们,驱力的功能作用,在我看来,不过是为了质疑满足所指涉的意思"①。在精神分析的经验中,满足是悖论性的,因为驱力的目标根本上是一种不可能之物,它的满足只会带给主体或病人更大的痛苦。因此所谓驱力的对象,根本上是无关紧要的,"该如何设想驱力的对象,以便人们可以说,在驱力中,不论是什么样的驱力,它都是无关紧要的?例如,就口欲驱力而论,那显然不是食物的问题,也不是对食物的记忆的问题,也不是食物的反射或母亲的照料的问题……"②对象对于驱力来说是最为多变的,并不是一开始就与驱力相关联,任何对象都可以成为驱力的对象,只要其与驱力相称,并且是驱力使其成为合适的驱力对象的。最后是驱力的来源,它不是来自躯体的某一部分的生物性机能,而是来自所谓的"动情带"(erogenous zone),因为所有的驱力都是一种部分驱力,即所有的驱力都只与身体的某一特定部分有关,如口腔、肛门,但这些部分不能作为器官机能来理解,而只能在结构的意义上来理解。拉康以一种隐喻的方式描述说,动情带就处在身体的洞孔和裂隙中,它有一种类似于圆环(rim)的结构,驱力就是在这里围绕着某个对象运转的。

通过这一讨论,拉康称驱力就像一台动力机,其四个要素以悖论的方式构成了一个"蒙太奇"式的组合,一旦其中一个要素被启动,其他要素就会跟着运转。他说:

---

① Jacques Lacan, *The Four Fundamental Concepts of Psychoanalysis*, The Hogarth Press, 1977, p.166.
② ibid., p.168.

驱力的蒙太奇首先是一种无头无尾的蒙太奇——是人们在超现实主义的拼贴中谈论的那种蒙太奇。如果我们把刚刚在驱动力的层面、在对象的层面、在驱力的目的层面界定的那些悖论组合在一起,我认为所获得的形象可以显示出跟一个活气塞联结在一起的动力机的运作,一只孔雀开屏了,逗弄着正躺在那里欣赏美景的美少妇的肚腹。确实,这个事实使事情变得饶有趣味了,驱力——在弗洛伊德看来——规定了人们翻转这种机器的种种形式。①

第三,驱力的转化。弗洛伊德曾分析了驱力转化的两种特定情形——向对立面的转化和向主体的自我的转化——提出了驱力转化过程的三个阶段:以别人为对象、以自己为对象和新主体的出现,并借用语法学的概念分别称这三个阶段为三种"语态"——施动的、反身的和受动的。拉康沿用弗洛伊德的说法,但以结构的原则把弗洛伊德的历时性阶段重述为共时的结构化运动,"在每一驱力的层面,根本的东西是那在其中结构它的往返运动"②。

拉康指出,弗洛伊德描述的驱力的三个转化阶段其实是驱力发生的三个结构性时刻,而这三个时刻标示出驱力的运动根本上是一种"循环",通过这一循环,最终会出现所谓的驱力主体:

这个主体——它其实是他者——得以出现是因为驱力

---

① Jacques Lacan, *The Four Fundamental Concepts of Psychoanalysis*, The Hogarth Press, 1977, p. 169.

② ibid., p. 177.

能够显示它的循环路线。只有随着主体在他者的层面出现，才有驱力的功能的实现。①

那么，"对象 a"与驱力或死亡驱力有什么关系？拉康说，每一种驱力根本上都可看做死亡驱力，因为死亡驱力包含了驱力的最纯粹本质——寻求自身的满足或者说寻求自身的熄灭，换用拉康的术语，每一种驱力都包含着朝向实在界的返回倾向。死亡驱力既回溯性地想把原初的实在对象转变为象征的对象，也倾向于把象征界变成无机的实在界的东西。但另一方面，死亡驱力具有一种悖论性质，它朝向实在界的原质之"物"却又无法抵达"物"，它总是与这个"物"失之交臂，驱力与实在界或"物"、对象 a 的这一错失的相遇使得主体的欲望过程变成了在象征界的一种强迫重复。如此就有了驱力运作的一系列后果：第一，死亡驱力的目标在于失落的对象，并且是部分对象，比如母亲的乳房，驱力的运动总是在围绕这个对象进行循环，同时又永远不能抵达这个对象。第二，驱力的运动打开了永远不能满足的欲望的无限循环，如果说欲望的运作主要是在象征界进行，那么驱力因其与实在界的关联将会把欲望投向一个根本的欠缺，欲望和驱力一旦在实在的欠缺中发生了联系，它们就会把幻象的主体永恒化，以遮盖这个欠缺。第三，驱力的蒙太奇组合以及这一组合与对象 a 的悖论性关联使得有欠缺的主体在驱力机器中召回的总只是一个剩余（residue），主体总是作为一种剩余、一种残留物、一个空洞化的效

---

① Jacques Lacan, *The Four Fundamental Concepts of Psychoanalysis*, The Hogarth Press, 1977, pp. 178~179.

果出现。所谓"剩余"(residue),不是说它还留有什么,而是说它没有留下什么、它留下的不是什么;"residue",与其说是一种"是",不如说什么都不是。主体是一种剩余、一种残渣,更确切地说,主体是一个"人渣"(residue)。

五

最后还需要简单解释一下拉康对作为对象 a 的"对象"的形态描述。在《主体的倾覆和欲望的辩证法》(1960 年)中,拉康曾提到一系列"部分对象":乳头、粪便、菲勒斯、尿液,以及音素、凝视、声音、空无等等,并称这些对象之所以能够作为部分对象发挥功能,"不是因为这些对象是某个总体对象——比如说躯体——的一部分,而是因为它们只是部分地代表了使它们得以产生的那个功能"①。在拉康的理解中,部分对象乃是躯体被象征秩序切割后留下的剩余或残料,是躯体的不可象征化的部分,是实在界的空无,也就是他所谓的"对象 a"。在第 10 期研讨班(1962~1963 年)中,他提到五种对象 a:口腔对象、肛门对象、菲勒斯对象、视界对象和声音对象;可在第 11 期(1964 年)和第 20 期(1972~1973 年)研讨班中,五种被简化为四种:乳房、粪便、凝视和声音。

如何理解拉康列举的这五种或四种对象 a 的形态呢? 通观

---

① Jacques Lacan, *Écrits*, W. W. Norton & Co., 1977, p. 693.

拉康在上面提到的各期研讨班中的讨论,我们可从几个方面来思考这个问题。

第一,要明确一下对象 a 的数目:到底是五个还是四个?换句话说,菲勒斯到底是不是对象 a?既是又不是。说它是对象 a,是指它作为想象的菲勒斯,作为被阉割的对象($-\Phi$)。这个对象的器官代表——按照拉康的理解,对象 a 作为切割的剩余总会在身体上留下标记——是什么?拉康没有说,我们也许可以把阴蒂看做是阉割后的一种无用的剩余,就像弗洛伊德所说,女性的这个组织就像是阴茎的一个缩小版,但它不具有阴茎的功能。说菲勒斯不是对象 a,是指它作为象征的菲勒斯,作为菲勒斯能指,这时它是欲望之欠缺的象征化,而不是对象 a 所代表的欠缺本身。也许正是由于菲勒斯功能的这一含混性,所以拉康后来在他的对象 a 列举中干脆把菲勒斯对象剔除在外。

第二,在拉康列举的五种对象中,有三种对应于弗洛伊德描述前生殖阶段的力比多发展时提出的三个阶段的对象,即口腔阶段的乳房、肛门阶段的排泄物和菲勒斯阶段的菲勒斯——另外两个对象,即凝视和声音则是拉康从自己的精神分析经验中扩展出来的,但它们并非与弗洛伊德毫无关联,例如凝视与弗洛伊德对视界驱力的讨论有关,声音则与分析进程中的分析话语有关。与许多人单从主体发展的角度来看待弗洛伊德的阶段理论不同,拉康从结构的角度看到了这些"阶段"的构成性意义,比如各个阶段对象的功能、主体与对象的关系模型(口腔阶段的吃与被吃、肛门阶段的主动性与被动性和菲勒斯阶段的拥有与阉割)、驱力围绕

对象的运转方式和主体有关对象或对象失落的幻象结构等等。

第三,在第 11 期研讨班中,拉康明确地讲到作为对象 a 的对象需具备两个条件:与身体相分离和原初对象的已然失落。对于这两个条件,我们不可从字面上来理解,以为那种分离和失落是现实地发生的。实际上,所谓"与身体相分离"不过是在强调这种对象作为部分对象的特征,而所谓"原初对象的已然失落"不过是在强调对象 a 相对于主体而言永难弥合的"间隙"与"距离"。而这两点都与象征界的切割有关。再者,与克莱茵的对象关系理论认为主体与对象之间原初有一种和谐的关系,只是后来因母婴分离才导致了对象的失落不同,拉康指出,所谓原初的和谐,实际是承受了阉割或切割的有欠缺的主体对前主体状态的一种回溯性想象,对象的失落在主体诞生的那个时刻就已经刻写在主体身上,失落之于主体是一种已然的存在,就是说,对象的失落作为象征性切割的效果是在回溯中建构出来的,是一种逻辑效果。

第四,拉康一方面称对象 a 是原初失落的对象,可出让的对象;另一方面又称它是无用的剩余和残渣,是部分对象。在一定程度上说,前者是相对于主体与对象的关系而言的,而后者是相对于对象与身体的关系而言的。对于前一点,我已经解释了很多,这里再说一下后一点。按照拉康的理解,精神分析语境中的身体并非生物学的身体,而是被言语铭写或被语言切割的身体,但言语的铭写和语言的切割并不完整,能指在身体上的运作总是有所剩余,总有某些部分是无法被象征化的,这些剩余的部分就是对象 a,它们位于身体的裂隙处、凸起处或身体的洞孔的边缘,

且常常有着环状的结构,它们是身体的"动情带",是驱力朝向的对象。并且,如同作为对象 a 的对象与主体之间是一种悖论的外密性关系一样,这些对象与身体的关系也是如此,它们之为部分对象不是因为它们是身体的一部分,而主要是因为它们作为身体的无用的剩余构成了驱力在身体结构上展开其运作的场所。拉康依照身体的裂隙或身体洞孔的边缘这类解剖学特征来定位对象 a 的所在,无非就是为了强调后者的切割效果,强调后者作为"剩余"的价值。

第五,具体到各个对象形态与欲望主体的关系,拉康在他的研讨班中有诸多论述。[①] 简单地说,口腔对象和肛门对象更多的是与(他者的)要求有关,而菲勒斯对象、声音对象和凝视对象则与纯粹的欲望(对母亲的欲望)有关。对于后三种对象与欲望的关系,需要专文讨论,这里简单说一下前两种对象的情况。

先看一段拉康自己的论述。1963 年年底,拉康与法国精神分析学会的决裂已成定局,其在圣安娜医院的研讨班也因此而走到了尽头。11 月 20 日,按照惯例,将是新一期研讨班开班的日子,拉康如期来到圣安娜医院的演讲厅,宣布这将是他在这里的最后一期研讨班,该期研讨班的主题是"父之名",它实际只举行了这一次——第二年年初,拉康的研讨班移师巴黎高师,主题也变成了"精神分析学的四个基本概念"——"父之名"被阉割。在

[①] 如在第 10 期研讨班中,拉康甚至参照欲望图提出了一个关于五种对象 a 的欲望图解。参见 Roberto Harari, *Lacan's Seminar on "Anxiety": An Introduction*, Other Press, LLC., 2001, chapt. 7~8。

开讲辞中,拉康回顾了上一期研讨班——有关"焦虑"的第 10 期研讨班——的基本思想,其中特别对"对象 a"的五种对象形态做了一个简要描述。他首先谈到了口腔对象和肛门对象,他说:

> 我首先要向各位简要地回顾一下去年我跟你们讲到的各种形式的小 a 的功能的意义。我真的很为那些追随我的人担忧,他们已经可以看到自己止步的地方——在焦虑中。
>
> 这个 a,即对象,失落了。这个失落是原初的。应当把失落的对象所采取的多样的形式与主体领会大他的欲望的方式联系起来。
>
> 这可以解释口腔对象的功能。正如我已经反复地强调的,只要把与主体相分离的对象引入大他的要求中,引入母亲的召唤中,那一功能就可以得到理解,它勾勒了一个空间,在该空间之外,在一个帷幕的背后,隐藏着母亲的欲望。那一行为——在那里,孩子令人惊讶地把头转向一边,放弃了乳房——表明,乳房明显地只属于母亲。在这个情形中,生物学的指涉颇具启示性,乳房确实是哺乳情结的一部分,后者在不同的动物物种中有不同的结构方式。就此言之,它就是附着在母亲胸脯上的一个部分。
>
> 第二种形式:肛门对象。我们是借助赠礼的现象学即在焦虑中馈赠的礼物了解它的,孩子排泄时,会把粪便当做主导他者之要求的东西第一次呈现出来,也就是他的欲望。有些作者已经认识到,所谓的慷慨的支撑点就在肛门的层面,但与这一认识相比,他们不知道的东西要更多,比如该如何

来定位这个支撑点呢？正是通过真正的手腕——这本身就暗示着有人知道面对焦虑时的恐慌是什么——慷慨的姿态才在生殖行为的层面得到定位。①

如果说精神分析学存在一种性理论,那么男人的"菲勒斯"和女人的"乳房"在其中一定居有重要位置。顺带说一句,精神分析学被道学之士指斥为一种泛性论并非全无道理——它太关注性欲或性生活对主体的作用了。可从另外的角度看,这种指斥乃是源自对精神分析学的性理论的一种误解,更确切地说,是源自人们对精神分析学所讨论的性欲或性行为的某种自居式想象:一看到"性欲"、"菲勒斯"、"乳房"这样的字眼,心中首先想到的就只是淫秽、淫荡,进而又作出一副嫌恶的样子,然后装作道德的化身对他人污名化。殊不知这种高调的道德主义恰恰是一个污秽的主体才会有的性逻辑:"污秽"的字眼唤起了他们污秽的想象和污秽的欲望——这其实是因为他们的欲望本身就是污秽的,这种污秽的欲望发挥到极致的时候,任何字眼都会变成污秽的;但基于文明教化的压抑机制,这个欲望令他们焦虑和恐惧——因为他们的意识根本不承认自己有这样的欲望,他们对自己产生这样的欲望深感不安;所以他们要把淫秽转移到他人的位置,再搬出道德这个压抑机器给自己灭火。根本说来,淫与不淫,全在主体自身,鲁迅先生有关《红楼梦》的那段著名说辞不是已经说得很清楚吗！

其实,按照拉康的观点,对于弗洛伊德理论中所有带有本能

---

① Jacques Lacan, *Television/A Challenge to the Psychoanalytic Establishment*, Norton, 1990, p. 85.

论或泛性论色彩的术语与概念,我们都应当在"结构主义"的层面上加以理解,即应当剔除其中带有生物主义色彩的性含义,把它们首先看做是构成主体性的功能要素。如同"菲勒斯"这个男性生殖器符号可看做是一个能指一样,女性的"乳房"也具有能指的作用:它在主体的构成和发展中、在人类文明及文化实践中常常充当着某种符号功能,这一事实已经充分说明了这一点。

在精神分析学的历史中,克莱茵学派首先对乳房的功能给予了最为充分的关注,母亲的乳房被看做一个特别的优先对象,所谓的"对象关系"根本上就是从主体与母亲的乳房的关系开始的。拉康对母亲的乳房的关注无疑是承袭了克莱茵学派的传统,尤其后者有关乳房作为"坏"对象的一面在他这里得到了特别的强调。

按照第4、5期研讨班中的讨论,在俄狄浦斯情结的第一个阶段,母亲的乳房被看做是一个象征的"礼物",是孩子无条件的爱的要求的一个象征对象。但这个对象也是带给主体最初的创伤的东西,尤其在断奶阶段,乳房作为口腔对象的代表指示了对象的分离和失落,指示了原初母婴关系的丧失,拉康强调,这个分离和丧失是孩子为成其为主体而不得不面对的一种牺牲,他出让对象-乳房是为了抓住母亲他者的欲望,为了在他者的欲望中使自己作为主体、作为剩余的替代去填充欲望欠缺的空位,就像理查德·博斯比解释的:"在拉康看来,主体是作为一种剩余、作为在对象的出让中挖出的否定性空间的一种效果而出现的。作为对象 a,这个对象不等于主体,而是主体的一种否定性代表。对象 a——拉康说——'是主体的替代'。但说对象 a 是主体的替代,

也等于是强调两者间的某种分离。"①

在多种对象形态中,母亲的乳房是最早与对象失落联系在一起的,也许在主体进入象征秩序之前:在主体学会用语言或能指来命名其对象之前,它就已经作为"*a*"在发挥功能了。并且在那时,它可能就是主体的一切,对于嗷嗷待哺的婴儿而言,母亲的乳房构成了其世界的全部,而它的不在场或被剥夺使其成为了一个晦暗的实体,成为了母亲的欲望之谜的象征物。

如果说母亲的乳房作为对象 *a* 勉强还可以理解,那么,对于另一个对象形态,即肛门对象作为欲望的原因,我们一定会感到诧异,因为拉康把身体的排泄物——比如粪便、尿液等——视为这一形态的代表物质。实际上,拉康的这个思想还是来自弗洛伊德,比如在有关"狼人"的病例研究(1914 年)中,弗洛伊德就说过这样的话:"粪便正是人所能提供的第一份礼物,幼儿的第一次欣喜的奉献,是出自他身体的一个部分,也是只送给为他所中意的人们的。"②不只是这样,弗洛伊德还把排泄同阉割联系在一起来思考,他说:"既然柱状的粪便能够像阴茎刺激阴道黏膜那样给肠道黏膜带去刺激,它也就扮演起一个类似于运动器官的角色,也即是说,它在直肠中的运动正与阴茎前部的活动无异。出于对某

---

① Richard Boothby, *Freud as Philosohper: Metapsychology After Lacan*, Routledge, 2001, p. 248.

② 弗洛伊德:《狼人的故事》,李韵译,上海社会科学院出版社,2007年版,第 297 页。其实,有关孩子的排泄物作为"礼物"的观点,弗洛伊德在之前的《性学三论》(1905)中就有明确的表述,参见车文博主编《弗洛伊德文集》第 2 卷,第 548 页。

人的爱而将大便排出,也就成为阉割的原型。对于个体而言,这也是第一次有身体的某个部分为赢得某人的爱而被抛弃。所以说,人对自己阴茎的爱总是带有某些肛门爱的痕迹,否则就是自恋。"①这说得还不够明确吗?!拉康不过是在重述弗洛伊德的观点而已。

在日常经验中,基于某种卫生学的理由——其实更多时候是一种身体政治学的运作后果——我们对身体的排泄物总持有某种厌弃或漠然的自然态度,可我们不要忘记,在生命发展的某一个时期,婴儿的排泄功能是母亲最为关注的,排便的次数、多寡,排泄物的颜色,等等,是母亲每天都要关心的,进而到一定阶段,连排泄方式也成为每个婴儿都要经历的培训课程,母亲甚至会针对孩子的表现施以惩戒或奖赏,故而排泄物与他者要求的满足有着特别的联系。拉康(以及弗洛伊德)正是在这个意义上看中了粪便的功能,例如在1964年的第11期研讨班中,在解释口腔驱力向肛门驱力的"过渡"时,他就把婴儿的排泄同(母亲)他者的要求联系在了一起,他说:

> 从口腔驱力到肛门驱力的过渡不是成熟过程的结果,而是不属于驱力领域的某个东西介入的结果,是他者的要求介入或抛出的结果。②

---

① 弗洛伊德:《狼人的故事》,李韵译,上海社会科学院出版社,2007年版,第300页。
② Jacques Lacan, *The Four Fundamental Concepts of Psychoanalysis*, The Hogarth Press, 1977, p. 180.

有关排泄物作为对象 a 的功能,同样看一下理查德·博斯比的解释:

> 肛门承载着他者的要求。因此,肛门括约肌……是最具社会意义的身体器官。在那个位置,最基本的生理功能、有节奏的蠕动与主体在对他者的爱或拒绝的体验中所展现的最微妙的心理机制和人际机制交织在一起。在如厕教育中,肛门——用一个颇为贴切的双关语说——被他者的欲望所"殖民"。在个体未来的生活中,肛门组织的收缩与放松必定会即时地唤起更广泛的意涵,如控制与屈从、独立与依赖。
>
> 考虑到这一生理-心理的复杂性,粪便被赋予的意义是对待排泄物的所有自然的或动物性的态度所望尘莫及的。按照弗洛伊德的已为人们熟知的象征等式,粪便是爱的交换中的特别象征物——排泄物被看做原初的礼物。人们以此来完成对"所有价值的根本重估"。通过对实质上最无价值的东西的关注,人类欲望的可能对象的范围由此变得无穷无尽、包罗万象,甚至囊括了最卑微、最令人作呕的东西。……真正说来,人类进入文明生活就借助了力比多趣味在其肠道功能中非自然的投注。文明的大厦是建立在人们无意识中对排泄物力比多化的基础上的。[①]

我们当然可以断然地说这一切不过是精神分析学的淫秽诗学的一个组成部分,但在做出这样的断语之前,我们可能要记住

---

① Richard Boothby, *Freud as Philosohper: Metapsychology After Lacan*, Routledge, 2001, p.250.

一个事实:精神分析学对主体问题的思考总是以"病态"的主体作为参照,在那里,他者世界的任何一个要求——不管它看起来多么的微不足道——都可能是引发症状的原因,都可能会成为主体日后转喻性地出让自己的欲望对象的触发点。弗洛伊德和拉康在身体的"剩余"中、在身体快感的"动情带"来定位驱力对象固然是一种冒险,但如果你注意到它们同时也是被(象征秩序)禁止的对象,是身体的禁忌部分,想必对两位的冒犯也会获得一种理解。

(作者工作单位:中国人民大学哲学院)

棘手的主体:自主抑或臣服

马元龙

在英语、法语和德语中,subject / subjet / subjekt 这个词语都具有两个悖论性的含意:自主-臣服。这绝非偶然,而是深刻喻示了"主体"内在固有的紧张:作为一个主体,也就意味着作为一个自立、自主的行动者;但这种自立、自主只是其对立面屈从、臣服的结果。这个词语内在的悖论与生俱来,自主的幻想在现代主义哲学中达到巅峰,然后在各种后现代哲学不遗余力的打击下濒于崩溃。

从马克思开始,中经阿尔都塞、福柯,到巴特勒和齐泽克,关于主体/臣服这个主题,人们的认识在逐步深化。马克思首先使这个问题主题化,惜乎所论甚略。阿尔都塞紧随其后,丰富和深化了马克思的思想,福柯则另辟蹊径,别开天地,但二者有两个共同局限:首先,他们都是从外在的权力方面来思考主体的辩证法,

没有看到主体对权力机制的内在依恋;其次,他们都没有充分考虑到权力机制在建构主体/臣民时所遭到的反抗。巴特勒和齐泽克正是在这两个方面超越了前二者,但也正是在这两个方面产生了激烈的碰撞。巴特勒的论述有一个潜在的对话者也是批评对象,那就是拉康,而齐泽克对巴特勒的批评虽然发挥的是他自己的观点,但处处都在代拉康回应巴特勒的批评。我们无意做这场论争的裁判,但对拉康思想完全心领神会的齐泽克,确实在巴特勒新见迭出、锋芒犀利的批判下展开了一次又一次漂亮的绝地反击;不仅让我们在这个主题上获得了几番峰回路转、层层深入的知性历险,而且让我们再次领略了拉康思想的魅力。

一 马克思与主体

马克思的重大贡献之一就是在政治经济学领域内揭示了社会存在决定社会意识。社会意识的具体承担者自然就是现实的具体主体,关于主体或者人的本质,马克思曾扼要指出:"人的本质不是单个人所固有的抽象物,在其现实性上,它是一切社会关系的总和。"①在一切社会关系中,生产关系是主要的社会关系,是决定其他一切关系的基本的、源始的关系。正是在生产关系的基础上,进一步形成了政治的、法律的、道德的、宗教的等关系,这

---

① 马克思:《关于费尔巴哈的提纲》,见《马克思恩格斯选集》第 1 卷,人民出版社,1995 年版,第 56 页。

些关系从不同层次建构着人的本质。

这个定义终究只是一种原则性的表述,马克思从来没有就这个主题展开专门的论述。何以证明"人的本质不是单个人所固有的抽象物"?"一切社会关系的总和"如何建构了人的本质,或者说建构了主体?尽管没有专门的论述,但马克思关于商品拜物教的分析还是就这个问题为我们提供了一种非常新颖的解释。我们知道,商品的本质就是它的价值,但其价值并不内在于商品本身,而是社会交换关系的结果,比如,商品 A 的价值自身是无法表现出来的——甚至可以说没有,必须求助于商品 B,因此商品 B 就成为商品 A 的等价物,换句话说,商品 B 成了商品 A 的镜子。正是在这种映照关系中,商品的本质才得以建构出来,但人们往往误认为商品的本质就内在于商品本身。作为一种特殊商品的货币更是如此,货币本身并不具有任何价值,它的价值是商品生产者之间的关系网络结构出来的效果,但是人们却误以为货币本身就具有这种价值,与这种社会关系网络不相干。这就是商品拜物教的本质特征。这种误认既可以发生在物与物之间的关系中,也可以发生在人与人之间的关系中。对此马克思曾以一个脚注的形式加以阐释:"在某种意义上,人很象商品。因为人来到世间,既没有带着镜子,也不象费希特派的哲学家那样,说什么我就是我,所以人起初是以别人来反映自己的。名叫彼得的人把自己当作人,只是由于他把名叫保罗的人看作是和自己相同的。因此,对彼得说来,这整个保罗以他保罗的肉体成为人这个物种的

表现形式。"① 我们可以惊奇地发现,这个简短的注释在某种意义上预见了拉康的镜像理论。

商品的价值是在支撑商品交换的生产关系中得到确定的,人的本质也是在支撑各种社会关系的生产关系中得到确定的。因此我们在货币与主体之间也发现了一种同源性:正如货币的本质不是内在规定的,而是由支持这个货币体系的外在的符号权威规定的;主体的"本质"——姑且使用这个词——也不是由他本身的任何特殊性规定的,既不是由他独特的肤色、身高、血型规定的,也不是由他与生俱来的气质、秉性、天赋等决定的,主体的本质恰好就是由外在的综合现实规定的,也就是说,是由主体从属的经济关系、政治关系、宗教关系和阶级关系决定的。用拉康的话说,就是由外在于主体的象征秩序决定的。

但是,需要进一步追问的是,这样的本质、这样的主体是如何被"一切社会关系的总和"具体建构出来的呢?其建构机制究竟又是什么呢?马克思正确地指出,社会存在决定社会意识,经济基础决定意识形态;但这种决定绝不是直接的,否则我们难以理解为何统治阶级的意识形态总是占统治地位的意识形态。尽管马克思也曾强调意识形态的能动性,但他并没有具体阐明这种能动性是如何实际运作的。这个工作首先是由阿尔都塞来弥补的,他的论文《意识形态与意识形态国家机器》所针对的就是这个主题。对于阿尔都塞来说,意识形态的能动性集中体现在它对主体

---

① 马克思:《资本论》第 1 卷上,人民出版社,1975 年版,第 67 页。

的建构上。

二 阿尔都塞与福柯

对于阿尔都塞来说,主体/臣民的建构这个形而上学的问题,在资本主义社会其实就是另一个政治经济学问题的不同表述,即劳动力的再生产和生产关系的再生产。与前资本主义社会相比,在资本主义制度下,劳动技能不是在作坊或者行会中"现场"获得的,而是通过资本主义的教育制度和教育机构来完成。但除了知识和技能,受教育者在学校还有更重要的东西要学习,那就是道德规范、公民义务和职业良知。"劳动力的再生产不仅要求再生产出劳动力的技能,同时还要求再生产出对现存秩序的各种规范的服从。"①换言之,学校固然要给受教育者传授知识和技能,但传授知识与技能只是手段,根本目的是保证人们对占统治地位的意识形态臣服,从而保证生产关系的再生产,因此,生产关系的再生产其实就是主体的再生产。

阿尔都塞认为,主导主体/臣民之再生产的是各种意识形态国家机器,比如家庭、学校、教会、工会、媒体等等。每一种意识形

---

① 阿尔都塞:《意识形态与意识形态国家机器》,见陈越编译《哲学与政治——阿尔都塞读本》,吉林人民出版社,2003年版,第325页。值得指出的是,阿尔都塞似乎认为,统治阶级与被统治阶级的区分是泾渭分明的,学会服从占统治地位的意识形态与学会运用占统治地位的意识形态是泾渭分明的;其实,任何受教育者,无论其阶级地位如何,都必须学会服从占统治地位的意识形态。

态国家机器都以自己特有的方式服务于同样的目的,即资本主义生产关系的再生产。其中最强大但又最沉默、最不为人注意的意识形态国家机器就是学校。各级教育机构经过层层筛选,再生产了资本主义生产的劳动力,同时也再生产了资本主义的生产关系。一言以蔽之,就这样建构了各种层次的"主体/臣民"。阿尔都塞断言:"没有不借助于主体并为了主体而存在的意识形态。""主体之所以是构成所有意识形态的基本范畴,只是因为所有意识形态的功能就在于把具体的个人'构成'为主体。"① 在阿尔都塞这里,主体既是意识形态的根本目的,也是它唯一的操场。

阿尔都塞发展了马克思的国家学说和意识形态理论,更具体地论证了一切社会关系的总和如何建构了主体;但是他过于严格地把自己局限在政治经济学的框架之中,力图把每种社会关系都归结为资本主义的生产关系,归结为统治阶级的生产范式,从而将其还原为阶级关系。对此福柯具有完全相反的认识,福柯认为:"权力首先是多重的力量关系,存在于它们运作的领域并构成自己的组织;权力是通过持续不断的斗争和较量而转化、增强或颠倒的过程;权力是这些力量关系相互之间的依靠,它们结成一个系列或体系,或者正相反,分裂和矛盾使它们彼此孤立。"② 虽然福柯承认,权力一般具体体现在国际机器之中,但权力可能存在的条件或着眼点"都不应该从一个中心点的原始存在中去寻

---

① 阿尔都塞:《哲学与政治——阿尔都塞读本》,陈越编译,吉林人民出版社,2003年版,第360、361页。

② 福柯:《性史》,姬旭升译,青海人民出版社,1999年版,第80页。

找,不应从产生出次要派生力量关系的独特极权唯一来源中去寻找"①。福柯一向认为,国家是众多微观权力谱系的矛盾综合体,而不是简单以统治阶级和被统治阶级、资产阶级和无产阶级的二元对立为基础的统一体;权力更多属于权力的"微观物理学",而非阶级统治的某个总体原则。因此福柯说:"规训既不会等同于一种体制,也不会等同于一种机构。它是一种权力类型,一种行使权力的轨道。它包括一系列手段、技术、程序、应用层次、目标。它是一种权力'物理学'或权力'解剖学',一种技术学。"②

因为倾向于从权力的微观物理学方面分析规训,因为纪律是一种有关细节的政治解剖学,所以福柯侧重从细节考察规训之于主体的建构作用:"为了控制和使用人,经过古典时代,对细节的仔细观察和对小事的政治敏感同时出现了,与之伴随的是一整套技术,一整套方法、知识、描述、方案和数据。而且,毫无疑问,正是从这些细枝末节中产生了现代人道主义意义上的人。"③诚如福柯指出的那样,任何细节都不是无足轻重的,因为它提供了权力所要获取的支点。但权力获取其发力的支点难道仅仅只是为了建构一个"驯服"的肉体吗?福柯当然不会就此止步:"纪律的历史环境是,当时产生了一种支配人体的技术,其目标不是增加人体的技能,也不是强化对人体的征服,而是要建立一种关系,要

---

① 福柯:《性史》,姬旭升译,青海人民出版社,1999年版,第80页。
② 福柯:《规训与惩罚》,刘北成、杨远婴译,三联书店,1999年版,第241~242页。
③ 同上,第160页。

通过这种机制本身来使人体在变得更有用时也变得更顺从,或者因更顺从而变得更有用……人体正在进入一种探究它、打碎它和重新编排它的权力机制。"①然而塑造这种看似"外在的"人体不就是塑造人"内在的"灵魂吗?而且,塑造这样的"人体"是要对谁"更有用"呢?至此福柯变得犹豫不决,甚至自相矛盾。如果让阿尔都塞来回答这个问题,答案一定是:对统治阶级更有用,对维护和再生产既定的生产关系更有用。福柯拒绝这个答案,因为这是与他的出发点相矛盾的。

正因为拒绝将规训纳入宏观的阶级统治或者生产关系中来考虑,福柯更倾向从技术的角度去分析各种规训,虽然他无意否认规训的意识形态性,但由于神经质性的"政治恐巨症",由于过分强调规训与惩罚的技术方面,在他的思想版图中,各种规训背后的意识形态性最终变得模糊不清了。故此规训可以被各种机构或体制接过来使用,比如感化院、改造所、学校、家庭、医院、工厂,当然还有军队、警察和监狱,似乎这些机构毫无关联似的。因为强调微观权力和规训技术,福柯提醒人们小心那些以潜在的总体性为前提的先验判断,福柯还特别反对这样的思想,即认为国家这样的机构能够把微观权力和规训技术统一起来。这种批判可以算作是直接针对阿尔都塞的。

正因为此,普兰查斯(Nicos Poulantzas)在其《国家、权力、社会主义》中对福柯提出了几点尖锐的批评。首先,福柯把国家行

---

① 福柯:《规训与惩罚》,刘北成、杨远婴译,三联书店,1999年版,第156页。

使权力的对象仅仅归结为个别的社会和政治团体,这表明他不能理解国家的真正基础在于资本主义生产关系和阶级斗争。其次,福柯及其追随者过分强调权力的分散,忽视甚至无视国家对权力的编码和集中。再次,福柯的分析重权力而轻抵抗,与权力相比,抵抗只不过是一种次要的反应(普兰查斯认为,权力的有限性是权力本身的机制所固有的,虽然这些机制善于利用被统治阶级的反抗,但并能完全将其消化;普兰查斯甚至强调反抗比权力机制占有优先地位)。最后,福柯低估了各种规训机构,比如学校、工厂、医院、监狱,得以顺利运转的坚强后盾——军队、法庭和警察。① 虽然福柯在后来的著作中在一定程度上纠正了早期的这些不足,越来越对各种具体的规训机制被一些越来越普遍的机制整合,并被纳入总体统治之中的归并方式感兴趣,但早期的基本倾向并没有完全改变。因此,即使普兰查斯批评的这些局限只属于成熟之前的福柯,这种批评总体上仍然是有根据的。

因为拒绝教条的马克思主义而拒绝马克思主义的基本原则,福柯必然陷入这种尴尬的境地。阿尔都塞的不足在于,他认为意识形态国家机器决定了一切存在,每种机器在使个体臣服于意识形态的同时促进了生产关系的再生产。为了强调意识形态的统一性和普遍性,阿尔都塞甚至将社会比喻为一台受一个乐谱支配的音乐会,"这台音乐会由一个乐谱所支配,(虽然)偶尔也会受到

---

① 鲍勃·杰索普(Bob Jessop)在其论文《普兰查斯与福柯笔下的权力与战略》中归纳了普兰查斯对福柯的批评。见《福柯与马克思》,陈元等译,华东师范大学出版社,2007年版,第87~108页。

不同声音的干扰。这个乐谱就是现行统治阶级的意识形态"①。就权力与主体的建构这个至关重要的问题来说,阿尔都塞的失误在于完全接受这个总谱,而完全拒绝这个总谱则是福柯的谬误。但福柯还有一个属于他自己的悖论:古希腊哲学说,身体是灵魂的牢笼。福柯则颠倒了这个表述:"'灵魂'栖居于他并使他存在,灵魂本身就是权力施加于他的身体的统治代理人。灵魂是政治自主的结果和工具;灵魂是身体的牢笼。"②但仅仅把行使权力的主体视为权力本身,仅仅把肉体视为惩罚与规训的对象,仅仅把获取驯服的肉体视为惩罚与规训的目的,那么,监禁这沉重的肉身的灵魂又在哪里呢?

在主体的建构这个问题上,阿尔都塞全部关注的是意识形态的训唤(interpellation),福柯关注的则是规训和惩罚,这就导致二者具有两个相同的局限,首先二者对主体的形成或建构的复杂性估计不足,其次是对反抗估计不足。

阿尔都塞和福柯之所以对主体的形成之复杂性估计不足,那是因为二者基本上都限于从权力的外在方面去思考主体化或者屈服过程,似乎主体化、规范化只是意识形态国家机器或者权力话语诱导和压制的直接结果。阿尔都塞用一个随时可能发生在大街上的小戏剧生动地再现了主体化过程,这个比喻自有其相当

---

① 阿尔都塞:《哲学与政治——阿尔都塞读本》,陈越编译,吉林人民出版社,2003年版,第345页。

② 福柯:《规训与惩罚》,刘北成、杨远婴译,三联书店,1999年版,第32页。(译文据英文版略有不同)

丰富(当然也有颇多争议之处)且深刻的内涵,但其侧重于外在的权力则是毋庸置疑的。至于福柯,虽然他曾机敏地将古希腊的那句格言颠倒为"灵魂是身体的牢笼",但在主体化这个问题上,他侧重或者几乎完全把身体作为权力话语实施主体化的着力点,仿佛主体是权力话语任意锤炼、锻造身体的结果。

主体或者臣服是什么意思?二者究竟是什么关系?臣服难道只是外在的权力单方面锤炼、锻造的结果吗?借助精神分析的发现,巴特勒睿智地发现在主体化过程中,外在权力的锻造只是问题的一方面,还有同样重要的一方面,那就是主体对权力、法律和臣服的强烈依恋。这种依恋在主体化的原始矩阵俄狄浦斯情结中具有最为鲜明的表现:孩子认可父亲的法律是以对父亲的强烈依恋为基础的。这种对法律的服从不仅是生存的基本条件,而且立刻表现为获得主体性或者身份的前提,一句话,表现为成为自己、成为一个主体的基本条件。这也就像勒布朗评述巴特勒时指出的:个体之所以转向法律,那是为了成为自我;个体转向法律之际,也就是他成为自我之时。因此,臣服是主体的前提,但这个前提的前提是主体必须不知这种臣服,也就是说,他必须绝对肯定地、甚至是不加反思地认为自己是自主自由的。①

阿尔都塞和福柯的第二个局限在于他们对反抗严重估计不足。在阿尔都塞这里,反抗根本没有进入他的理论视野,而在福柯这里,问题显得更加复杂,福柯不是没有考虑到反抗,但是他过

---

① 勒布朗:《臣服:阿尔都塞、福柯、巴特勒》,见《福柯与马克思》,陈元等译,华东师范大学出版社,2007年版,第47~48页。

于轻易地把这个问题给打发掉了,而且在齐泽克看来,他还陷入了权力与反抗的恶性循环。

齐泽克认为,对福柯来说,权力和反抗之间的关系是循环的,而且是一个绝对内在的循环:权力和反抗互为对方的先决条件,而且彼此生成了对方。主体不仅是权力压迫的对象,而且他自己便是这种压迫的产物。根据这种逻辑,彻底的反抗、真正的反抗就是不可能的。无论是在《性史》、《疯癫与文明》、《规训与惩罚》中,还是其他著作中,福柯似乎都默认了这一点:连续不断的反抗其实不足以成为真正有效的反抗;反抗事先就被权力机制征用了,它不可能真正破坏权力体系。

就反抗这个主题而言,我们可以换一个角度来提问:总体而言,主体化总是成功的,但又始终不可能彻底成功;主体化过程中总是内在着一种失败,至少是局部的失败。这种失败发生在什么地方?为什么会发生?对此可能会有三种回答:一、发生在权力机制内部,因为权力与反抗互为条件;二、发生在权力机制内部,因为大他者自己就是有所欠缺的;三、还发生在主体的实在(the real)中,因为实在或者快感永远抵制象征化、规范化。因为在福柯的思想资源中欠缺精神分析学的发现,福柯提供或者暗示的答案几乎只限于第一点,正如齐泽克指出的那样,他的"全部要点和力量在于他声称,对权力所作的各种反抗是由它们反对的那个矩阵所产生的"①。巴特勒也认为,福柯从来没有思考过这些问题:

---

① Slavoj Žižek, *The Ticklish Subject*, Verso, 1999, p. 252.

针对规训主体的权力及其一整套话语、机制和技术所产生的反抗发生在何处？将精神分析学中内涵非常丰富的精神(psyche)还原成"灵魂"就能消除针对主体化的反抗吗？如果福柯将精神理解为服务于规训主体的监禁、限制作用，那么他将如何解释精神对规训的反抗呢？因为，显然，反抗规范的不是别的正是精神。①福柯可以说限制与反抗均来自于精神，这并不矛盾，但问题是这需要精细的分析。

巴特勒通过严谨的细读发现，在《规训与惩罚》中，身体并不是权力话语建构主体的场所，因为福柯暗示了主体是通过身体的打散甚至是摧毁而形成的。因此主体的出现需要以身体为代价。在福柯这里，"身体不是建构主体的场所，主体形成之际就是身体解构之时"②。但借助拉康的理论我们知道，不能把身体设想为纯粹的血肉之躯，欲望、冲动与快感同样是身体的一部分，因此身体不是一个可以任由权力话语锤炼、锻造的东西，总有某种残余是象征话语所无能为力的。正是这种东西始终抵制、反抗主体化、规范化过程。由此，巴特勒提出了这样的质疑：如果在《性史》中，福柯的身体还有些许反抗，何以《规训与惩罚》中的身体变得那么温驯了？

福柯对反抗的解释原则上停留在哲学的抽象上，似乎满足于说什么权力生成了反抗、权力与反抗互为前提之类的话。但借助

---

① Judith Butler, *The Psychic Life of Power*, Stanford University Press, 1997, p. 87.

② ibid., p. 92.

尼采《道德的谱系》的启发，福柯还是对反抗进行了一番历史解释。福柯认为，权力话语对主体的建构不是一蹴而就的，主体化是一个永不间断、不断重复的历史过程。正如尼采所指出的那样，这种发生在具体历史过程中的重复不仅不会巩固主体，相反，它繁殖增生了破坏这种发挥规范作用的力量。反抗便发生在这种历史性的重复之中。比如，同性恋、性变态这样的询唤性话语最初的目的是抨击、排斥和消灭那些具有异常性取向和性行为的人，但在不断的重复中，它们却逐渐反转成为这些人积极认同的身份，从而有助于这些特殊性取向与性行为。

总之，福柯的反抗来自于权力机制本身，而不是权力机制的对立面，因此他的反抗始终是一种温柔的反抗，似乎不会对权力机制本身造成根本威胁，至少福柯没有流露过这样的意思。权力与反抗互为条件，彼此生成：在此福柯陷入了一种恶性循环。尽管具有这种值得商榷之处，但齐泽克认为，福柯的权力-反抗理论并非没有可取之处，至少它可以提醒女性主义者和反殖民主义者注意，企图将自己反抗的基础建立在"内在固有"的"女性本质"或者帝国主义入侵前的"民族身份"上，是不可能战胜父权制和帝国主义的，因为所谓的"女性本质"或"民族身份"本身就是父权制和帝国主义建构的结果。以反殖民主义为例，正是殖民压迫使得植根于神话传统的消极的民族意识转变成以民族-国家形式来肯定自己民族身份的现代意志。如果殖民地民族要参照"从前"的"民族身份"才能为反抗帝国主义找到根据，那么他们就会自动沦为反现代化的牺牲者，自动沦为一个被动的对象，帝国主义、殖民主

义进程就是在这个被动对象上运作的。就此齐泽克指出:"但是,如果我们把自己的反抗设想为某种超额(excess),野蛮的帝国主义侵略以某种方式扰乱我们从前那种自我封闭的身份时所造成的超额,那么我们的立场就会更加坚固,因为我们可以声称我们的反抗植根于帝国主义体系内在的动力中——通过其内在的对抗,帝国主义体系本身激活了导致其灭亡的力量。"①

总之,在反抗问题上,巴特勒批评福柯,重点不在于福柯没有具体分析反抗何以可能,反抗发生在何处,而是反抗的结果如何。在巴特勒看来,福柯的反抗根本就是一种无力的反抗,不是有助于建立一种新的更加合理的象征体系,而是有助于既定象征秩序的巩固。在这一点上,齐泽克与巴特勒是完全一致的。后者认为,福柯排除了这种可能性:由于其内在矛盾,体系本身会产生一种力量,这种力量的多余部分是体系所不能控制的,因此炸毁了体系的统一体,炸毁了体系复制自身的能力。其实这就是马克思的基本命题之一:"资本主义生产的真正限制是资本自身。"我们承认福柯的前提:对权力的反抗是权力大厦内在固有的东西,但这个前提绝不应该迫使我们得出这个结论:每一种反抗都被事先拉拢了,都被收编进了权力与自己玩的游戏中——关键是,通过增生和造成多余的反抗这些效果,体系内在的对抗会启动一个过程,这个过程将导致它最终的瓦解。"福柯没有考虑到结果逃脱、超过其原因的可能性;虽然反抗是作为对权力的反抗而出现的,

---

① Slavoj Žižek, *The Ticklish Subject*, Verso, 1999, p.256.

并因此绝对内在于权力本身,但它能够超克(outgrow)并爆炸(权力)。……换句话说,有效逃避了权力控制的东西与其说是它力图支配的外在的物自体,不如说是支撑了它自身之运转的那种淫秽的补充物。福柯就是因为这个而缺乏合适的主体概念:就其定义而言,主体就多余其(原因);它是在性压抑反过来性欲化时出现的。"①

三 巴特勒与齐泽克

巴特勒批评福柯,根本目的还不在于具体分析反抗是如何发生的,她的根本目的和传统左翼人士是一样的:如何才能进行真正有效的反抗?如何才能真正削弱或者取代现存的社会象征秩序?她非常清楚,不能像达达主义那样简单而直接地将反抗的场所定位在无意识:主体不仅在无意识中反抗既有的权力秩序,它对既有的权力秩序或者权力话语的代理人还有一种无意识的"强烈依恋"(passionate attachment)。这一点只需回想一下建构主体的原初矩阵俄狄浦斯情结就一目了然了。对此巴特勒敏锐地指出:"如果无意识逃脱了既定的规范性禁令,它会对其他禁令形成新的依恋吗?无意识与其说是由渗透于文化能指中的权力关系结构出来的,不如说是由主体的语言结构出来的:我们何以这样认为呢?如果我们在无意识的水平上发现了对臣服的依恋,那

---

① Slavoj Žižek, *The Ticklish Subject*, Verso, 1999, pp. 256~257.

么我们将从这种依恋中锻造出何种反抗?"①

关于这种支持权力的无意识的"强烈依恋",齐泽克指出,其突出的例子就是那些控制性的权力机制本身往往会反身性地情欲化。比如,当苦行禁欲的基督徒因为诱惑而受到煎熬时,为了抵抗诱惑,他们会主动接受鞭笞,但事情的结果是,他们就在接受鞭笞的活动本身中找到了性快感。这种"受虐性的"反转在标准的"内化"(社会规范内化为心理禁忌)概念中并没有得到解释。巴特勒进一步指出,将无意识匆忙等同于反抗场所带来的第二个问题是,即使我们勉强承认无意识就是反抗的场所,这种反抗永远阻止权力机制畅通无阻地发挥作用,也就是说,即使我们勉强承认训唤从终极意义上说总是不彻底,"这种反抗对改变或者扩张象征秩序或者形成主体的训唤又能做什么呢?"②总之,这种反抗使一切借助规训手段制造主体的努力都不可能彻底,但是它仍然不能重新创造出一个崭新的生产权力的象征秩序。

至此,巴特勒将批评的目标指向了拉康。据她看来,拉康把反抗简化成了对象征结构的想象性误认;这样的反抗虽然阻碍了象征化彻底实现,但仍然依赖于象征并在相反的方向上维护了象征——因为它毕竟不能替换既有的象征秩序,不能对象征秩序做出创新表述:"因此对拉康主义者来说,想象就意味着身份的象征

---

① Judith Butler, *The Psychic Life of Power*, Stanford University Press, 1997, p. 88.

② ibid., p. 88.

性建构是不可能的。"①顺着这个线索,她甚至把拉康的无意识描述为想象性的,它阻碍象征为连贯而完整地建构性别身份所付出的任何努力。

在齐泽克看来,巴特勒似乎混淆了 resistance 词语两个根本对立的含义,其一是这个词语的社会批评用法:对权力的反抗。另一个是精神分析语境中的用法:拒不承认症状的无意识真理,拒不承认梦的真实含义。当拉康将 resistance 判定为"想象的"时,他所指的是主体误认了决定我们的象征网络。另一方面,对拉康来说,彻底重新表述主要的象征秩序是完全可能的——这就是他的 point de caption("缝合点"或者"主人能指")准备做的事情:当新的缝合点出现时,社会象征领域不仅被取代了,而且它的结构原则也改变了。因此人们应该颠倒拉康与巴特勒所阐释的福柯之间的对立:福柯坚持反抗的内在性与局限性,而拉康则为彻底重新表述整个象征领域提供了可能,途径是借助合适的行动(act),这是一条通过"象征死亡"的通道。总之,正是拉康向我们解释了想象的反抗(其实是一种虚假的违犯,它再次维护了象征

---

① Slavoj Žižek, *The Ticklish Subject*, Verso, 1999, pp. 96~97.

特权甚至充当它发挥作用的积极条件)①与实际的象征再表述（symbolic rearticulate，即对象征秩序所做的重新表述）之间的差异。

只有在这个层面上，才能与巴特勒进行有意义的对话。巴特勒同意拉康这个观点：社会生存（existence）是一种被迫的选择，为了在社会-象征空间中生存，人不得不接受根本的异化，不得不接受根据大他者做出的定义，以及社会-象征空间的主导结构。但是，她认为坚持这个前提并不应该把我们限制在拉康的这个观点上：象征秩序是既定的存在，只有当主体付出这样的代价——因为精神病而被排除出社会，象征秩序才能被有效违越（transgress）。因此，一方面我们对象征规范有一种虚假的想象的反抗，另一方面我们会产生精神错乱，把在象征秩序中完全接受异化作为唯一"现实的"选择。

在《意识形态与意识形态国家机器》中，阿尔都塞未及充分展

---

① 关于"想象的反抗"，弗洛伊德在《作家与白日梦》中就给出了一个典型的例子：一个贫穷孤苦的孩子经人介绍到一个富人的作坊或者工厂做工。在前往富人家的途中，往往会沉湎于一种白日梦中：他找到了工作，并得到了富人的信任，逐渐成为工厂里的重要人物，富人不可或缺的助手。进而被富人家庭接纳，与富人年轻美丽的女儿结了婚，最后成为工厂的董事，继承了富人的财产。马尔库塞在《爱欲与文明》中强调幻想的解放力量时说："想象的真理价值不仅与过去而且与未来有关，因为它所祈求的自由和幸福的形式要求提供历史的现实。"（见马尔库塞《爱欲与文明》，黄勇、薛民译，上海译文出版社，2005年版，第114页）显然，马尔库塞完全没有看到想象的反抗只是一种虚假的违越，因为这个孩子的"成功"或者"解放"丝毫不触及当前的社会象征秩序。

开的观点是:我在他者的命令式的召唤中做出的承认是述行性的,因为正是承认这一姿势构成(或者设定)了大他者——只有当信仰者认为自己听到并服从/违背了上帝的召唤,上帝才存在。也就是说,主体在他者,也就是上帝的召唤中承认自己,但他者并不存在。受此启发,所以巴特勒认为,既然作为他者的象征秩序本身也是凭借主体的述行承认而建构的,那么通过述行性的改写或替换自然可以对大他者的功能进行颠覆性的破坏。据此巴特勒批评拉康过于坚持象征的稳固性,不够辩证,在她看来:不仅象征秩序总是已经被作为主体的社会生存所必须的前提,而且只有当主体在这种象征秩序中认可了自己,并通过一再重复的述行姿势于其位置就位,象征秩序本身也才能存在并被再生产。而经过对象征秩序进行戏仿性的走样了的述行性表述,当然也就为改变我们的社会生存之象征轮廓打开了可能性。巴特勒把拉康先验的(apriori)象征作为新版的超验的(transcendental)框架拒绝了,因为在她看来,这样一来就事先固定了我们的生存坐标,没有为回溯性地替换这些预设的条件留下任何余地。因此,巴特勒在一个关键段落中写道:

> 当我们说主体所欲求的还不是其绵延的社会生存时,这是什么意思呢?如果不死亡就不能取消这种生存,为了使社会权力对延续生命的条件实施的控制可以发生改变,能够让生存去冒险吗?能够去追求死亡吗?主体被迫重复那些造就了他的社会规范,但这种重复带来了一个危险领域,因为如果人们不能"以正确的方式"恢复这种规范,他就会受到进

一步的制裁,就会感到基本的生存条件受到了威胁。可是,如果在当前的组织中没有危及生命的重复,我们又如何开始去想象那种组织的偶然性,并实际改写生命条件的轮廓?①

拉康是否像巴特勒所说的那样认为,面对象征秩序这个强大的他者,我们要么除了臣服,要么疯癫(因而被排除出社会),此外别无选择? 或者还有反抗既定社会象征秩序的第三条道路? 对此,拉康的答案非常清楚:有! 那就是去欲求绵延的社会生存之外的东西,且因此死亡,并甘于做出追求和企慕死亡的姿势。这个回答确凿显示了拉康将弗洛伊德的死亡冲动重新解释为伦理行为的基本形式。这种伦理行为不能还原为"言语行为",后者因为其述行力量而依赖尚未确立的象征法则和/或规范。

这难道不就是拉康在第七期研讨报告《精神分析的伦理学》中阅读《安提戈涅》的全部要点? 安提戈涅的确危及了她的整个社会生存,因为她公然反抗由统治者克瑞翁体现的城邦的社会-象征权力,因此落入象征死亡,被驱逐出社会-象征空间。安提戈涅以她决绝的行动表明她在自己真实的欲望上绝不妥协,从而颠覆了基本的象征秩序,或者至少为此打开了一种可能性。在安提戈涅与象征秩序之间的对抗中,她既没有屈服,也没有疯癫,而是

---

① Judith Butler, *The Psychic Life of Power*, Stanford University Press, 1997, pp.28~29.

以一个决绝的行动将自己的欲望贯彻到底①。"对拉康来说,如果不冒悬置大他者的风险,如果不冒悬置社会-象征网络(后者担保了主体的身份)的风险,就不会有合适的伦理行为:只有当主体冒险做出一个大他者不能覆盖的姿势时,才会有真正的伦理行为发生。"②拉康努力获得进入这个"居于两种死亡之间"的领域的一切方式:不仅放逐之后的安提戈涅,科罗诺斯的俄狄浦斯、李尔王、艾伦·坡的瓦尔德马尔等等,他们共同的困境是他们发现自己处于这种永恒的、"超越死与生"的领域中,在这个领域中,象征命运的因果关系被悬置了起来。

因此,齐泽克认为理应受到批评的不是拉康而是巴特勒自己,因为她把这种根本维度中的"行动"与对人的象征条件所做的述行改写(通过反复替换)混为一谈:二者并非一回事,也就是说,纯粹的述行改写虽然是一种破坏性的替换,但是仍然局限于霸权领域,它好像在进行一场内部的游击战,用霸权领域的术语去反对霸权本身,就像中国古代历次农民起义。而更加根本的行动则对整个领域进行彻底的变革,它重新定义了在社会上得以维持的述行条件。两者具有关键的区别。"因此,一旦考虑到主导话语的边际改写后,巴特勒就止步不前了,她仍然停留在'内部违犯'的立场上,作为一个参照点,这需要装扮成主导话语的他者,而这

---

① 其实这就是拉康《精神分析的伦理学》的主旨。关于这个问题,可以参见拙文《安提戈涅与精神分析的伦理学》,见《外国文学评论》(季刊),2005 年,第 4 期。

② Slavoj Žižek, *The Ticklish Subject*, Verso, 1999, pp. 263~264.

种主导话语只能被边际性地替换或者违犯。"①

从拉康的立场看,巴特勒既过于乐观又过于悲观。一方面,她高估了通过述行性的改写或替换对大他者的功能进行扰乱的颠覆性潜力;其实,这些实践最终会支持它们意图颠覆的东西,因为这种违越领域本身已经被大他者的霸权形式考虑到了,甚至就是由它造就的——拉康所说的大他者不仅是那些象征规范,还包括对它们的法典化的违越。俄狄浦斯秩序是一个巨大的象征矩阵,体现于一大套意识形态机构、仪式和实践中;这个坚固的实体是如此根深源远,以致述行性的替换这种边际性的小打小闹根本不能损害它。另一方面,巴特勒没有考虑到从整体上彻底重建基本象征秩序的激进姿势。

正如我们在前面指出的那样,相比阿尔都塞和福柯,巴特勒的另一个优点在于她敏锐地看到了主体/臣服的内在因素,也就是主体本身对臣服的依恋。这一点阿尔都塞其实也有所察觉,但因为没有充分考虑到其重要性而未及展开。比如他指出,当上帝在云间呼唤摩西时,摩西立刻回答:"是我!我是你的仆人摩西。你吩咐吧,我听着呢!"②因此,巴特勒认为象征认同(臣服)的基础正是主体对权力机制的"强烈依恋"。巴特勒将"原初依恋"解释为主体的先决条件,且据此指望主体能辩证地重新表述其存在的诸先决条件,能够改写和替换它们:主体的身份"将总是且永远植根于他所受到的伤害,只要它还是一种身份;但这确实意味着

---

① Slavoj Žižek, *The Ticklish Subject*, Verso, 1999, p.264.
② 《旧约·出埃及记》3。

可能的再表述会改写和扰乱对臣服的强烈依恋,没有这种依恋,主体的形成和再形成都不可能成功"①。也就是说,当主体被迫做出选择时(拒绝伤害性的训唤就等于不生存),当他们在失去生存的威胁下被迫认同强加的象征身份(黑鬼、婊子等等),他们仍然有可能更换这身份,将其重新置于适当的语境中,使它为其他目的服务,让它转而反对其霸权性的运作模式,因为只有通过连续不断的重复颁布,象征身份才能保持其控制力。在此我们发现,在反抗的效果上,虽然巴特勒与福柯截然不同:前者否认了反抗的革命性和颠覆力量,后者则给予了肯定;但是在二者那里,反抗发生的方式其实是一致的,即通过不断的述行重复。齐泽克要问的是:如果象征认同的基础就是强烈依恋,那么针对权力展开的反抗就必然应该撼动这个基础,但仅仅对象征秩序做一些边际性的重新表述,是否真的就能从根本上改写象征秩序吗?就能实现真正的反抗吗?是否就能破坏臣服最基本的层面,也就是巴特勒所说的"强烈依恋"吗?

然而,齐泽克对巴特勒的方案提出了一个更加颠覆性的追问:如果我们在被迫选择中承担下来的象征身份不是依赖于"强烈依恋",而是正好相反,依赖于对"强烈依恋"的否认,情况又会怎么样呢?拉康将原初的"强烈依恋"称之为"基本幻想",主体之存在(being)的坚固性就依赖于此。从精神分析学而言,构成主体的强烈依恋不是别的,正是原初的"受虐"情景,其中主体让自

---

① Judith Butler, *The Psychic Life of Power*, Stanford University Press, 1997, p.105.

己或者看见自己遭受折磨,因此变成了一个双重身份的存在者。这个情景的本质在于它既维持又威胁主体的存在,而且仅仅因为它受到排斥(原初压抑)它才维持了主体的存在。所以,与巴特勒提供的方案针锋相对,齐泽克反问道:"如果公开承担/上演原初的'强烈依恋',比辩证地重新表述或替换这个情景更具颠覆性,情况又会如何呢?"①

齐泽克借助拉康将巴特勒所混淆的两个术语分别开来:基本幻想,主体之存在的终极支持;象征认同,它已经是对幽灵般的"强烈依恋"的创伤所做的象征反应。关键是要知道,我们在被迫选择中承担下来的象征身份依赖于对幽灵般的"强烈依恋"的否认。比如在军队生活中,这种"强烈依恋"是由同性恋关系支持的,但军队要想保持运转,就必须否认这种关系。由此产生了另一个分别,即"象征再表述"与"穿越幻想"的分别:对象征秩序所做的重新表述,也就是基本幻想的变异,不会实际削弱基本幻想的控制力②;穿越幻想,或者与幻想保持距离,才最终保证了主体之存在的一致性,并让他因此忍受拉康所说的"主体的贫乏"。因此齐泽克斩钉截铁地指出:"就其根本而言,对基本幻想情景的原初强烈依恋是不可辩证化的:它只能被穿越。"③

因此,我们需要重新思考"社会认同"这个基本概念:因为只

---

① Slavoj Žižek, *The Ticklish Subject*, Verso, 1999, p.265.(着重号为笔者所加)

② 弗洛伊德的《一个孩子正被责打》深刻揭示了这一点。

③ Slavoj Žižek, *The Ticklish Subject*, Verso, 1999, p.266.

有在它没有得到公开承认时,只有在我们与它保持一定距离时,"强烈依恋"才可能存在。所以齐泽克说:"把一个社会团结在一起的并非是大家对同一个对象共有一种直接的认同方式,而毋宁说恰好相反,大家共有一种不认同方式,共享一种委托方式,将社会成员的恨或爱委托另一个代理人,以便人们通过这个代理人去爱或恨。"① 比如,基督教世界就是由共有的信仰委托团结起来的,人们不是直接与上帝认同,而是把他们的信仰委托给某些精挑细选出来的个人(圣徒、教士,或许只有耶稣一个人),这些人才是信仰的真正依赖。因此,象征认同与融入认同对象相反:它要求主体必须与对象保持适当的距离。正因为此,作为一种机构的基督教会总是把那些狂热者、那些妄言能够直接与上帝合而为一的人视为它的头号敌人。

巴特勒正确强调了主体性是在两个层面上展开的:其一是原初的"强烈依恋",对某个他者的屈从与臣服;其二是对此所做的否认——也就是说,与他者保持最低限度的距离,以此打开自由和自主的空间。原初的"强烈依恋"因此就是自由和反抗的可能性与不可能性:在此之外没有什么主体性。也就是说,我们只能将主体性确认为与主体性的根基保持一定的距离,这距离是永远都不能被完全取消的。但是,在"强烈依恋"和象征认同之间做出区分,无论在理论上还是政治上都仍然是至关重要的:原初的"强烈依恋"是主体为了获得社会象征生存所不得不压抑/否认的;对

---

① Slavoj Žižek, *The Ticklish Subject*, Verso, 1999, p.267.

这种社会象征秩序的臣服,则为主体提供了确定的象征命令(训唤性的承认/认同的场所)。

值得顺便指出的是,正因为巴特勒混淆了这二者,所以她也混淆了拉康的超我和道德律(自我理想)这两个概念①。她将超我定义为测量主体的实际自我与主体应该服从的道德律(应该仿效的自我理想)之间距离的尺度,并断定主体因为不能完全遵守道德律(达到自我理想)才产生罪责感。但齐泽克认为:

> 跟随拉康,坚持这两个术语之间的对立,难道不是更有建设性吗?——在超我给主体施加的压力中现实化的罪责并不像看上去那样直截了当:这罪责不是因为仿效超我失败而产生的罪责,而是更加根本的罪责,因为主体接受了自我理想(由社会决定的象征角色)将其作为必须首先遵循的理想,因此这是因为背叛了人更加根本的欲望而产生的罪责。如果遵循拉康,人们就会因此阐明超我的基本悖论;这个悖论存在于这个事实:我越是服从自我理想的命令,我越是有罪。拉康的要点是,在服从自我理想的命令时,我事实上是

---

① "自我理想"(ego-ideal)和"理想自我"(ideal ego)是拉康的两个基本概念。拉康后期将自我理想表示为 I(A),将理想自我表示为 i(a)。认为自我理想就是一种象征的摄取,而理想自我则是想象投射的源泉。自我理想是作为一个理想、作为一个内化了的法律大纲而运作的能指,是支配主体在象征秩序中之位置的指南,它先行了次生的(俄狄浦斯)认同,或者是这种认同的结果。参见拙著《雅克拉康:语言维度中的精神分析》,东方出版社,2006 年版,第 5 章第 1 节。

有罪的——背叛了我根本的幽灵般的强烈依恋。①

超我与道德律的区别何在呢？齐泽克以一个简明而精当的例子对此做出了解释：代表象征权威的父/母亲对孩子说："你必须参加祖母的生日聚会，并且要举止得体，即使你烦得要死！"相反，超我会这样对孩子说："虽然你知道祖母多么喜欢看见你，但你不必去看望她，除非你真的想去，如果你不愿去就待在家里。"超我的诡计在于为必须履行的义务披上了自由选择的糖衣，其实每个孩子都知道这是一个被迫选择：不仅你必须去看望祖母，而且你必须高高兴兴地去！象征法律命令你必须做某事，而超我不仅命令你必须做某事，而且必须"享受"你必须做的事。

(作者工作单位：中国人民大学文学院)

---

① Slavoj Žižek, *The Ticklish Subject*, Verso, 1999, p. 268. 关于超我和道德律的区别，齐泽克在另一篇文章"Kant with(or against) Sade"中也曾论及，见 *The Žižek Reader*, ed. Elizabeth Wright and Edmond Wright, Blackwell Publishing Ltd., 1999, p. 296.

精神分析维度中的实体和主体
——兼论拉康-齐泽克的"实体即主体"

孔明安

黑格尔哲学是以理性主义为核心的思辨哲学。从自我到自我意识,直至自我实现绝对精神的过程,也就是黑格尔的理性哲学的完成过程。然而,作为 20 世纪显学的精神分析理论却是以无意识为研究对象的学说,在这一点上,拉康-齐泽克的精神分析理论也概不例外。拉康(J. Lacan)始终声称要"回到弗洛伊德",这表明了拉康与弗洛伊德的密切关系。然而,综观拉康的精神分析理论,其思想体系中渗透着浓重的黑格尔思想成分。当然,从思想渊源上考察,这与拉康受到了他所生活的那个时代俄裔法国哲学家柯耶夫(A. Kojeve)所传播的黑格尔思想有关;科耶夫对黑格尔所进行的存在论解读对早期的拉康思想形成影响至深,以至于早期拉康的精神分析思想形成过程中渗透着浓重的存在论的成分。另一方面,如果将拉康-齐泽克的精神分析理论与黑格

尔的精神哲学加以对比,我们会发现,拉康学说与黑格尔思想之间存在着巨大的差异,甚至是完全对立的。黑格尔哲学是理性主义的集大成者,而拉康思想则与之相反,在某种程度上,甚至可以说,拉康思想是无意识或非理性的。特别是二者在有关主体概念的独特规定上更是如此。拉康的精神分析与黑格尔的精神现象学是有关精神探讨的两个极端的思想理论,一个是建立在必然性基础上的宏大的精神发展史,是走向绝对必然的精神现象学,是主体在必然性指导下的精神的曲折发展过程;另一个则是建立在偶然性基础之上,以精神病为特例分析的精神现象的微观分析理论,是主体遭遇到偶然性创伤之后的精神活动的分析。一个是以纯有出发,以正、反、合三段论的演绎为方法走向必然的绝对精神的历史考察,另一个则是从社会和理性的必然性,也即大他者的必然存在,走进个体所遭遇的偶然性创伤心理分析,也即创伤性和快感的单个性、独特性,等等。因此,这两种理论看似极其对立,然则具有逻辑上的相通之处。它们都涉及了偶然与必然的辩证关系。为了分析的方便,下面我们主要从解读齐泽克的《意识形态的崇高客体》这本书入手,再结合拉康和齐泽克的有关著作,就黑格尔的"实体即主体"这一晦涩命题展开精神分析维度的探讨,以破解"实体即主体"的精神分析的意义及与黑格尔哲学的异同。我们认为,"实体即主体"这一命题集中体现了拉康-齐泽克精神分析理论的精髓,即主体与实在界的复杂关系问题。把握这一命题将有助于从更深的层次来领略精神分析的要旨。

一 何谓精神分析的实体

我们先看一下拉康-齐泽克有关实体的地位及其论述。在对实体的规定上,实体也即拉康-齐泽克所谓的实在界,或者说,实在界即实体。这一点齐泽克对之做了详细表述。他说:"拉康所谓的实在界所存在的悖论在于,它是一个实体,尽管它并不存在,但它具有一系列的特性。"①由此可见,拉康的实在界即实体,这一点是毋庸置疑的。这里,问题的关键不是拉康认为实在界即实体,而是为什么拉康要将实在界视为实体。要理解这一点,必须清楚拉康对实在界的一系列规定及其特性。对此,齐泽克给出了详细的分析。

1. 实在界是一个硬核。他说,人们通常将实在界"设想为一个硬核,它抵抗符号化、辩证化,总是固守在自己的位置上,总是回到自己的位置上"②。齐泽克又补充说:"实在界既是坚硬的难以渗透的内核,它抵抗符号化,又是纯粹的空幻性的实体,它本身并不具有本体论的一致性。用克里普克的话来说,实在界是一块坚硬的石头,它绊倒了每一次符号化的企图,实在界是坚硬的内核,它在所有可能的世界中都保持不变。"③阐释实在界是一个硬

---

① 齐泽克:《意识形态的崇高客体》,季广茂译,中央编译出版社,2002年版,第 222 页。
② 同上,第 220 页。
③ 同上,第 230~231 页。

核的特征的一个最好的例子,就是齐泽克所举的某个科幻小说的故事《实验》。在该故事中,约翰逊教授在向人们演示走进未来5分钟时所做的实验时并没有遇到多大的困难,当他设置好未来刻度盘之后,把黄铜放入机器平台上,黄铜消失了,5分钟后又再现了;然而,当进入到第二个实验,即走进过去5分钟的实验时,却遇到了麻烦,也就是如何现实地走进过去的5分钟呢?根据物理学时间不可逆的原理,走进过去5分钟,在现实社会中是不可能的。如果说有可能,那么,只有一种可能,即根据爱因斯坦的相对论,在光速的情况下,才会产生时间倒流,我们才能回到过去。因此,如何演示时间的倒流反而成了一个难题。那么,约翰逊是如何进行这个实验的呢?与人们的通常的看法相反,约翰逊设计的这个实验看来似乎是一个悖论,即他并没有在规定的时刻将黄铜放在指定的地方,黄铜依然在原地。这令他的同事极为疑惑,不可思议。然而,紧接着出现了令人吃惊的一幕:在黄铜规定显现的时候,发生了一个奇特的现象,即"宇宙中的其他的一切,包括教授和其他人,都消失了"。

  这个故事要说明什么呢?显然,黄铜在它该显现的时刻照样出现,但实验主体却消失了。这个实验折射出实在界与主体之间的"诡秘"的关系。实在界(黄铜)的显现是以主体的"隐遁"为前提的。也就是说,实在界为了显现,不惜让实验主体"消失"。这就是实在界的"硬核"特征。所以,齐泽克说,这一实验意味着:"即便所有的符号性现实都自行消解,化为乌有了,实在界(那个

小黄铜）将回到他的位置……纵使毁灭世界,也要让正义实现。"①这里,实验主体就是符号性的现实,而人的"隐遁"或"消失",也意味着"毁灭世界",但即便如此,黄铜依然会如期出现。不过,需要注意的是,齐泽克在此引用拉康的话是要指出,硬核仅仅是实在界特征的一个方面,它是拉康在20世纪50年代对实在界的规定。这一特征在于其抵抗一切符号化和现实化,以保持其前符号的原有位置的特征,此后,才会出现我们所谓的社会现实以及社会想象。然而,仅将实在界定位于硬核,仍难以概括实在界与想象界和象征界的复杂关系。拉康有关实在界的看法是在发生变化的,在20世纪60～70年代,拉康逐渐将实在界转移到创伤领域。

2. 实在界是创伤。创伤是精神分析的基本概念。创伤(trauma)概念来自于古希腊语,其意是受伤之意。自古希腊以来,创伤一直指的是针对外科手术意义上的外来伤害而言的,它泛指机体受到外力作用而造成的伤害。这一概念在医学中被广泛使用,直到精神分析时期,创伤才有了心理学上的含义。在精神分析理论中,创伤具有极其重要的地位。创伤的发生通常都是突然、难以抵抗的,并对当事者造成难以愈合的心理伤口。因此,创伤会让人们感到无能为力、无助和麻痹。创伤的这种突发性和难以抗拒性是每一个体在其一生中都难以规避的事件,因此,突发性和潜在性是其固有的特征。弗洛伊德是在其导师夏尔科

---

① 该故事参见齐泽克《意识形态的崇高客体》,季广茂译,中央编译出版社,2002年版,第220页。

(Jean-Martin Charcot)所提出的"创伤神经症"(trauma neurosis)概念的基础上提出创伤概念的。弗洛伊德认为,创伤遵守能量守恒的原则,个体在遭受到外在突发事件的刺激时会产生自身的机体反应或回应,并会释放过多的应激能量;当这些多余的能量无法被心理机制所排泄出去的时候,个体就会产生某种"无能、无助和麻痹"的感觉,这种感觉就是创伤。他说:"我们把创伤归于这么一种经验,在很短暂的时间内,一种极度的刺激量上升出现在精神中,如此的强大,以至于无法用正常的方法去应付或处理,这必将永久性动摇能量的运作方式。"[1]由于创伤是应激能量潜藏于人的内部而没有得以外泄或宣泄,因此,根据能量守恒的原理,创伤在以后遇到类似的诱因时还会时常发作。精神分析的创伤不同于心理学意义上的创伤概念,精神分析的创伤主要指的是心理创伤,它主要是从无意识的层面来探究心理创伤及其运作方式;而心理创伤在精神病学上被定义为"超出一般常人经验的事件"。心理学意义上的创伤主要是从意识层次上来探究精神的痛苦及其体验。因此,将创伤与无意识相关联是弗洛伊德和拉康精神分析理论的关键。拉康的贡献之一是将创伤与其后期的实在界相联系。在拉康这里,创伤构成了实在界的一个重要维度。齐泽克说:"创伤即实在界——它是抵抗任何符号化的硬核,但关键在于,它是否具有一个未知,它是否在所谓的现实中'真正出现'了,倒是无关紧要的事情;关键仅仅在于,它制造了一系列的结构

---

[1] Freud,*The Language of Psychonalysis*,1973,p. 469. 转引自黄作《不思之说:拉康主体理论研究》,人民出版社,2005 年版,第 113 页。

性效果(置换、重复等等)。实在界是这样一种实体,它必定是在事后建构起来的,这样我们才能对符号结构的扭曲做出解释。"①

当然,将创伤划归为实在界,是从回溯性角度而言的。由于创伤的突发性和偶发性,个体在事件突发之时并没有过多的时间进行感知和反思;只有在该突发事件过后进行回忆或回溯时,主体才倍感其中之"伤痛",感到该事件对个体所造成的可怕的能量冲击及其效果,并感到"不寒而栗"。汉语中所谓的"痛定思痛"即是从回溯性角度来看待创伤的成语。这一点也为雅克-米勒所指出。齐泽克说,米勒在其有关尚未出版的拉康的研讨班报告中指出,实在界与偶然性的创伤密切相关,它是个体偶然性的遭遇,并由事后的回溯而得以确立。"实在界的地位同时又是肉体偶然性的地位,是合乎逻辑的一致性的地位。首先,实在界是偶然遭遇所造成的冲击,它瓦解了符号机制的自动循环;实在界是一粒沙,它阻止它平稳地正常运作;实在界是创伤的遭遇,它毁灭了主体的符号世界的平衡。但正如我们有关创伤问题的讨论中所看到的那样,作为整体偶然性的侵入,创伤性事件是无法呈现出其实证性的;它只有在事后才能作为逃避符号化的一个临界点,被合乎逻辑地构建出来。"②这表明,作为创伤的实在界具有如下的特质:(1)偶然性。个体的创伤及其遭遇从来都是偶发性的,而非有步骤、有计划地发生的。这种偶发性是特定的个体或"肉体偶

---

① 齐泽克:《意识形态的崇高客体》,季广茂译,中央编译出版社,2002年版,第222页。
② 同上,第233页。

然性"的,是个体的偶然遭遇所形成的巨大冲击,从而击碎或瓦解了个体的想象或象征符号的正常运作,打破了主体的生活平衡。如现实生活中某个少男少女在遭遇到失恋打击后,将会终止其正常的生活节奏,并对其个体生活造成巨大的冲击,有时候甚至会影响其一生的生活轨迹。如歌德在其《少年维特之烦恼》中所描写的少年维特,在其遭受到失恋打击后形成了巨大的精神创伤,从而导致了自杀的情景,这对现实生活中的我们每个个体而言并不陌生。这种创伤的发生及其程度是偶发性的。(2)内在性。也就是说,精神分析的创伤主要指的是一种心灵的内在创伤,而非外在的伤害。这也是弗洛伊德和拉康对医学创伤概念的发展和引申。正因为精神分析的创伤是内在的,而非外在的,所以它才构成为实在界的重要部分。正如齐泽克所言,由于创伤侵入的偶然性特征,所以,创伤性的事件"是无法呈现出其实证性的",也就是说,创伤是不能为语言和符号所表达出来的;想象、象征符号和语言围绕着创伤性事件形成了实在界的空洞,从而确定了创伤的内在性特征。(3)回溯性。创伤性事件的偶发性和瞬时所形成的巨大的冲击能量,使得个体在创伤事件发生的那一刻无暇顾及它对心灵所造成的强烈震撼。只有在事后,主体在回顾或回溯时,才会体验到创伤性事件的"可怕"性。因此,事后回溯是将创伤视为实在界的基本之途。不仅如此,回溯还构成了精神分析的主要方法。整个精神分析学说都给予回溯性以重要的方法论地位。从弗洛伊德到拉康都是如此。

齐泽克甚至以"麦格芬"(Macguffin)的故事来形象地描述作

为创伤的实在界的存在,也即一个并不存在的"乌有"。麦格芬本是希区柯克电影中的一个虚置对象,一个纯粹的假托,其本质上什么都不是,但却发挥着极其重要的作用。麦格芬有多个传说版本,在拉康-齐泽克这里,它就是拉康的对象小 a,它拥有一个纯粹的空隙,发挥着欲望的对象-原因的作用。①

3. 实在界是快感。为什么将快感当做实在界,这是我们不禁纳闷的问题。如果说,拉康将创伤当做实在界是对弗洛伊德的继承和发展,这一点是令人信服的话,那么,将快感与实在界沟通起来,也与弗洛伊德有关吗?回答应该是肯定的。弗洛伊德经常谈到快乐原则,也谈到快感。但这里必须强调的是,切不可将快感(enjoyment)与快乐(pleasure)等同起来。快感不一定是快乐,快感还有可能与痛苦和罪恶有关,快感甚至与创伤相关。这也是为什么拉康将快感与实在界相联系起来的原因。拉康之所以将快感与实在相联系,我们认为,还是由于快感所具有的特质与拉康对实在的界定相关。但究竟什么是快感,这是一个非常复杂的问题。如同"创伤"在表面上看不见,但它却实际存在一样;拉康也将快感置于"看不见"的地方,也即个体或社会的潜意识或超我的层次。这是拉康与弗洛伊德的相似之处。如同只能采取回溯性地对待"创伤"一样,对于快感,人们也只能从快感所造成的后果来回溯性地加以考察。拉康之所以将快感与实在界相联系,至少有如下两点原因:其一,快感的存在具有与创伤类似的特性,它

---

① 齐泽克:《意识形态的崇高客体》,季广茂译,中央编译出版社,2002年版,第 223 页。

既有且无;其二,快感会产生一系列的创伤性的结果。因为所谓的"原初快感",必然遭遇到社会的大他者的切割或阉割,从而对个体形成不同程度的创伤。所以,齐泽克说:"如果我们把诸如此类的实在界定为一个悖论性、空幻性的实体,尽管它并不存在,却具有一系列的特性并能产生一系列的结果,那么实在界其实就是快感(enjoyment),这是显而易见的:快感并不存在,它是不可能的,但它产生了一系列的创伤性的结果。"①这里,齐泽克指出了快感的两个特征:一方面它不存在,它是不可能的;另一方面,它却会产生一系列的创伤性的效果,这就是快感所表现出来的悖论。齐泽克认为,这一基础性的悖论反而证明了实在界的存在。

当然,在齐泽克看来,拉康这里根本就不存在纯粹生物本能性的快感,快感从来就是社会性的,或至少说,它是生物性与社会性相混合的。齐泽克给出了一个典型的例子就是成人对儿童性欲望的态度,它典型地折射出了"性"的实在界的真正存在的特征。因为就儿童的身体和心理特征而言,其本身是天真无邪的,根本无所谓什么"性欲望",等等。既然如此,那么社会或成人有关性的话题,包括涉及"性"的影视作品,应该完全对儿童"全面"开放,也就是说,我们没有必要在这些领域严格地控制儿童,限制他们去接触"涉性"的行为,不应该在这一问题上采取保守的态度,而应该采取开放的态度。然而,实际上,我们都知道,在如何对待儿童的性欲望问题上,无论东西方所采取的都是相对保守的

---

① 齐泽克:《意识形态的崇高客体》,季广茂译,中央编译出版社,2002年版,第 224 页。

态度。为什么呢？这就涉及儿童的性欲望问题上的"悖论性"和复杂性。儿童的性欲望并不简单地是一个生理性的问题,而是一个社会性的问题,是一个潜在与现实的关系问题。因为,虽然儿童本身是天真无邪的,他们的身心在孩童时期并没有什么性欲望,但这并不代表他们不会受到此方面的"影响"或"污染"。社会和成人如果不加注意,那么,则必然导致儿童性欲望问题上的早熟,进而影响儿童的身心发育,并引发一系列的社会问题。从这个例子可以看出,在儿童的"性欲望"这一问题的保守主义态度表明,儿童的确存在着潜在的"性欲望"问题,如果处理不好,放任不管,将会造成一系列可怕的"创伤性"后果。所以,齐泽克说:"快感的这一悖论性质,同样可以为我们提供一条线索,以引导我们去阐明那个基础性悖论,该基础性悖论有力地证明了实在界的存在(对某一本身不可能存在的事物的禁忌)。"①因此,我们也就不难理解拉康在对待男女关系的问题上的类似论调。拉康认为并没有生理学意义上的男女,所谓性别,特别是男女的性别区分,完全是社会造成的,只有社会意义上的男性和女性。

4. 快感的分类及其意义。概而言之,拉康-齐泽克所谓的快感并非我们通常所谓的现实社会层面的意义理解的"快乐",而是作为某种支配个体欲望和行为的原始动力或社会动力。在某种程度上,我们甚至可以说,快感是与痛感、与创伤相关联的。对快感的这一规定可以解释"性虐待狂"这种反常的现象。正因为此,

---

① 齐泽克:《意识形态的崇高客体》,季广茂译,中央编译出版社,2002年版,第 224 页。

所以,齐泽克才会说,快感并不存在,它是不可能的,但它会产生一系列的创伤性的结果。所以,从回溯的角度看,快感是"痛而且爽"的回溯体验,它同样符合实在界的悖论特征,即它是一个虚无的存在。根据齐泽克的理解,快感被划分为:(1)菲勒斯快感(phallic jouissance)。它指的是符合菲勒斯能指规范的快感,它把心里上的能量通过身体的出口排泄出去,其中,主要是通过欲望实现的形式来实现排泄。(2)剩余快感(jouissance of surplus)。它指的是在菲勒斯快感排泄后,滞留或残存在出口周围的未被排除出去的能量。由于菲勒斯快感总是有限的,总是无法把所有能量完全排泄出去,所以就出现了能量的剩余,这一剩余的能量就形成了剩余快感,因此,剩余快感本身意味着菲勒斯快感的有限性及其缺憾。(3)大他者快感(jouissance of the other)。它指的是想象中的完全快感,它既无剩余,也无不足。它是幻象的产物,但它能够引发无限的欲望。[1]大他者快感与意识形态相关,甚至可以说,它直接体现为某种意识形态。所以,这一点齐泽克在《意识形态的崇高客体》中对之做了详细的分析。现代意识形态其实是建立在快感的基础上的。齐泽克紧紧抓住了快感这一精神分析的核心概念。

与拉康对快感的划分略有不同,国内有学者将齐泽克快感划

---

[1] 齐泽克:《意识形态的崇高客体》,季广茂译,中央编译出版社,2002年版,《序言》,注释[1],第10页。

分为原质快感、剩余快感和超我快感。①这一划分其实仍然是建立在拉康上述快感分类的基础上。我们可以做个简单的类比,原质快感其实相当于拉康的菲勒斯快感;剩余快感与拉康的剩余快感相同;超我快感类似于拉康的大他者快感。

(1)原质快感。齐泽克之所以称之为"原质",其目的主要是为了突出快感在三界中的本源性和基础性的地位。但必须清楚的是,原质快感本身就是矛盾的、悖论性的存在。原质快感既是匮乏的,看不见的,同时又成为主体和其他存在的原因和动力,它是一个不在场的看不见的动因。原质本身的理解也是多种多样的。如上所指出的儿童的性欲望其实就是一种原质快感。它构成了儿童成长及其相伴随的欲望的原因,正是从这个角度,我们可以说,在某种程度上,齐泽克所谓的原质快感类似于拉康所谓的"菲勒斯快感"。因为在拉康看来,菲勒斯是一种特殊的能指,它代表了欲望一般,而菲勒斯快感显然指的就是引发菲勒斯的那种原质快感;当然,这样说,似乎有点抽象,所以,在此我们还必须借用弗洛伊德对快感的基本观点。在弗洛伊德看来,快感其实就是能量流;具体到儿童的性欲望的问题上,虽然孩童天真无邪,没有性欲望,但其实儿童体内潜藏着一种力比多的能量流,这也就是为什么在影视作品中要实施"少儿不宜"这样的规定。一方面,儿童本身潜藏着力比多的能量流,这是儿童产生菲勒斯及其诸多欲望的原因;另一方面,作为社会的大他者不可能任由这一力比

---

① 韩振江:《齐泽克意识形态理论研究》,人民出版社,2009年版,第196页。

多能量流自由地发展,因此,儿童在成长过程中遭受阉割及遭遇创伤是必然的,只不过难以确定的是被阉割或遭受创伤的具体时间。所以,原质快感与创伤事件是密切相关的。原质快感的能量流必然遭遇到大他者的阻碍和切割,这样,对于主体来说,主体遭到了创伤的打击;而对于大他者来说,大他者也因为原质快感能量流的冲击而留下了空洞,从而形成了大他者的不可能性,也即 S($\cancel{A}$)。

齐泽克所谓的原质快感其实扩大了拉康的菲勒斯快感。其中一个典型的例子就是他将失事的泰坦尼克号的碎片视为原质。当然,这个比喻是否恰当,则另当别论。对于泰坦尼克号,人们寄予了无限的期望,赋予了它崇高对象的地位,它宛如一座漂浮的宫殿,它是当时科技进步的奇迹,现代技术的精品,社会精英的基地,现代资本主义的微缩景观,同时也是社会阶级分明的稳定整体。总之,它集"万千宠爱于一身",然而,在它的处女航中却遭遇不幸,沉没于大西洋冰冷的海底世界。对此,齐泽克认为:"泰坦尼克号是一个拉康意义上的原质(Thing):物质残余、可怕的、不可能的快感的物化。通过审视泰坦尼克号的沉没,我们获得了对被禁止的黑洞的洞察力:那些科技的碎片只是某种由快感的流体所凝结起来的残余,只是某种快感的丛林。"[1]

(2)剩余快感。剩余快感就是对象小 a,它是主体与大他者交换中产生的快感的剩余,是一种多余物,它构成了主体欲望的

---

[1] 齐泽克:《意识形态的崇高客体》,季广茂译,中央编译出版社,2002年版,第 99 页。

原因,我们不在此赘述。

(3)超我快感。超我快感与意识形态密切相关,它指的是由意识形态再生产而产生的形式快感。超我快感完全是意识形态的形式化的快感。这里,意识形态的形式或口号成了超我快感的崇高对象。例如,抗日战争中中国抗日将士不惧死亡的冲锋陷阵就是超我快感的体现。那么,超我出现在哪里呢?齐泽克认为超我出现在理性的法则不能完全覆盖的地方。他说:"超我出现在(公共法则即在公共话语中阐明的法则)的失败之处;在这个失败之点上,公共法则被迫在一种非法的享乐中寻求支持。超我是淫秽的'夜间的'法律,这个法律作为阴影,必然地加强和补充'公共的'法则。"①概而言之,作为"淫秽的夜间的"超我法则,其实就是我们通常所谓的"潜规则"。潜规则是对公共法则,也就是依据大他者所指定的规则的补充,这一点再次证明,拉康所谓的大他者的能指 S(A) 不是万能的,而是有缝隙的,这一缝隙就是超我快感的领地,它为主体的进入留下了缝隙和空白之处。如齐泽克在书中所列举的美国军队中的同性恋现象的存在,以及 20 世纪 30 年代美国南方小镇白人社区的三 K 党对黑人的夜间恐怖行径,并没有受到美国法律的严惩,等等,所有这些都是超我快感的潜规则的运行之所。超我快感不仅不与公共法则冲突,有时候还成为公共法则存在的不可或缺的凝聚力,如 20 世纪 60 年代之前的美国社会,白人对黑人和有色人种的歧视,成为美国白人团结和

---

① 齐泽克:《快感大转移》,胡大平等译,江苏人民出版社,2004 年版,第 66 页。

内在凝聚力的重要因素,因为美国当时的成文法是严格禁止种族歧视的。1989年之前的南非种族主义制度的形成,其实就是通过对白人与黑人和有色人种的制度区分,以获得超我快感,从而达到凝聚或强化白人统治的。所以,超我快感与意识形态的关系最为密切。它既与制度有关,某些时候又超然于制度之外,作为制度的补充或必不可少的凝合剂。因此,齐泽克说:"只要超我表明快感侵入了意识形态领域,我们也就能够说,象征的法则和超我之间的对立指向意识形态的意义和快感之间的张力:符号的法则担保了意义,然而超我提供了快感,这种快感成为意义的不被承认的基础。"①

必须注意的是,超我快感的获得是以牺牲第三方的利益为前提的。如美国白人的三K党党徒之间的凝聚力是以对黑人的施暴为基础的。正是在对付黑人的一致行动中,这些三K党党徒在美国的法律之外私下对黑人进行秘密的严刑拷打、残杀,以维系南方白人的优越感和象征性的团结,并从中获得超我快感。同样,齐泽克所例举的他在前南斯拉夫服兵役时与一个阿族士兵之间的一则相互对骂的黄色对话,也是通过对第三者(一个是母亲,另一个是妹妹)的侮辱的相互对骂以彰显他们二人之间的密切关系,并从中获得快感的。其中双方的团结和融洽的关系的基础是超我快感,它是建立在牺牲女性的基础之上的。所以,齐泽克说:"以淫秽为基础的团结总是以牺牲第三方的利益为代价。在上例

---

① 齐泽克:《快感大转移》,胡大平等译,江苏人民出版社,2004年版,第69页。

中,男性之间的团结是以牺牲女性利益为代价的。"①因此,作为实体的超我快感常常体现为某种潜在的道德行为准则,它常常体现为伦理的或道德的超我命令。这种超我快感的获得是以某种潜在的共同的善或恶为前提的。

二 作为乌有的实体

拉康-齐泽克从黑格尔那里借来了"实体即主体"这一命题,但他们并非是不加改造地挪用,而是对之做了精神分析的深加工。这样,黑格尔精神现象学的"实体即主体"的论断就转变为精神分析学的实体即主体的命题。如此,拉康-齐泽克必然赋予该命题以新的规定和意义。齐泽克说,我们就应该这样解读黑格尔对实体即主体所做的基本区分,实体是实证的先验本质,它被假定隐藏在显现的幕后;要想"把实体体验为主体",就要把握这一点,现象之幕首先隐藏的是下列事实:它要隐藏的是乌有,而这幕后的"乌有"就是主体。② 由此可见,实体是虚无,是乌有和虚空。同样主体也是乌有和虚空。如果将拉康-齐泽克的实体与黑格尔有关实体的本质与现象论述相比较,那么,我们似乎可以把这一乌有或虚空视为隐藏在现象之后。然而,在拉康这里,此种理解

---

① 齐泽克:《意识形态的崇高客体》,季广茂译,中央编译出版社,2002年版,中文版《序言》第4页。
② 齐泽克:《意识形态的崇高客体》,季广茂译,中央编译出版社,2002年版,第270页。

则大谬不已也。这里,我们只能姑且说,可以从类似于黑格尔的本质与表象的区分的角度来探究拉康的实在界。但在拉康那里,实在界、象征界和想象界其实是一个三维的拓扑学的结构,是相互变换、相互渗透的三界,而非表象之后隐藏着什么本质和实体。因此,在实体观的理解上,无论从内容和维度上,拉康与黑格尔都有本质的区别。拉康并不承认想象界和象征界有什么背后之类的东西存在,更不承认它们的背后潜藏着什么本质。如果说,在想象界和象征界的背后有什么本质的话,那这个本质纯粹是子虚乌有的。有关现象与本质之间的关系,拉康有一个著名的例子。他说的是两个古希腊画家有关绘画逼真性的问题。"在有关宙克西斯(Zeuxis)和巴哈修斯(Parrahasios)的古代故事中,宙克西斯有一个长项,他画的葡萄能吸引鸟。这里要强调的不是下列事实:这些葡萄无论在哪个方面都是完美无缺的葡萄,而是想说,即便鸟的眼睛也受到了它的蒙蔽。这可由下列事实所证实:他的朋友巴哈修斯战胜了他,因为他在墙上画了一个幕布,这个幕布是如此的酷肖逼真,以至于宙克西斯转过身来对他说,好吧,现在让我们看看,你在它下面都画了些什么。他借此表明,现在所关切的是对眼睛的迷惑(trompe l'oeil)。凝视战胜了眼睛(eye)。"①

由此故事可以推知,真理何在,本质何在,真理乃本无,本质即空。如果一定要说它有,那么,它就像巴哈修斯所画的幕布一样。所以,齐泽克说现象之幕隐藏的是乌有,而"这乌有就是主

---

① Jacques Lacan, *The Four Fundamental Concepts of Psychoanalysis*, The Hogarth Press, 1977, p. 103.

体"。由此推知,在精神分析看来,根本不存在什么现象与本质的区分,如果真正按黑格尔的本质与现象之区分还存在着什么本质的话,那么,这个本质也就是主体的本质,而主体的本质就是虚无或乌有。所以,齐泽克直接明了地指出:"在实体的层面上,表象只是一种简单的欺骗,它提供给我们的是有关本质的一个虚假意象;而在主体的层面上,表象的欺骗恰恰是通过假装欺骗完成的,是通过弄虚作假完成的——它假装要隐藏某种东西。它隐藏了下列事实:它没有隐藏任何东西。"①从齐泽克的这段话中可以看出,似乎我们生活的世界所存在的仅仅是表象,除此之外,根本没有任何其他的东西。也就是说,表象背后"没有隐藏任何东西"。齐泽克所谓的"表象",在精神分析的理论中就体现为拉康的"想象界"和"象征界"。那么,这是否意味着根本就没有实体呢?拉康-齐泽克的回答则相反,除了表象之外,还存在着实体。无论从实体的层面,还是从主体的层面,实体或实在界都是存在的。但这一存在确是一种虚无的存在,是一种乌有。这里,主体的虚无特征与实体的虚无的存在构成了"实体即主体"这一命题的关键。

三 实体的形式化及其句主体的转化

在《快感大转移》、《实在界的面庞》和《意识形态的崇高客体》

---

① 齐泽克:《意识形态的崇高客体》,季广茂译,中央编译出版社,2002年版,第270页。

等著作中,齐泽克在论及实体与主体的关系时,都不得不提及黑格尔有关本质与现象、同一、差异和矛盾的论述。齐泽克认为,黑格尔是在实体转变为主体的那个点上来解决实体即主体这个难题的。而这一点就在黑格尔逻辑学中"本质逻辑"的结尾处。"在那里,伴随着从绝对必然性向自由的转变,客观逻辑向主观逻辑的转变。从最后的、黑格尔的第三部分(关于'现实'的那一章)的观点来看,'实体作为主体'的难题是以下列方式表达的:我们怎样才能清晰地描述那种不会消解在必然之中的偶然性?"①这里,齐泽克追踪了黑格尔的论证逻辑并指出,黑格尔的第一步是区分偶然性与必然性,"形式的现实性、可能性和必然性";第二步是区分"实质的现实性、可能性和必然性";第三步是绝对必然性。正是通过必然-偶然之间的辩证转化,从而凸显了实体与主体之间的辩证关系。齐泽克甚至以马克思经常引用的例子为例。他说:"只要提及经典的马克思主义例子就够了:法国大革命转变成波拿巴主义的必然性,是在拿破仑这个偶然性的个人身上实现的。"②也就是说,通过拿破仑这个偶然性的个体,伟大的法国大革命这一"实体"就转换成了"波拿巴主义的拿破仑"这一主体了。伟大的精神一下子转变成了滑稽的小丑。这就是历史的辩证法体现。实体即主体,正是通过偶然性的环节而实现的。或者说,本质是通过偶然性的现象而得以体现的。

---

① 齐泽克:《快感大转移》,胡大平等译,江苏人民出版社,2004年版,第38页。

② 同上,第40页。

从黑格尔的思辨哲学角度看,就实体而言,黑格尔的实体无异就是本质的化身,但它必须透过现象才能实现本质与现象的辩证统一;然而,就精神分析而言,实体是一个"乌有",但这一"乌有"却必须通过"现象"才能得以显现和揭示。或者说,现象本身与乌有是难以分离的,它是一个拓扑学的结构组合。实体必须通过拉康的想象界和象征界(符号界)才能得以揭示实体的"乌有",否则,实体的虚空特性则无途径得以表现。现象或表象显现为对主体的欺骗,它使主体自以为,现象界或表象世界就是主体所谓的真实世界,除此之外,别无其他。然而,主体并不止于此,主体并不滞留于现象或表象世界,而是竭力追求表象背后的本质,认为在世界的表象背后有一个真正的本质或本真的世界。然而,主体最终发觉,他所追求的本质其实是一场"虚空"。在这一点上,主体的看法是完全错误的,因为表象并没有隐藏任何东西。实体即是乌有或虚空。或者说,根本就没有什么本质。如果说有本质,那么表象或形式就是本质。齐泽克还以苏联总统戈尔巴乔夫的"改革"和"新思维"为例来佐证其实体的乌有特性。他指出,20世纪80年代中期,当戈尔巴乔夫开始实施其所谓的"民主"和"新思维"的时候,西方很多学者和政治家都认为,戈氏的所谓改革和"新思维",不过是一些表面性的、形式的、根本不触及苏联体制的政治举措,是"换汤不换药"的小打小闹,甚至还有人认为戈尔巴乔夫比一般的共产主义领导人更强硬,因为他为苏联的集权体制提供了一个诱人的"开放、民主"的外在表象。然而,事实是,这些被西方学者或政治家视为表象的或形式的"民主"改革,最终却导

致了苏联庞大帝国的解体。因此,齐泽克说:"这里要提及的黑格尔式的看法是,这种陈述或许是真实可信的,戈尔巴乔夫十有八九'真的'只是想改善这一现存的制度而已。不过,不管意图如何,戈尔巴乔夫的行为却启动了自上而下地改善这一制度的进程:'真理'存在于被视为纯粹外部形式的事物之中。……因此可以设想,'本质'依然是空洞决定,其充分性只能通过下列检验得以检测。"①所以,这个案例典型地反映了形式和本质的关系,也即形式就是本质的道理。

四 实体与主体之间是一种相互作用的关系

从精神分析的角度看,实体与主体之间是一种决定性和设定性的关系。当然,具体而言,在精神分析中,实体与主体之间体现为黑格尔所谓的能动(积极)实体与被动(消极)实体之间的一种错综复杂关系。要说明这一点,我们必须联系黑格尔有关实体的绝对必然性,以及能动实体与被动实体的论述。现在我们结合拉康精神分析的幻象公式($\$ \diamond a$)来做一具体分析。这里涉及对象小 a 与主体之间的复杂关系。

与斯宾诺莎僵硬的实体观相比,黑格尔的一个突出贡献就是提出了能动实体和被动实体的观点。在黑格尔看来,实体是通过

---

① 齐泽克:《实在界的面庞》,季广茂译,中央编译出版社,2004年版,第 95~96 页。

自身的设定而发展出偶然性的,因此,可以说,实体把自身设定为偶然性,这一偶然性也是另一个实体;但这另一个实体毕竟不同于自身设定的实体自身。因此,黑格尔将自身设定的、能动的、行使动力的实体称之为能动的实体,即原因;而被设定的、接受动力的另一个实体则称之为被动的实体,即结果。因此,实体就体现为能动的原因与被动的结果之间的关系。黑格尔说:"实体作为绝对力量是自己与自己联系着的力量,(这种力量只是一内在可能性)并因而是决定着其自身成为偶然的力量。同时由偶性而设定起来的外在性又与这种力量有所区别,则这种力量(正如它在必然性的第一种形式中,乃是实体那样),现在就是真正的关系——这就是因果关系。……实体在如下情形下,即是原因,即当实体在过渡到偶性时,反而返回到自身,并且,因而是原始的实质。"①

对于黑格尔从必然性和偶然性过渡到能动实体和被动实体的分析,齐泽克表示完全的赞同。他说:"作为自身的原因的绝对必然性,是一种内在的矛盾观念;当实体观念(与斯宾诺莎的绝对必然性是同义的)分裂为积极实体(原因)和消极实体(结果)(即能动实体和被动实体,笔者注)时,其矛盾同样是引申的、设定的。因此,这种对立被一种交互作用的范畴所克服,在其中(决定着自身的结果的)的原因被结果所决定——因此,我们从实体过渡到

---

① 黑格尔:《小逻辑》,贺麟等译,商务印书馆,1979年版,第316页。

了主体。"①因此,从实体到主体的演变过程中,如何准确地把握能动实体与被动实体之间的复杂的相互作用是理解实体问题的关键。其中,实体的自我"设定"一词至为重要。由于实体是必然的,是自我设定的,所以它是自在自为的。但正因为如此,实体必须外化,才能达到自我反思和相互作用。因此,黑格尔说:"仅仅就存在是被设定的而言,它是自在和自为的,因此这个无限的自我反思/相互作用是实体的圆满完成。但是这种完成不再是实体本身而是某种更高的东西,即概念、主体。"②这样,我们就从黑格尔晦涩实体的精神现象学导出了实体即主体的相互作用及其复杂过程。然而,在拉康-齐泽克这里,我们还必须结合其精神分析理论才能更清晰地理解黑格尔的这一论题。

　　当然,首先必须在此强调的是,黑格尔所谓的能动的实体(原因)和被动的实体(结果)是相对的;它不是机械意义上原因和结果的关系,而是其辩证法意义上的相互作用。对于黑格尔的这一命题及其论述,我们在为黑格尔的晦涩论述而苦恼不已的时候,我们不得不佩服黑格尔对精神的深刻性及其复杂性的深刻见解。黑格尔的实体观是对传统机械的因果关系的突破。而拉康的实在界,特别是其幻象公式正好提供了一个极佳的例解。

　　如上所述,在某种程度上,我们可以将小 a 视为实体。齐泽

---

　　① 齐泽克:《快感大转移》,胡大平等译,江苏人民出版社,2004年版,第42页。

　　② G. W. F. Hegel, *Science of Logic*, tran. by A. V. Miller; 1989, Publisher: Atlantic Highlands, NJ: Humanities Press International, p. 580.

克认为，拉康的幻想公式中的主体和对象小 a 的关系，不但体现了主体与实体的关系，而且折射了能动实体与被动实体之间的错综复杂的相互关系。具体而言，在拉康那里，对象小 a 构成了主体的原因，是主体欲望的成因。"正是实在界对每一符号化的剩余，在作为欲望的对象成因（object-cause of desire）发挥作用。"①也就是说，在对象小 a 与主体的关系中，不是主体决定对象 a，而是主体受制于对象小 a，至少从表面看，二者之间是决定和被决定的关系。毫无疑问，拉康有关主体与对象小 a 的关系，是对传统哲学主体性理论的颠覆。然而，如果我们的认识仅仅到此，那我们就大大低估了拉康精神分析理论的深度及其深刻性了。

从上述主体与对象小 a 的关系看，对象小 a 本身似具有准"本体论"的成分。毫无疑问，可以将对象小 a 看做实体或实体的一部分。因此，说对象小 a 是自因，是一种自我设定，这是成立的。按照黑格尔的能动实体和被动实体的划分，可以把对象小 a 视为能动实体，它体现为黑格尔哲学中的某种必然性的东西。然而，必须注意的是，在拉康-齐泽克这里，对象小 a 是一种设定的存在，它与主体之间并非像传统哲学所理解的那种简单的决定和被决定的关系。因为在拉康看来，对象小 a 的最大特征是其非存在，或匮乏。一方面，对象小 a 是主体欲望的原因，其特征是空洞和匮乏的；另一方面，对象小 a 则又是被主体设定的，它是主体的

---

① 齐泽克：《意识形态的崇高客体》，季广茂译，中央编译出版社，2002年版，《引论》第 4 页。

欲望对象,也就是说,原来的主体与对象小 a 之间的主动和被动关系,现在又被颠倒了过来。换句话说,在原来的主体和对象小 a 的关系中,归属于实在界的对象小 a 可以被命之为"能动的实体",它构成了主体的原因;然而,反过来,从对象小 a 的形成过程及其特征看,对象小 a 则又是主体设定的,如果离开了主体,也就无所谓对象小 a。如此,对象小 a 又处于被设定的地位,用黑格尔的话来说,它又变成了被动的实体。因此,这里的问题的关键就转向了幻象公式中的那个虚空的主体 \$。也就是说,实体的问题还必须求助于主体才能解答。因此,在主体 \$ 与实体的对象小 a 之间呈现为一种错综复杂的关系。二者之间呈现的是一种相互作用关系,而非简单的决定和被决定关系。对于这一复杂关系,齐泽克做了如下概括,他说:"然而,这个相互作用范畴比它看起来的更为复杂,为了更充分地理解它,我们必须返回到 \$ 与 a 之间的关系,a 是一个对象,仅仅就其被设定而言,它是自在的;作为主体的原因,它完全由主体设定。换句话说,'相互作用'表明真实原因及其在主体出现之处的指示效果这两者相同的恶性循环,其中,结果的象征网络相互设定它的创伤性原因。因此,我们到达了主体的最简明定义:主体是一种结果,这种结果完全设定了它自身的原因。"①

这里,根据拉康的幻象公式,结合黑格尔有关实体与主体之间,特别是能动实体与被动实体之间的相互作用的原理,齐泽克

---

① 齐泽克:《快感大转移》,胡大平等译,江苏人民出版社,2004年版,第42页。

恰当地指出了主体与对象小 a 之间错综复杂的相互作用。一方面，主体是实体的结果，是实体的体现，甚至可以说，是实体的代理；但另一方面，必须看出，这种结果并非是外在的，而是内在的，也就是说，主体作为实体的结果，是自己造成的，而非由外在的原因造成的，"这种结果完全设定了自身的原因"。套用黑格尔的话来说，就是对象小 a 与主体之间的关系是主体自身演化而来的，而非外在的。我们不得不说，在探求精神分析的创伤性和偶然性背后的原因和动机方面，拉康的外在性逻辑和偶然性逻辑与黑格尔追求绝对理性的内在的、必然性逻辑，在此非常巧合地相遇了。齐泽克从主体与实体内在互动的关系的角度非常巧妙地阐释了黑格尔"实体即主体"这一内在的辩证逻辑命题。齐泽克说："如果我们接受这样一种绝对观念，那么差别的环节仅仅涉及'说明过程'、表现方式，以及涉及作为有限主体从我们外在反思的位置来理解绝对而不是绝对自身的方式。相反，'实体即主体'正好意味着'说明过程'——从我们外在反思的位置，我们理解绝对的方式——是决定自身的内在规定。"[①]如此，精神分析的最外在的反思就与黑格尔最内在的反思相沟通，并走到了一起。

五　主体的代理地位及其虚空特性

实体即主体意味着主体的代理地位。之所以说主体是实体

[①]　齐泽克：《快感大转移》，胡大平等译，江苏人民出版社，2004 年版，第 43 页。

的代理,乃是由于对实体和主体的规定有关。拉康对实体和主体都进行了新的界定。拉康的实体即实在界。"拉康所谓的实在界所存在的悖论在于,它是一个实体,尽管它并不存在,但它具有一系列的特性。"①实在界的悖论在于它是匮乏或乌有。同样,拉康的主体也是一个虚空或空无,它不同于传统哲学的主体,不是笛卡尔那个"我思"(cogito)的主体。笛卡尔的主体有一个本质,即"我思",这是一种主体本质主义的立场。与主体本质主义相对的是实体本质主义。在近代哲学上,斯宾诺莎就是一个实体本质主义者。就笛卡尔而言,"我思"的主体本质主义与"我在"的实体本质主义是同一的,因为只有"我思",才有"我在",而"我在"的核心则是"我思"。就斯宾诺莎而言,他的实体观是将主体化约为实体,主体退却了、消失了,一切皆归为实体,实体成为了唯一的存在,最后被化约为自然和神。然而,到了黑格尔,他终于将实体与主体沟通起来,并得出了实体即主体的结论。但无论如何,黑格尔的实体即主体仍然是建立在本质主义的基础之上。因为黑格尔强调事物的内在性,追求事物的本质。然而,到了拉康,他的主体是一个"非思"或"不思"的主体,一个虚空的非存在的主体。齐泽克说:"人们通常把黑格尔的这些命题,化约为一种简单的本体论替身——把主体提升到生存整体的实体性本质的地位上来:首先,意识觉得,在现象的幕后隐藏着另一个先验本质;然后,借助于从意识到自我意识的过渡,它体验到,隐藏在现象后面的这一

---

① 齐泽克:《意识形态的崇高客体》,季广茂译,中央编译出版社,2002年版,第222页。

本质,这一激发现象出现的力量,就是主体自身。不过,对黑格尔这样的解读,把主体直接等同于隐藏在幕后的本质,忽视了下列至关重要的事实——黑格尔式的从意识向自我意识的过渡,暗示出对某个严重失败的体验:主体想揭穿幕后的秘密;他的努力失败了,因为幕后一无所有,而一无所有就是主体。"①所以,拉康的主体的虚空特性是一目了然的。拉康用 $ (打上了斜杠的 S)来表示主体,意味着只要虚空的主体 $ 进入到语言之中,只要主体开口说话,主体就被受到了语言的"污染"和"阉割",主体就被"异化"了,变成了一个被阉割的主体。拉康"用 $ 表示主体,$ 是一个被斜线封死了的 S,是一个空隙,是能指结构中的空位"②。但在人类社会中,任何一个"正常的"主体必须是一个会"说话"的主体。这里的说话范围很广,它不仅包括口头的交流,也包括眼神、肢体动作语言,等等。聋哑人虽然听不见、不能张口说话,但其同样是拉康意义上的主体。在人与话语之间,人是话语的奴隶。所以,拉康说:"主体是通过对别人的言语来承担起他的历史,这就是新的方法的基本思想。"③面对着由语言构筑的能指之网,拉康认为:"主体最终只有承认,他的存在只是想象的产物,这个产物使他什么都无法肯定。因为在他为他人重建的工作中,他重找到了让他把重建另一个来做的根本性异化,这异化注定是要由他人

---

① 齐泽克:《意识形态的崇高客体》,季广茂译,中央编译出版社,2002年版,第268~269页。
② 同上,第100页。
③ 拉康:《拉康选集》,褚孝泉译,上海三联书店,2000年版,第266页。

来夺走他的重建的。"①所以,拉康彻底颠倒了近代哲学的主体,颠覆了主体本质主义,并走向了非本质主义的实体。

那么,主体的这一虚空性是如何在非本质主义的实体中体现的呢?我们先看一下齐泽克的论述。齐泽克说:"正是在这个意义上,(能指的)主体与(幻想的)对象相关联,甚至完全一样了:主体是空白,是大他者中的洞穴,而对象则是用来填补这一空白的惰性内容;主体的全部'存在',都寄身于用来填补其空白的幻象对象之中。"②

齐泽克这段较长的话语至少透露大他者、主体和幻想对象之间的关系:(1)无论大他者如何对主体进行阉割,大他者内部总是存在着一个空隙。也就是说,大他者并非是完全封闭的,坚不可摧的,总是有漏洞的。根据拉康复杂的欲望图表,大他者的空隙其实是前符号的快感流将大他者的象征能指链打穿的结果,从而形成了短缺能指 $S(\cancel{A})$(signifier of lack)。(2)大他者的空隙是为虚空的主体预留的空位,这个空隙的位置只有虚空的主体来占据,而非一个"所指的主体"来占据,如此,才会出现齐泽克所谓的"主体是空白,是大他者的洞穴"这样的论断。(3)主体一旦占据的这一空位,它就不再是原来那个虚空的主体,而变成了一个即将拥有意识形态崇高对象的主体。它不但与幻想对象密切相关,而且它就等同于幻想对象本身。换句话说,能指主体即幻想

---

① 拉康:《拉康选集》,褚孝泉译,上海三联书店,2000年版,第259页。
② Slavoj Žižek, *The Sublime Object of Ideology*, Verso, 1989, p.195.

对象,幻想对象就是能指主体。这里,必须注意的是,主体与幻想对象的一致或完全等同是有前提的,即此时的主体已经变成了一个有欲望的主体,一个具有菲勒斯(phallus)能指的主体。这里,菲勒斯在把主体变换为意识形态化的主体过程中发挥着重要的作用。(4)主体与幻想对象的等同是以主体受制于幻想对象为前提的。也就是说,"主体的全部'存在'都寄身于用来填补其空白的幻象对象之中",而非幻想对象寄身于主体之中。也就是说,在主体与幻想对象的关系中,不是主体决定客体(幻想对象),而是这一特殊的"幻想对象"决定主体。这样,拉康-齐泽克就彻底颠倒了近代这种哲学的主体-客体关系。此时,在主体与实体的关系中,那个幻想对象其实就是实体的对象化,它决定着、指挥着主体,而主体则不自觉地,或曰"心甘情愿"地受那个幻想对象的指挥或摆弄。此时,我们可以说,在主体与实体的关系上,能指的主体是被动的,实体则是主动的。这正好迎合了齐泽克的一句话,即"主体是实在界对大他者的应答"。也就是说,在大他者、主体与实体三者的复杂关系中,当大他者被前符号的快感流所打穿而形成S($\cancel{A}$),留下空位的时候,虚空的主体出场了,它填补了大他者留下的空位,并形成了能指的主体,与此同时,能指的主体只能被幻想对象所填充,最终形成了齐泽克被所谓的"意识形态的崇高对象所占据的主体",这也就是精神分析中主体的地位或位置。

这里,如果说主体与实体等同,甚至说"主体即实体",那么,就必须这样说,主体不过是实体的代理而已。就此而论,如果说

拉康-齐泽克有"后现代主义"的色彩,那么可以说,在这一点上,在颠倒主体-客体的关系上集中体现了此点。当然,这样的论断也只能仅限于此。除此之外,给拉康-齐泽克贴上"后现代主义"或"后结构主义"的标签则是完全错误的。因为拉康-齐泽克是坚决否认将自己归入"后现代……"或"后结构……"之列的,甚至可以说,他们与后结构主义的立场是背道而驰的。关于此,我们不再详论,只能另文论述。

六 结语:精神是头盖骨

在《意识形态的崇高客体》中,齐泽克将实体即主体进行了具体的分析,并将之概括为"精神就是头盖骨"、"财富就是自我"、"朕即国家"和"上帝即基督"这几句名言。

"精神就是头盖骨"是黑格尔的一句名言。人们可能发问,作为如此高贵的精神,怎么可能与原始人的丑劣不堪的头盖骨相等同呢?黑格尔在其《逻辑学》和《精神现象学》中都提到了这一著名的命题,并花了巨大的篇幅,叙述了面相学和颅相学来论证这一命题。黑格尔的目的就是为了沟通伟大的精神与丑陋的头盖骨之间的内在关联而已。黑格尔说:"至于自我意识的个体性的另一方面,即它的特定存在的那方面,则是独立着的存在和主体。换句话说,是一种事物,更确切地说,就是一种骨骼。人的现实和

特定存在就是人的头盖骨。"①显然,"精神是块骨骼"是黑格尔有关普遍性与特殊性、必然性与偶然性、本质与现象等诸多命题的集中体现。这里,作为实体的精神与作为具体主体的"头盖骨"这一极不协调的两者辩证地统一在了一起。在黑格尔那里,它们统一的基础就是作为本质的无限丰富性的"精神",而"头盖骨"无非就是"精神"的现象和代理而已。如此,最抽象、最高贵的精神终于在"最丑陋"的头盖骨身上找到了其替身。而在拉康-齐泽克这里,这种统一则是作为悖论的实在界与作为虚空的主体的悖论性统一。正如齐泽克所言:精神是块骨骼"把两个绝对不相容的术语置于一个等式之中,一边是主体的纯然否定性的运动,一边是呆板客体的麻木不仁。这一命题是否为我们提供了拉康的幻想公式($\lozenge a$)的黑格尔版之类的事物?……骨骼、头盖骨因而是这样的一个客体,它借助于其呈现,填补了空隙,填补了主体的意指再现之不可能性。用拉康的术语说,它是某一短缺的对象化:它是原质,它占据了一个位置,在那里,正缺少能指;它是一个幻想对象,它填补了他者(能指秩序)中的短缺。惰性十足的颅相学客体(头盖骨)不过是某种失败的实证形式而已:它体现了,从字面上讲就是'赋形于'主体的意指再现的最终失败。因此,它是与主体密切相关的"②。至此,黑格尔的这一命题,即精神是块骨

---

① 黑格尔:《精神现象学》,贺麟等译,商务印书馆,1979年版,第220~221页。

② 齐泽克:《意识形态的崇高客体》,季广茂译,中央编译出版社,2002年版,第284~286页。

头,经过齐泽克的拉康化阐释,已经很清楚了,即作为实体的丰富的精神不过是一块"骨头",一块空空如也的难以代表丰富性精神的"骨头"。因此,在这里,用"骨头"或"头盖骨"来指代"精神"的丰富性,也即"赋形于"主体的意指再现其实是失败的。但问题的悖论在于,精神舍此并无其他途径,它只能通过"头盖骨"来代理。为什么呢?因为"头盖骨"并非一块普通的骨头,而是一块特殊的骨头,是一块代表了作为主体的人的特殊的骨头。所以,从另一方面讲,这块骨头也就是主体。换句话说,也可以把"精神是块骨头"变换成"精神就是主体"。由于拉康的主体是虚空的,"主体不过是其他意指性再现的不可能性而已,是由这种再现的失败在大他者中开辟的空位而已"①,那么,这个空位该如何弥补呢?或者说,该由什么东西来填补再现失败而在大他者中开辟的空位呢?那就是头盖骨这一特殊客体或特殊对象。至此,黑格尔的这一名言"精神是块头盖骨",因为拉康对虚空主体的界定而被彻底地进行了精神分析的改造。所以,齐泽克说:"辩证法的每一次秘密意味着,总是存在着某种残余,它逃避主体化的循环以及主体占有中介的循环。而主体恰恰与这一剩余物相关联,即 $\$ \diamondsuit a$。抵抗'主体化'的剩余,体现了这样的不可能性,该不可能性'就是'主体:换言之,主体是严格地与其自身的不可能性密切相关的,它的

---

① 齐泽克:《意识形态的崇高客体》,季广茂译,中央编译出版社,2002年版,第286页。

有限性也就是肯定性的前提。"①齐泽克在此所谓辩证法运动过程中的每一次"残余物",其实就是"头盖骨"。因为按照黑格尔的精神现象学的发展逻辑,人类精神是由低到高,由简单到复杂,直至绝对精神的循环发展过程。这一过程留下的剩余物就是这块特殊的剩余物"头盖骨"。它虽然"丑劣不堪"、"空空如也",但它是一个虚空的能指符号,一个可以被赋予人类精神发展的无限丰富性的"代理"符号。所以,头盖骨无非就是精神的"代理"符号而已。正是基于此,齐泽克指出:从精神到头盖骨似乎像是黑格尔冒险设计的一场赌博的游戏,它发生了一个转换,即它"把能指的匮乏(lack of signifier)转换成了匮乏的能指(signifier of the lack);从拉康的理论中我们得知,这一转换的能指就是菲勒斯,而正是借助于这一能指,这样的匮乏被象征符号化了"②。

齐泽克的上述话语还是非常晦涩的,它其实是拉康有关大他者、主体、实体、菲勒斯和幻想公式之间复杂关系的表述。在此,我们不拟多做详论。但有一点必须说明的是,从"能指的匮乏到匮乏的能指"并不仅仅是思辨的绕口令,而是有具体的含义和所指的。其意旨在说明,作为能指的匮乏($S(A')$)内在地隐含着实在界的实体,该实体就其特性而言,当然是一个匮乏的、不足的和短缺的。这一空位必须被填补和缝合,如此,才能体现其完美性和"崇高"的特性,否则,它就是残破不全的。那么,有谁或由何物

---

① Slavoj Žižek, *The Sublime Object of Ideology*, Verso, 1989, p. 209.

② ibid., p. 209.

来填补 S(A̸) 的空缺呢？

在拉康-齐泽克看来，有资格填补这一空缺的可以是任意一个对象（object），它既可以是一个完美的伟大的形象，也可以是一个丑陋不堪、不忍卒看的"狰狞之物"。其中的关键是在能指的匮乏与即将填补的任一能指符号之间，必须保持一定的距离。这既是齐泽克所谓的"意识形态的崇高对象"的题中之意，也是"主体即实体"的具体应用。具体而言，主体，也即那个虚空的主体就是能够担当这一"匮乏能指"的"候选"对象之一。因此，这个"候选"对象在其特征上必须是"匮乏的、虚空的"，也即任意一个虚空的能指符号而已。而这也正是拉康所谓的虚空主体。如此，这就完成了由"能指的匮乏"向"匮乏的能指"的转换。而这个转换必须诉诸菲勒斯这一特殊的能指，即欲望一般的能指才能完成。当然，在齐泽克看来，从能指的匮乏到匮乏的能指的这一转换无疑就是一场赌博。为什么呢？因为它要经历从能指的匮乏到实在界的实体，再到匮乏能指的主体的转换。这一转换是否可行，能否成功呢？至少在黑格尔那里，齐泽克认为，黑格尔通过其辩证法，成功地实现了转换，实现了"乾坤大转移"。他将无限丰富的实体化精神转换为一个空壳的头盖骨。而在齐泽克看来，这一转换在精神分析那里，在拉康那里，就是菲勒斯能指，是欲望一般。正是借助于菲勒斯的欲望一般，原来短缺、匮乏的主体开始了走向象征化或符号化主体，即主体化，走向了意识形态化的主体化的冒险历程。这里，菲勒斯扮演着关键性的角色。如果不借助于它，就不可能完成从能指的匮乏到匮乏的能指的转换。正是通过

菲勒斯,虚空的主体被象征化、符号化了,也即被主体化(subjectivation),最后仅仅留下个剩余对象的代理物即"头盖骨"而已。如此,实体的精神才完成了向头盖骨的主体的转换。应该说,这就是拉康-齐泽克所谓的"实体即主体"的真正含义。

(作者工作单位:中国社会科学院哲学所)

从主人话语到普遍性话语
——对拉康的《讲座 XVII》中四种话语理论分析

蓝 江

一 拉康的四种话语

1991 年,拉康的女婿让-雅克·米勒(Jean-Jacques Miller)编订了拉康讲座集的第 17 册,并取名为《精神分析的背面》(L'Envers de la Psychanalyse)。在这部讲座集中,主要收录了拉康在 1969 年到 1970 年间在巴黎第一大学(Place du Panthéon)的法律系(Faculté de droit de Paris)举行的讲座。实际上,在当时出版的时候,这本讲座集并没有引起太大的轰动。但是在 20 年后的今天,这本讲座集的地位已经非同凡响,其地位可以与《讲座 XI:精神分析的四个基本概念》中提出的问题相媲美。

为什么《讲座XVII：精神分析的背面》会引起如此众多的关注？其中原因大致有二：其一，《讲座XVII》所涉及时间的敏感性，众所周知，这部讲座集里所涉及的讲座正好是在1968年的五月风暴之后举办的，红色的大潮并未褪去，学生常常会将老师当做资本主义的傀儡来批判，而且在这期讲座中，也有几次因为革命学生的打断而被迫中断讲座的情况。这样，与五月风暴之前的讲座以及后来的讲座不同，拉康避免面对一群被红色的激进革命风潮煽动起来的学生。他的讲座并不是他自己的作品，而是在讲座中直接与学生的对话，这一点被让-雅克·米勒详细地记录下来。这样势必意味着，这一次的讲座必然会涉及拉康以往不会太多关心的问题，尤其是马克思的问题。可以在这部讲座集中看到，拉康已经不纯粹是在讲一种精神分析，更多的是联系了实际的政治和哲学来进行讲座。或许正因为如此，使得《讲座XVII》成为拉康讲座稿中政治性最浓烈的部分。其二，拉康没有在这里重复他的三界论（实在界、想象界、象征界）的分析工具，而是提出了一种新的分析方式，即四种不同的话语方式，包括主人话语、歇斯底里话语、分析话语、普遍性话语。这四种话语方式并不是纯粹面对精神分析的个体而提出来的，这里的话语有着强烈的历史重量，即这四种话语方式承载着拉康的历史观（后来巴迪欧称之为拉康的历史唯物主义），更重要的是，拉康的四种话语分析承载着一个明确的历史使命，即对当下的资本主义世界的批判。值得注意的是，拉康在这里使用了劳动和价值的概念，尤其是剩余价值的概念，我们意外地发现，拉康有意识地与马克思接驳了。但

是，我们不能将这种接驳简单看成拉康在革命红潮中选择向马克思主义的妥协，与此相反，拉康是用自己的快感（jouissance）学说重新阐释了资本对剩余价值的剥削问题，即拉康认为，剩余价值的根本在于剩余快感（plus-de-jouir）。

目前，拉康的普遍性话语分析已经成为了西方左翼思想家批判全球化资本主义的一个主要的理论渊源，不过对于普遍性话语的理解，正如齐泽克所说的那样，被广泛地误读①。不过，要对拉康的普遍性话语有一个比较准确的理解，必须要依赖于对拉康的四种话语的整体理解，以及拉康对四种话语公式的变型上的处理。拉康将他的四种话语的基本结构用一个总的结构来表示：

$$\frac{行动者（agent）}{真理（truth）} \rightarrow \frac{他者（other）}{产品（production）}$$

位于左边分数线上的行动者上的是一种话语的主导性成分，它是该话语的起因，而左边分数线下的真理位置是拉康意义上真（réel）的真理；右边上面的他者相对于行动者是一个绝对的外在

---

① 普遍性一词拉康与齐泽克用的都是 université，这个词在字面上是大学的意思，但是从拉康和齐泽克的解释来看，他们都否定了这个词是与现行的大学体制相关，而是一种带有普遍性的知识话语，因此，我们在这里应该把这个词翻译成普遍性话语。齐泽克说："尽管拉康的'普遍性话语'的观念已经在今天非常流行，但很少有人真正明白它的意思（设定了一种特殊'话语'，社会联系）。作为一种规则，普遍性话语作为某种言说的模糊观念，成为了当今学术解释体系中的一部分。相对于这个用途，我们通常应该扪心自问，对于拉康而言，普遍性话语并不直接与作为社会体制的大学发生直接联系。"见 Slavoj Žižek, "Objet *a* in Sociallinks", in Justin Clemens & Russell Griggeds. *Jacques Lacan and the Other Side of Psychoanalysis: Reflections on Seminar XVII*, Duke University Press, 2006, p. 107.

性,但是他者的存在也指向了行动者,最后,处于右边下方的位置是这种话语的产物,或者说是这种话语的直接结果。对于拉康而言,这个基本公式的四个位置,可以由四种不同的元素来取代。这四种元素分别是代表主人能指的 S_1,代表知识或者所知之物的 S_2,代表被分割或者被阉割的主体的 $,以及代表剩余快感的对象 a。四种元素,按照某种顺序,进入到上面的基本公式中,拉康强调说,在这个基本公式里,四种元素按照一种既定的顺序(即 $S_1 \rightarrow S_2 \rightarrow a \rightarrow \$$)在四个位置上进行循环,而四个元素的位置不能随意地对调。每当不同的元素占据了不同的位置,就会得出不同的话语方式,因此,总共有四种话语方式。分别是:

1. 主人话语

$$\frac{S_1}{\$} \rightarrow \frac{S_2}{a}$$

2. 歇斯底里话语

$$\frac{\$}{a} \rightarrow \frac{S_1}{S_2}$$

3. 普遍性话语

$$\frac{S_2}{S_1} \rightarrow \frac{a}{\$}$$

4. 分析话语

$$\frac{a}{S_2} \rightarrow \frac{\$}{S_1}$$

不能简单地将四种话语的方式看成是不同元素之间的位移。事实上,拉康这种十分简化的表述方式已经蕴涵了一种革命性的张力,这种张力不仅针对当时的资本主义体制,同时也将矛头指

向了苏联和社会主义,尤其是那些自己认为是革命者的学生。因此,对于这些公式所蕴涵的革命性的力量,我们需要逐一来分析。

二 主人话语

主人话语是拉康最经典的话语模式,实际上,这个话语模式也在他的其他地方出现过。在这种话语中,主人是决定性的力量,他占据了行为者的位置,也就是说,整个话语模式是以主人为中心来开展的。在这种模式中,主人是圆满的,他的欲望可以得到充分的满足。与主人相对的是奴隶的位置,如果说主人是圆满的,那势必意味着奴隶是残缺和扭曲的。换句话说,主人可以随心所欲地占据自己所欲望的对象,而奴隶却不能。尤其是主人和奴隶欲望同一个对象时,占主动的是主人那一方。那势必意味着,奴隶必然是一个残缺的存在,因为在他所欲望的对象的位置上,永远是一个残缺,因为那个对象已经属于主人了。在劳动的案例中,奴隶劳动,但是劳动产品是属于主人的,留给奴隶的是一个永远的残缺。这意味着奴隶的主体是一种永远的被阉割的主体,拉康采用了他的一个经典符号,即带有斜杠的 $ [1] 来表示奴隶的状态。

这里,我们很容易联想到科耶夫的主奴辩证法,拉康显然对

---

[1] 符号 $ 在拉康的其他著作中虽然也指那种被分割和被阉割的主体,但是都没有像在《讲座 XVII》中的主人话语中那样来专指奴隶的状态。

于科耶夫的学说也是十分熟悉的。在科耶夫的主奴辩证法中,也阐述了这样的远离。科耶夫说:"主人成功地战胜了物体,在享受中得到了满足。[仅仅由于另一个人(奴隶)的劳动,主人在面对自然时是自由的,满足了自己。]"①主人在这里占据并享有了奴隶的劳动产品,奴隶只生产产品,但不享用产品。但是这里有一个关键问题,如果没有奴隶,就没有可以供主人享用的产品。这样在主人和产品之间,存在一个中介,这个中介就是奴隶。如果把这个问题倒过来说,就是如果没有奴隶,主人便无法享有产品。因此,奴隶才是那个产品的关键原因,尽管主人占据并享有产品,但是,是奴隶的劳动使产品成为可能。因此,科耶夫说:"主人把奴隶放在物体和他自己之间,然后仅仅与物体的依赖性方面相结合,因此,他以一种纯粹的方式享受物体。至于物体的独立性方面,主人把它留给了用劳动改造物体的奴隶。"②如果我们在这里把那个物体(即产品)的物质的独立性方面理解为拉康意义上的真实(réel)会更有意思,即主人对产品的享有关系,这种表面上的主人的圆满性来自于这样一个真实的支撑——是奴隶在其物质方面生产了产品。这意味着,在表面上的那种主人的圆满性和自为性,是一种虚假的幻象,而奴隶的劳动才是这个虚假幻象下所遮蔽的真实。

可以说,拉康在主人话语中让代表主体的奴隶占据真理的位置正是表达出了这种观念。主人的自身圆满和自己自为不过是

---

① 科耶夫:《黑格尔导读》,姜志辉译,译林出版社,2005年版,第19页。
② 同上,第19页。

浮在水面上的冰山，而这个冰山下面有一种真实的支撑，否则这个看起来合情合理的主人的自为性就不复存在。奴隶，作为一种被阉割了欲望对象的存在，他将自己隐藏在主人的背后，并如同一个齿轮，反复运作，最终让那个浮在水面上的表象可以安然无恙地运转下去。拉康在这里甚至借用了热力学上的熵的概念，标明奴隶的处境就是那个熵，一个没有被表面计数在内的消耗。这有点像物理学上的我们背负着重物跑下去再跑回来，尽管我们消耗了体力，但是从物理学上，我们做功为零，即我们体力上的消耗纯粹是一种消耗，一种熵，而奴隶，作为那个被阉割的主体，正是主人自为而圆满地享有物质产品表象下的熵。

可是，拉康的目的并不是想用他的精神分析学说来阐释科耶夫的理论。拉康需要引出来的是，主人话语公式处于右边的分数式。换句话说，拉康想知道，主人从奴隶那里偷走的仅仅是那个物质产品吗？奴隶仅仅因为物质产品的缺乏就会甘心为奴吗？对于拉康而言，这个问题没有那么简单。因为主人从奴隶那里拿走了一个更为重要的产品，这个产品就是知识。在古代社会中，奴隶是没有知识的，而真正拥有知识的只能是主人。但是，进一步的问题是，古代的这些知识是从哪里来的？是主人自己的创造吗？按照拉康的说法，知识不可能凭空产生，知识和欲望一样，它必须有一个现实的物质性的基底。但是，正如我们前面分析的那样，主人并不生产，当然也不会接触世界的物质性的层面，而唯一可以接触物质性层面的是奴隶，即奴隶在自己的劳动过程中，生产出来的一种知道如何去做（savoir faire）的"知识"。也就是说，

原初的"知识"是与物质性劳动紧密相连的,它有一个物质性的根,而它的任何生长,都与这个根密切相关。但是,在古代,如欧几里德的几何学、亚里士多德的形而上学显然都是一种高度抽象的知识,它们是否也具有这种物质性的根呢?拉康认为,恰恰是主人在这个问题上偷换了概念,即主人利用了某种认识结构(episteme),对奴隶的如何去做的"知识"进行了蒸馏化的处理,让知识远离了物质性劳动的根源,飘浮在空中,成为一种纯粹的抽象知识。相反,这套知识的工具使得知识成为主人的专属品,而奴隶丧失了对知识的所有权。因此,拉康说:

> 这里,我们可以单独来看看这个叫认识结构(episteme)的词,这是一个十分有趣的词,我不知道你们是否充分思考过这个词的意思……正是由于这个词,才可以让知识变成主人的知识。认识结构的全部功能就是进行知识的转换——我们可以在柏拉图的对话中看到——通常知识是从工匠们(也就是奴隶)那里借过来的。重要的是,这里,知识的本质摇身一变成为了主人的知识。①

为了论证这一点,拉康还引述了柏拉图在《美诺篇》中苏格拉底叫来的那个童奴的例子,那个童奴没有受过任何数学教育,在苏格拉底的引导下,正确地找到了画出一个原来正方形面积两倍的正方形的例子。童奴是从自己的劳动经验中"领悟"了两倍面积的正方形是什么样了,他的做饭完全是行为性的,即童奴知道

---

① Jacque Lacan, *Le Séminaire de Jacques Lacan*, Livre XVII, *L'Enversde la Psychanalyse*, 1969~1970, Seuil, 1991, p.21.

怎样去做，但不知道怎样去用概念来表达它。而会使用概念的是苏格拉底，他使得童奴的正方形具有了标准几何学知识的概念，于是，童奴的行为性"知识"被蒸馏为几何学知识。最后，苏格拉底还洋洋得意地向美诺说道："看，他知道。"可以这样说，在这里，拉康突然塞给我们一个惊人的结论，即主人从奴隶那里偷走的不仅仅是劳动产品，还有知识。

对于拉康来说，真正知识的生产只有在劳动的直接欢乐中才能体会到，在《讲座 XVII》中，拉康多次将劳动与欢乐等同起来，即在劳动中，人的力比多的无意识欢乐可以挥发出来。但是，这种欢乐被主人的认识结构的蒸馏过的知识所阉割了。于是，在主人那里，知识不再是纯粹欢乐的产物，而是一种被抽离了其中无意识根源的纯粹结构，亦即一种能指链结构。不过从关系上而言，这个结构是外在于主人的，而巧妙的是，主人在对其进行蒸馏处理之后，很自然地将自己认同于那个知识结构。一个外在的他者出现了，这个他者就是知识（S_2）。主人蒸馏过的知识成为了主人能指的合法性的证明，比如说，我们总能从一些记载的知识中找到一些主人缘何成为主人，如亚里士多德概括的四种德性，主人拥有了高贵的德性，而正是这些德性让主人超越于其他人成为主人。主人的地位通过蒸馏过的知识得到巩固，因此，在知识面前，主人不再起到对奴隶的直接的鞭挞来驱使其劳动的作用，相反，主人在知识诞生之后，已经退居幕后，而真正起作用的是知识的能指。知识为主人的统治找到了合法性，那么这种知识的合法性取代了直接暴力性的鞭子，主人开始巧妙地利用知识开始营造

了诸如九五之尊、真龙天子,或者是黄金的身体之类的知识体系,而奴隶则跪拜在这些由知识产生的象征秩序前。

不过正由于这种知识是一种蒸馏过的知识,那么这也意味着,相对于知识真正的根源——奴隶的劳作,有许多内容被知识所滤过了,这样的内容在知识体系中无法得到理解,但是它仍然存在于奴隶身上,奴隶知道劳作中的真理,但是他们并不拥有知识的生产权。知识的生产为奴隶们保留了一部分废品和残余物,而在这个残余物中保留有奴隶那最纯真的欢乐,于是,由于主人的认识结构对于真正知识的切割,产生了一个额外的产物,即一种无法被知识体系所消化的对象——拉康命名为对象 a(objet petit a)。原本真实的劳作中,作为知识剩余的对象 a 是不存在的,正是因为主人的知识的生产,被裁剪和蒸馏的残余物变成了对象 a,亦即一种拉康意义上的剩余快感(plus-de-jouir)。对于拉康来说,对象 a 不是清晰的,它甚至在我们的知识体系中无法呈现出来,因为我们的知识体系无法将之看成一个合格的对象,但是他仍然残留在作为知识直接真理的奴隶身上,它呈现为奴隶的剩余快感。不过,这种剩余快感并不具有独立性,它处于那个主人话语之中,它是作为主人能指的填充物出现的,亦即对象 a 是位于自为而圆满的主人能指与那个真实之间的裂缝而存在的。

三 歇斯底里话语

在主人话语的模式下,我们可以与之并行地看到另一种话语

模式,即歇斯底里的话语模式。歇斯底里的话语从一开始就不是作为一种完美的自为存在而出现的。正如前面的公式所表示的那样,在歇斯底里话语中,占据行动者位置的是那个被阉割的残缺的主体($)。在主人能指的压抑下,残缺的被阉割的主体并不是没有声音,他们拥有自己的声音,但是这种声音却是以歇斯底里的话语方式来表达的。因此,尽管在歇斯底里话语的公式中,四个元素没有发生变化,但是其意义却发生了一些微妙的改变。

首先需要说明的是,歇斯底里话语是一种症候性话语,这种话语的基本结构依赖于被阉割的主体的残缺性,正因为他的残缺,他必须用某种方式来弥合这种残缺,否则,这种残缺对于主体而言就是致命的。但问题是,这个残缺真正指向的欲望对象已经不复存在了——已经被主人占据和享有了,那么歇斯底里的话语如何来弥补这个残缺?难道说,位于被阉割的主体身上那个缺口成为了永久性的空,一种无敌的深渊(abyss)?当然不会,因为在歇斯底里的话语中,被阉割的主体会找到一种特殊的填补残缺的方式。

这种特殊的填补残缺方式的关键在于剩余快感,那个被主人的知识能指链切割所剩下来的对象 a。尽管蒸馏的知识作为一种脱离于原始劳作的抽象知识已经与奴隶割裂开来,但是,被知识所蒸馏剩下的作为一种熵的剩余快感仍然存留在奴隶身上。由于奴隶身上那个由于对象被剥夺留下的空洞的存在,剩余快感可以在这种空洞中进行自由地创造。于是剩余快感在奴隶身上找到了最佳的发挥方式,而这种发挥方式正好是主人话语的知识

体系下所不容的东西,当然这种无法被主人的知识体系所消化或容忍的话语方式自然被主人归结为一种歇斯底里的症状,一种癔症。因为,对于那个残缺的被阉割的主体来说,他的满足方式不是主人那种圆满的自为的满足方式,而是一种被置换的满足方式,因为,原生性的对象已经永久性地从奴隶身上被剥夺走,而奴隶只能用其他的东西来填补对象被剥夺后留下来的空缺。这样,对于主人话语来说,就形成了一种畸形的结合,一种原生性的欲望与变异或被替代的对象的结合,这种结合产生了所谓的症候合成人(拉康用了一个新词来形容这种人,即 sinthome),而这种症候合成人正是以歇斯底里的话语方式来言说自己的。

为了更清楚地说明这一点,我们可以借用安徒生童话中那个道出国王没有穿衣服的小孩子的话语来分析歇斯底里话语。在这个结构中,国王处于主人的位置上,他生产出一种知识,一种本来作为骗子的言语,但是在王国之内已经被普遍化的知识性话语——只有傻子才看不到衣服。那个被我们看成天真而无知的小孩却毫不客气地道出了真理——国王没有穿衣服,而小孩之所以能够说出这种话语正是因为他的"无知",他处于王国的知识体系之外,一个没有被知识化的角落,而只有这样的角落才诞生了并道出了真理。不过,真正的问题是,为什么只有小孩,而其他人没有道出真理呢?难道是其他人没有看到国王没有穿衣服吗?显然不是,他们不仅看见了,而且看得很清楚。但是由于知识体系的作用,他们无法道出真理,因为,在他们那里,"说出真理=傻子"。如果说,在小孩的口中,那是一种力比多的快感的流露的

话，其他人的话语则显示出一种奇特的歇斯底里症状。即他们无法言说那个事实，因为在知识体系下，他们说出那个事实的欲望被剥夺了。不过，他们不能说出国王没有穿衣服不等于他们什么也不能说。相反，可以相信，有些人会私下说"国王的肚子太大"，讥笑国王丑陋的胸毛等等，甚至会说"这样丑陋的人怎么会是国王"？这样，尽管他们没有彻底道出真理，但是他们说的也是一种真理，但是这种真理是不完全的，按拉康的话来说，这是一种半言说(mi-dire)——他们说了他们可以说出来的东西。

尽管半言说不是彻底的真实，但是，半言说却是我们唯一切近真实的手段。正如拉康所说："唯一可以切近真理的方式就是半言说的方式，即我们不可能说彻底，因为超过了我们所说的东西我们便无话可说，我们说不出我们无法说的东西。"①因为那个彻底的言说（如那个小孩子一样，他能说，只是因为他在知识之外）是我们处于主人话语压抑之下的扭曲的被阉割的主体无法接触到的不可能之真，而歇斯底里话语带来的就是这种半言说的方式。如奴隶在工作中会抱怨，"主人真愚蠢"或者"主人真难看"之类的话语，但是这类话语仍然让被阉割的主体处于主人的话语之下，他们的半言说只是一种切近真理的方式。这样，我们在歇斯底里的话语中看到的是，那个像小孩一样完全说出"国王没有穿衣服"的方式被永久性地剥夺了，我们唯一能够言说的是一种半言说。

---

① Jacque Lacan, *Le Séminaire de Jacques Lacan*, *Livre XVII*, *L'Envers de la Psychanalyse*, 1969～1970, Seuil, 1991, p. 57.

这样,半言说填充了由于欲望对象被剥夺之后留在被阉割主体身上的空洞,这种空洞尽管不是彻底的满足,但是它毕竟或多或少弥补了裂痕。歇斯底里的话语尽管把矛头指向了主人,但是我们需要认识的是,歇斯底里话语并不是一种真正的反抗形式。换句话说,这有点像鲁迅先生笔下的阿Q精神,我们总是用外在的理由来填补由于主人占据了我的欲望对象产生的空缺。但是,歇斯底里的话语并不打算在主人的话语之外来寻找欢乐,他们唯一的欢乐就是利于参与在自己的身上的剩余快感来调侃。这样,主人能指(S_1)成为了被阉割的主体的绝对他者,而最终他们也走向了对知识(S_2)的承认,即在对主人的调侃中,我们并不是对主人话语的颠覆,而是巩固,或者说,在歇斯底里的话语中,奴隶在生产出主人话语,并让自己继续跪拜在主人的权力之下,甚至可能直接转化为对主人的溜须拍马。

四 普遍性话语

在拉康的四种话语中,最受关注的话语正是普遍性话语。他不仅仅是拉康在《讲座 XVII》中提出的一个新的内容,更关键的是,拉康将普遍性话语的分析与当代资本主义的新发展密切联系了起来。如果我们说主人话语与歇斯底里话语是一种前资本主义的话语方式的话,那么在资本主义的背景下,最典型的话语方式就是普遍性话语。不过这并不意味着主人话语在资本主义社会已经消亡,恰恰相反,主人话语与普遍性话语达成了某种默契,

在资本主义这种新的统治形式下彼此共存。

在普遍性话语中,一个显著性的变化是,原先被具体的主体(要么是作为自为性的圆满的主人,要么是残缺的被阉割的奴隶)占据的行动者的位置,如今被抽象的知识,即 S_2 所占据。如何来理解从主人话语到普遍性话语的这一关键性的变化呢?在主人话语中,我们可以理解,是主人的命令让奴隶服从,奴隶之所以去劳作,正是出于主人的直接要求。不过,在资本主义社会中,这种主人与奴隶的关系的直接性已经不复存在了。随着革命与解放运动的爆发,直接人身关系的主人和奴隶关系已经在资本主义社会开创之初就日薄西山了。可以说,资本主义开创了一个全新的生活方式,对于这一点,显然,拉康是有所察觉的。不过,这是否意味着人们获得了彻底的自由,拉康的答案却是否定的。拉康指出:"经典的主人话语与现代的新主人——我们可以把这个新主人称之为资本主义——之间的转换,不过是知识地位的改变而已。"[1]当 S_2 占据了行动者的位置,它改变的不仅仅是公式的结构,最重要的是,S_2 为我们展现的是一种匿名的暴力,也就是说,它只不过用于一种看不见的、隐匿的霸权代替了主人那显性的霸权。但是,对于承受着扭曲运动的被阉割的主体($)而言,情况会变得更糟。齐泽克在评述拉康的普遍性话语的时候,曾说过:"普遍性话语的建构性的谎言就是在于它否定了外显性的维度,而其所展现出来的正是其有效地将政治权力建立在一个看起来

---

[1] Jacque Lacan, *Le Séminaire de Jacques Lacan*, Livre XVII, *L'Enversde la Psychanalyse*, 1969~1970, Seuil, 1991, p. 57.

是事实性的国度之上。"①齐泽克的意思是,在资本主义社会中,表面上的统治,已经逐步被一种事实性的科学知识所替代,这正是源于马克斯·韦伯的事实与价值之分,而韦伯坚持社会科学研究必须保持一种价值中立的态度。这样,科学知识就是一种纯粹事实性的知识,正因为科学知识是事实而客观的,人们在科学知识面前已经丧失了话语权,相反,只有那些掌握了科学知识的人才拥有真正的治理与管理的权力。说得更明确些,齐泽克指出的是,拉康的普遍性话语与现代性话语中那种专家治国的思想密切相关,这种专家治国的话语蕴涵了一种绝对知识的暴力,也就是说,知识成为了一种唯一性的衡量标准,它对我们的世界做出了祛魅(disenchantment)的处理,这种祛魅也就意味着一种新的普罗科鲁斯忒斯之床,科学知识将符合它的标准的才能作为正确的言说,相反,那些不能被科学知识所认定的东西都是迷信的,荒谬的后者是癫狂式的言说。我们社会生活变成了这样一种状态,这正是韦伯的科层官僚制,或者说是福柯的监控社会,总而言之,现代科学将自己转为一种普遍性话语,并将这种话语浸入社会的每一个毛细血管之中,并成功地将整个社会合理化。

如何看待这种新产生的知识,按照拉康的看法,这里存在几种知识的区别。在涉及主人话语的部分的时候,我们看到,拉康区别了直接来源于奴隶的如何去做(savoir faire)的知识,这种知识是纯粹与劳作相联系的知识;另外一种是被主人的认识结构蒸

---

① Slavoj Žižek, "The Structure of Dimination Today: A Lacanian View", in Studiesin East European Thought, vol. 56:4, p. 394.

馏化处理过的知识。通过蒸馏化处理,知识与它的劳作的根源被切断了,而主人将知识抽象化,并宣称自己就是知识的主人。不过我们在资本主义社会中所面对的知识是另一种情况,对于这种知识,拉康曾经有一个著名的描述:

在历史的某一点上,主人话语发生了某种变化。……这个重要的点就是,我们在某天发现我们剩余快感成为可以计算的,可以被计数,被合计。这就是所谓的资本积累的开始。①

可见,拉康的意思是,所谓的普遍性话语下的知识,是一种可以计量的知识,而这种计量的知识的流行实质上是资本积累对于整个社会的颠覆性的改变。在这种改变下,我们生活中的一切都变成了具体的数量关系,而这个数量关系使得资本对整个生活更容易操作。资本主义的诡计正是偷偷地将资本放置在宝座上,还伪装成若无其事的样子。那么,普遍性话语的结构性关系现在发生了变化,事实上,拉康反对的并不是知识,更不是科学知识,拉康反对的普遍性话语中的知识,是一种被资本挪用了的量化科学的版本,一种以资本为中心构筑起来的知识大厦。

在普遍性话语中,我们还可以看到一个十分有趣的变化,这个变化相对于知识占据行为者的变化更为有趣。那就是曾在主人话语中作为熵,或者说一种破坏性的理论的剩余快感,即对象 a 出现在他者的位置上,变成了我们在生活中可以追寻的目标。在主人话语中,对象 a 是主人话语建构下的残余物,一种剩余快

---

① Jacque Lacan, *Le Séminaire de Jacques Lacan*, Livre XVII, *L'Envers de la Psychanalyse*, 1969~1970, Seuil, 1991, p. 177.

感,这种剩余快感在主人话语中是无法言说的。同样,在歇斯底里的话语中,剩余快感只是一种半言说,它依然无法被完整地道出。也就是说,在资本主义社会之前,作为剩余快感的对象 a 一直都是被隐匿的,它处在圣洁的光环的背后扮演着一种卑劣的剩余物的角色。但是资本主义社会的普遍性话语却改变了这一切,即对象 a 作为我们可以欲求的目标,堂而皇之地成为了我们欲望的他者,一个被公开化了的欲望对象。

在资本主义社会中,对象 a 不仅可以被显在化,也可以按照普遍性知识的规律来进行计数,在资本的知识构建中,一切东西,包括那个无法被前现代的话语所言说的对象 a 也变得可以计数,即它可以被资本主义通用的一个量——价值——来进行衡量。那种原先的破坏性的剩余快感获得了一个新的形式,拉康说:"一旦到了一个更高的阶段,剩余快感不再是剩余快感,而是一种被刻画成价值的东西。"[①]也就是说,我们在资本主义下所欲望的那个对象,已经不是我们真正所需要的对象,而是一种被资本主义的价值所改造过的欲望对象,而这个被改造的对象成功地在资本主义社会中填充了我们身上的那个由于对象的匮乏产生的空缺。比如,一个男性失恋了,这种失恋的空缺可以通过价值的方式来进行填补,即他可以花钱从其他女子身上来填补这个空缺。而资本主义将这种填补空缺的方式普遍化了,也就是说,资本主义给予我们的许诺是,只要你有充分的价值的量(货币),你的欲望就

---

① Jacque Lacan, *Le Séminaire de Jacques Lacan*, Livre XVII, *L'Envers de la Psychanalyse*, 1969~1970, Seuil, 1991, p. 92.

可以得到满足。①

对于被价值化的欲望对象,或者说被价值化的剩余快感,拉康称之为拟快感。不过拉康这里的拟快感并不是马尔库塞意义上的真实需求和虚假需求的区别,而是说,我们可能是真实的快感,但因为被价值化,也会变成拟快感。这种拟快感的重点是,它将原先具有破坏性的剩余快感变得稳定化了,这使得我们的剩余快感变成了一只被拔去毒针的黄蜂,它对资本主义体制的伤害已经被降到最低了。这样,在前现代一种破坏性的力量——位于我们身上的剩余快感,已经被资本主义的普遍性话语所招安,它们不仅不再是破坏性的力量,反而变成了维系资本主义动力的最核心的要素。这是因为,在拉康的理解中,剩余快感之所以具有破坏力,是由于其总是期望将一种不可能性(即溢出)带到我们面前,这种溢出对于主人的象征秩序是破坏性的,因为在不可能中,意味着主人话语被边缘化,一种新的象征秩序会取代原先的主人话语中的象征秩序。而资本主义社会从来就不是一种以固定的话语来维系的社会状况,正如马克思在《共产党宣言》中那句著名的"一切坚固的东西都烟消云散了",资本主义本身的动力就在于不断地革新自己。不过这种革新,并不是由资本来完成,而促使资本主义进行革新的正是我们的剩余快感。当我们希望在资本

---

① 这里我们可以看到拉康-齐泽克的哲学同德勒兹的哲学的一个重要区别,拉康-齐泽克的哲学十分强调欲望是针对某个对象的欲望,不存在无对象的欲望,而德勒兹和加塔里纯粹将欲望看成生命力的延伸,他们的欲望可以在没有对象的情况下肆意的蔓延。

主义的外部来创造一种可能性时，资本主义已经将这个外部内在化了。而我们本身创造资本主义的外部的可能性的运动本身被资本主义所吸纳。当哈特和奈格里将资本主义全球化的帝国的运动定义为不断将外部吸纳为内部的运动时，在拉康和齐泽克看来，资本主义实质上吸纳的就是我们的剩余快感。或许阿迪达斯那句著名的广告词"impossible is nothing"已经生动地诠释了这一切，当我们需要创造一个不可能的欲望对象时，资本主义却创造了这种可能，而新可能也完全成为了在资本主义内部运作的一种方式。资本主义已经可以按照量身定做的方式为我们创造了消费的可能性，而这种不断创造可能的弹性化的灵活的（reflective）资本主义已经将我们的剩余快感作为了它运作的全部基底。与前现代的稳定概念不同，资本主义的稳定正是在这种不断吸纳（或者说剥削）我们的剩余快感中完成的，也就是说，资本主义的稳定是一种高速运转的状态，而这种高速运转的机器的核心能源，正是我们每一个人追求外部的剩余快感。

我们这里看到的是拉康的一种无快乐的快感，一种被资本主义的金钱和价值所收编了的快感，剩余快感的破坏力，那种可以在社会体制的连贯性上打一个大洞的能力消失了。资本主义的普遍性话语将一种变得无害的对象 a 放置到他者的位置上，让我们围绕着一个有几个被消过毒了的伪对象 a 来进行旋转。所以，祖潘西奇（Zupancic）曾经有一个非常经典的例子来说明我们的剩余快感变成了拟快感，并成为资本主义的动力：祖潘西奇说，在资本主义的普遍性话语中，仿佛一个主妇，在商店里看到了打折

的商品,会说不买这个商品的话,就亏了 100 元,不过,当她买了这个商品后,会洋洋得意地说道:今天我又省了 100 元。于是"花费变成了节约,而节约变成了花费"①。的确,这是齐泽克意义上的"快感大转移",即当我们认为我们是在资本主义外部批判资本主义的时候,我们已经深陷资本主义的图圄,我们都变成了这样的主体,即看似健康和完整,看似具有自由选择的权力,但是我们已经被资本主义的普遍性话语消过毒了,即我们每一个人都变成了那个被阉割的主体($),即我们都成为了资本主义的普遍性话语下的症候合成人,或许这正是拉康为什么会将这个被阉割的主体放在产品的位置上的原因。

五 分析话语

在拉康的四个话语中,最后一个出场的是分析话语。不过他的分析话语并不是单独存在,而是和资本主义的普遍性话语共在的。按照拉康的原本意思,他之所以强调分析话语,就是为了指明,精神分析不是一种哲学或者科学,而是一种话语。对于拉康

---

① Alenka Zupancic, "When Surplus Enjoyment Meets Surplus Value", in Justin Clemens & Russell Griggeds. *Jacques Lacan and the Other Side of Psychoanalysis: Reflections on Seminar XVII*, Duke University Press, 2006, p. 172.

来说，哲学是一种主人话语①，而科学是普遍性话语，那么精神分析话语则独立在这两种话语之外。而分析话语被拉康看做是精神分析的主要路径。

相对于弗洛伊德的精神分析，拉康认为，弗洛伊德本人及其以后的精神分析学派（包括将拉康开除的国际精神分析学会）都试图从语言的手段来解释无意识现象。对于拉康而言，这个路径根本是错误的，因为，无意识之所以是无意识，就在于无法用有意义的连贯性语言将之表达出来，而国际精神分析学会的错误更加令人无法忍受，他们试图让精神分析对象来适应"正常的"社会生活。对于拉康而言，精神分析的主要目的不是让出于无意识症候下的主体变成一种象征秩序下的合格的主体，而这个运动正好是拉康意义上的对主体的阉割。拉康主张"回到弗洛伊德"就是在这个情境下提出的，对拉康而言，精神分析的目的毋宁是将精神分析对象的无意识的真和其认识的象征秩序的裂缝摆出来，让精

---

① 关于哲学是一种主人话语，布雷默有一段非常著名的分析，布雷默说："拉康将哲学看成一种主人话语，让我们看到，至关重要的是，哲学的基本功能是阐释和推进某种主性能指。例如，本体论试图从主人能指的中心词来看待所有现象，如'存在'；而特殊的本体论也建立了其他的主性能指，如'持存'（permanence）、'生成'（becoming）、'圆满'（entelechy）等等，这些词承载着终极价值，这样，这些词也赋予了所有其他能指以意义和价值。同样，伦理学用主性能指的词汇来标识出所有的行为，即其他行为要么与'善'（good）相关，要么与'善'对立，而'善'正是其主性能指。而认识论用主人能指的词汇来看待所有现象，如'知识'、'真理'、'现实'等等。"Mark Bracher. "On the psychological and social functions of language: Lacan's Theory of the Four Discourses", in *Lacanian Theory of Discourse. Subject, Structure and Society*. ed. Mark Bracher. New York University Press, 1994, p. 118.

神分析对象自己去完成这个主体建构过程。因此,精神分析师所起到的作用不过是将他的欲望对象呈现出来的过程。因此,在分析话语中,占据行动者位置的正是被患者所欲望的对象 a,在这个对象 a 之下隐藏的真理是那个将对象 a 切割下来的知识体系——亦即社会的象征秩序,当我们把这种象征秩序的残余物摆出来的时候,这个残余物指向的他者就是患者本身,即那个被阉割的主体($\$$),最终精神分析的结果是让被阉割的主体获得满足,即一个完整而自为的主体(S_1)出现了。精神分析话语被拉康看成是它四个话语的最后一环,最终的目的就是为了去呈现精神分析的途径和目的。

不过齐泽克让那个本来属于对普遍性话语下的症候合成人解决的分析话语重新跌落到深渊中,齐泽克的分析首先是从马佐赫的《穿裘皮的维纳斯》开始的,那个受虐狂的主人公将自己扮演为一种对象,即他希望自己成为对方的欲望之物(a),齐泽克说道:

> 其行动者,即受虐式的施用者占据了他者欲望的对象工具性的位置,通过这样的方式,即通过服务于其(女性)对象,他将她作为了某种"不知道她要什么"的歇斯底里的/被阉割的主体。相反,这个施用者,对她而言,知道他假装从关于他者欲望的知识的位置(这使得他可以服侍她)上来述说的,最终,这种社会联系的产物就是主人能指,以及歇斯底里的主体被抬高到主人的位置上(统治的母体),即那个施用者所服侍的母体。相对于歇斯底里的话语,受虐施用者完全知道他

在为大他者服用:这是一种支撑他完全了解他是大他者(一种分裂的主体)的享乐对象。①

对于那个被抬到主人位置上的他者实际上是出于受虐的行动者的扭曲下的主体,即他设定的一个他者是一个被他自己所扭曲和阉割的主体,他根据自己的需求设定了他者的需要,并在这个需要中成为了对象欲望的对象。这个过程被颠倒了过来,表面上看,他者那一方在受虐过程中是主动的,但是实际上,整个受虐的设定却是由被欲望的对象,即受虐对象本身来完成的。关键是,受虐的行动者,依照什么来设定对方将自己欲望成对象呢?这里有一种知识,这个知识来源于受虐行动者自己,他是按照某种知识的能指把作为他者的对方的需求设定出来。于是,知识成为了受虐行动者隐藏的真理,而处于他者位置上的女性则按照这种知识的设定来完成自己的欲望。也就是说,欲望及其对象,在那个被设定为主人的女性身上是一种空,一个根本不存在的对象成为了她所欲望的对象。说得更深刻些,那个他者,永恒性被指定为一种残缺,一种始终出于无法满足的状态,也就是说,它虽然作为主人,但是它永远处于沟壑难填的状态中,总是需要不同的东西来填充自己。

齐泽克这里进行了成功的乾坤大挪移,即齐泽克真正关注的并不是受虐关系中的男女关系,而是资本主义社会本身。资本主

---

① Slavoj Žižek, "Objet *a* in Sociallinks", in Justin Clemens & Russell Griggeds. *Jacques Lacan and the Other Side of Psychoanalysis: Reflections on Seminar XVII*, Duke University Press, 2006, p.116.

义社会仿佛那个受虐的施用者,将自己装扮成一个欲望之物,而它所需要做的就是让出他者位置上的被阉割的主体来欲望它自己。为了达到这个目的,资本主义的通过知识的象征秩序,将那个看似处在主人位置上的芸芸众生转化为一种永远无法满足的主人。在资本主义社会中,永远是那个看似永远存在着欲望的主人在消费。当资本主义的商家说,顾客永远是上帝,这绝不是虚伪和客套,而这句话正是资本主义的本质所在。也就是说,在资本主义社会中,那种对某物的欲望已经在分析话语中被替代成对空缺的欲望,我们需要的不是某物,而是在资本主义体制下不断地制造空缺。这样,资本主义的动力问题从根本上得到解决。如果在普遍性话语中,对某物的欲望在得到某物之后会得到满足,那么资本主义的动力机制就停止了。正是通过分析话语,资本主义完成了另一次不可能的转变,即我们是不可能被满足的主体,相反,我们永远需要有一个沟壑,一个残缺,这样,我们才有不断去填充这个残缺的动力。在消费资本主义中,这种不断地对空缺的欲望变成了现代人不知餍足的消费欲望,这不仅仅是一种物质丰裕带来的转变,更确切地说,这是一种由于资本主义机制的内在转化完成的转变,即借用分析话语的注入,现代社会下的症候合成人的症候变成双重的了,我们不仅需要某物替代性地来填充我们的沟壑,那个残缺的空洞,更重要的是,我们还需要这个空洞本身,因为,没有这个沟壑,这个空洞,我们就不知道我们自己是什么。于是,我们每一个人都变成了资本主义下欲望的主体,一个永远无法消除的欲望始终在我们这里游荡,而那个真正的具有

破坏性的剩余快感彻底地被我们的欲望所遮蔽,而我们的欲望本身,作为那个被消过毒的剩余快感的产品,变成了资本主义的大机器上的齿轮,我们都成为了一种无法自拔的症候合成人,一种双重的症候合成人。可以说,齐泽克在这里批判了德勒兹和加塔里的那种永恒欲望的生命的命题,由此可见,那个不断欲望着的生命并不是我们的原生性的生命,恰恰是在这个话语之下的人工生成物,即一种普遍性话语下的诡计的生成物。那么当德勒兹和加塔里将欲望机器放在超验的内在性的层面时,本身就堕落为资本主义的机制的同谋。

不过,齐泽克在这里并不是说我们没有希望在资本主义社会之外创造一个新世界。齐泽克认为,去缔造替代资本主义社会的新秩序的钥匙就在资本主义内部,尽管他不想像哈特和奈格里那样寄托非物质劳动创造的"一般智力"的合作性联合,并造就大众起义可以自动地摧毁资本主义的神话。齐泽克借用拉康的分析话语来维系的信念是,那个作为我们剩余快感的小尾巴的对象 a 并没有因此彻底消失,它只是暂时被掩盖,或许有一天,一个事件爆发之后,新的社会秩序被建立起来,那个看不到的对象 a 会再次呈现出来,承袭着其作为剩余快感的使命。

(作者工作单位:武汉理工大学人文学院)

对象 a 的引入实现了对本质主义的超越

刘玉贤

拉康精神分析理论指出无意识具有语言一样的结构。他借助于索绪尔语言学的一些基本概念,借鉴了科耶夫对黑格尔精神现象学的阐释,以及列维-斯特劳斯的人类学、社会学理论,实现了对索绪尔语言学的改造,发展了自己的理论,并将其应用到精神分析之中。在所指与能指的关系中,他更强调能指的优先性,强调主体与语言的相互作用,不仅认为语言和主体不存在,而且认为作为既定客体整体的客观世界也不存在,这是对事物本质内容的否定,是对本质主义的颠覆。然而通过引入对象 a,又使其理论保留了本质主义的形式。以 a 为对象,人们建构了自己的幻象,并在幻象的基础上结构着社会现实,从而使其理论保留了传统本质主义的形式;然而另一方面,a 本身却不具有实证一致性,它只是符号秩序和主体中心的空隙。通过说明作为本质的 a 只

是一个没有任何内容的空隙、一个有待填充的空位,实现了对传统本质主义的否定,然而也正是通过对本质内容的否定,才确保其理论能保持本质主义的形式,也更符合形式逻辑的要求,满足逻辑一致性;实现了对传统封闭体系的超越,保证了其理论的开放性空间。同样,也正是对传统本质主义的这一扬弃,使其理论对社会现实有更强的阐释力。本文以拉康相关理论以及齐泽克的解读为主要依据,指出幻象对象 a 的引入使拉康的理论既保留了本质主义的形式又实现了对它的超越,具有深远的哲学意义和重要价值。

一 对传统"有"的本质主义的颠覆

1. 符号秩序的短缺

拉康接受了索绪尔语言学中所指与能指的概念,并对其进行了创造性的改造与发展。首先符号具有任意性,也就是说能指与所指的链接不是固定的。在能指与所指的关系上,索绪尔坚持把概念或意义放在优先的位置上,在他的符号图示中,所指位于能指的上方。拉康颠倒了这一关系,在他的言说图示中,能指位于上方而所指则位于下方,并将能指用大写的 S 表示,所指用小写的 s 表示,在能指与所指,即声音与意义的关系上,他强调代表声音的能指,也就是说相对于所指而言,能指具有优先性,意义只是回溯地获得的,是能指创造了所指。

能指是如何创造所指的?拉康认为,符号界总是从一个能指

指向另一个能指,这后一个能指是前一个能指的指涉点,赋予前一个能指以意义,构成它的所指,然而将这种指涉关系无限地追溯下去,就像鸡生蛋、蛋生鸡一样无限地追问下去,总会追溯到一个起始点,一个从无生有的点,在语言学上,就是会追溯到一个不能由其他能指赋予意义的能指,也就是没有所指的能指,每个名称都暗示了自我指涉点的存在,一个名称指涉一个客体,是因为这个客体被叫做这个名称,这个重言句的构成成分就是拉康所谓的主人能指,即"没有所指的能指"。对此拉康自己曾有经典的说明:一个能指就是为另一个能指代表主体的东西,S(A̸)这个能指就是为其他能指代表主体的能指,这就是说,如果没有这个能指,所有其他能指都不代表什么了。① 我们知道多米诺骨牌游戏,只要第一枚骨牌倒下了,其余的骨牌就会产生连锁反应,依次倒下。主人能指就像那第一枚骨牌,没有它,由于缺少了指涉点,其他能指的意义立即消解,成为一些没有任何意义的声音。

　　从上文我们不难看出能指本身并没有意义,它的意义是通过指向其他能指而获得的,由此可见,能指的意义不是固定的,而是滑动的,它的具体意义有赖于与其他能指的连接,正是通过与其他能指的连接,这些漂浮的能指被绑定而固定下来,获得意义,从而成为意义结构化网络的一部分。然而主人能指也并没有什么例外,它本身也是一个能指,这就出现了一个悖论,主人能指通过停止所指的转喻性滑动而使众能指聚集成一个完整的符号体系,

---

　　① 拉康:《拉康选集》,褚孝泉译,上海三联书店,2000年版,第630页。

但它本身却不是意义最密集的集结点,也不能保证将自身排除在各种不同因素的相互作用之外,并成为一个稳定和固定的指涉点。正是主人能指这一悖论性的存在,保证了语言意义具有相对稳定性的同时,也使语言的演进成为可能。

由此可见,符号界是围绕着短缺的能指(没有所指的能指)建构起来的,其核心是短缺的。实在界没有对它的符号化提供任何支持,也没有包含对自身进行符号化的模式,意义只是回溯性产生的。克利普克的反描述主义为他者中的短缺提供了有效支持。反描述主义否定单词是意义的承载着,认为对单词具有真正决定意义的是外在的因果联系,而非内部意义。正如齐泽克所说,根本不存在元语言。

既然主人能指本身是短缺的能指,在实在界中找不到任何支持,它何以又能成为刚性指示符,给其他能指以支撑,成为其他能指的指涉点,使众能指得以聚集成有意义的符号体系。这有赖于隐喻与换喻作用机制,隐喻与换喻机制就是拉康所说的语言与无意识共同具有的结构,而意识形态作为号称"意识"的无意识[①],也应该具有这一结构特征,因此,齐泽克能把拉康的精神分析理论应用于意识形态领域。

下面我们分别介绍拉康的换喻和隐喻机制,它有助于我们揭示主人能指的秘密,说明符号秩序是如何围绕着核心的短缺建构起来的。

---

① 阿尔都塞:《保卫马克思》,顾良译,商务印书馆,2006年版,第230页。

$$f(S\cdots\cdots S')\cong S(-)s$$

上式是拉康的换喻结构,它表明能指与能指之间的连接导致了可以使能指在对象关系中建立一个存在缺失的省略,同时又利用了回指的价值来使能指充满了企求得到它所支撑的欲望。放在( )之间的符号—,构成了能指与所指关系中的对意义的抵抗。① 它说明了能指间横向链接的关系,这种链接只能是从一个能指指向另一个能指,也就是一个能指的意思只能由另一个能指来说明,它们之间的关系是相对的,就像漂浮在水中的一串珍珠项链,各珍珠虽然由丝线连接在了一起,相对位置是确定的,然而由于锚定点的缺乏,它们却是漂浮在水中的,尽管如此,只要一个珍珠的位置确定下来,其他珍珠的位置也就相应地确定了,但由于所有珍珠的位置都不能确定致使我们也不能为整体定位,这串珍珠项链再怎么精美,对我们来说也没有任何意义和价值。正是这种缺失的存在,说明仅仅通过能指的链接不能形成能指意义的真正支撑,也即是说没能跨越能指与所指之间的这道鸿沟。

$$f\left(\frac{S'}{S}\right)S\cong S(+)s$$

这是拉康的隐喻的结构,它表明一个能指替换另一个能指而产生了意义的作用,这就是诗的作用,或者说创造的作用,也就是有关意义的出现。置于( )之间的+在这儿表明超越横线—,以及这个超越对于意义出现的构成值。这个超越表示了能指进入所指的条件,在上面已经通过将它历史地混同于主体的位置而指出

---

① 拉康:《拉康选集》,褚孝泉译,上海三联书店,2000 年版,第 446 页。

了它的时刻。① 说明正是隐喻机制的作用创造了意义,用拉康自己的话说:"隐喻恰恰处于无意义中产生意义的那一点上。"②然而隐喻之所以能得以运转,这取决于主体的信仰,依赖于主体的认同。

从上文不难看出,作为符号秩序的语言不是建立在丰富含义基础之上的,而是围绕着核心的短缺通过隐喻创造了初始意义,从而使能指与所指之间的鸿沟得以跨越,继而又使得通过换喻形成了能指链得以固定,建构了意义的网络体系。

2. 主体的短缺

拉康用$表示主体,他的主体概念有别于传统主体,传统的主体是自主的、同一的、思考的主体,是意识主体;然而拉康的主体是被切开、撕裂的主体,是不思的主体,无意识主体,所以无意识是主体之家;同时也是被抹除的能指,能指的短缺,能指网络中的空隙。③ 为了更好地理解拉康的主体概念,下面结合拉康的欲望图表,分析主体的形成过程。

图示1,简单介绍了人类个体是在语言的阉割作用下形成主体的过程。在个体出生前,象征秩序已经先行存在,个体出生后被动地进入了符号世界,受到语言的阉割,人的符号化过程、文化过程,就是主体逐渐形成的过程,也是人的异化过程。图示1表

---

① 拉康:《拉康选集》,褚孝泉译,上海三联书店,2000年版,第447页。
② 同上,第439页。
③ 齐泽克:《意识形态的崇高客体》,季广茂译,中央编译出版社,2002年版,第140页。

对象 a 的引入实现了对本质主义的超越   137

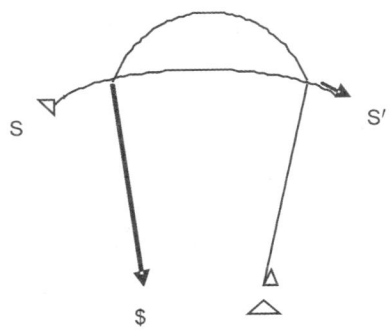

图示 1

示神话的、前符号的意图（△）缝合了能指链（S—S'），这一缝合的出发点是个人——前符号的神话实体，缝合的结果是拉康的主体 $——被语言切开、撕裂的主体，它展示了个体通过质询成为主体的过程，由此可见，主体不是生而为之，而是语言的产物，文化的产物，人类创造了文化，而语言和文化反过来又结构着人类个体，将个体转变为主体。

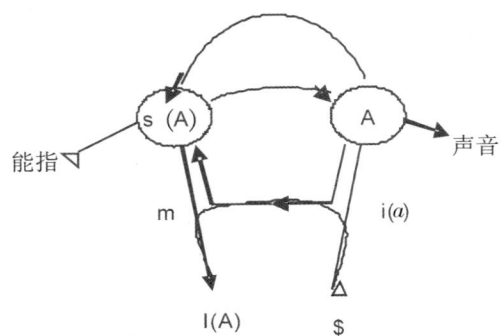

图示 2

图示 2 具体阐释了在较低欲望层次上形成认同主体的过程，人类个体从镜像阶段开始了主体与对象二元关系的想象性认同，

通过符号界的介入开创了主体、对象、语言三元关系的符号性认同,个体转变为意识形态主体。人类个体的出生可以说是一种早产,婴儿出生后很长一段时间内生活不能自理,对周围世界的印象只是零碎的或片段的,无论是对自己还是外部世界没有整体的、统一的概念,个体的力比多投注对象也只是部分对象。进入镜像阶段后,通过对镜中形象的观察,婴儿才有了完整的、整体的印象,将镜中的影像归属于自己,并把自己误认为自主的行为者,误认自己能够自如地控制镜中的形象。通过这种想象性认同,我被客体化,把自己认同于想象性的他人(i(a)),这就产生了理想自我(m)。理想自我为包括符号性认同在内的所有次生认同奠定了基础。① 象征秩序在婴儿面前打开后,想象性认同发展为符号性认同,想象性认同是对一种意象的认同,是对我们"想成为什么"这样一种意象的认同,符号性认同则是对某一位置的认同,从那里我们被人观察,实际上那个观察者并不一定是个真实存在,观察也不是通常意义的看,它是他者的凝视,我们认同他者的观察,就是对他者及象征秩序的认同。经过符号性认同后产生自我理想,I(A)代表着主体对大他者、符号秩序中某些意指特征、特性(I)的认同,主体融入既定的社会,从而个体发展成为意识形态主体。

我们注意到在这里穿越意指链的不是 $\triangle - \$$,而是 $\$ - I(A)$,这并不表示出发点是 $\$$,主体 $\$$ 从左侧移至右侧是移情性

---

① 拉康:《拉康选集》,褚孝泉译,上海三联书店,2000年版,第90页。

幻觉造成的,根据这一移情性幻觉,主体在每一阶段都会变成"已经而且永远是的事物":回溯性效果地被体验为从一开始就已经如此的事物。①

从上面介绍可以得知,主体是由于他者(他人和语言)的介入,借助于多层级认同而生成的,在主体的形成过程中,他者与认同发挥着至关重要的作用,一方面生成意识形态主体,另一方面通过逆转运动回溯性地产生了 $。主体领域中的 $ 类似于符号秩序中的 S(Ӿ),他们都是一种短缺能指,一种没有所指的能指,本身是回溯性地产生的,其他能指也通过指向它而获得意义。

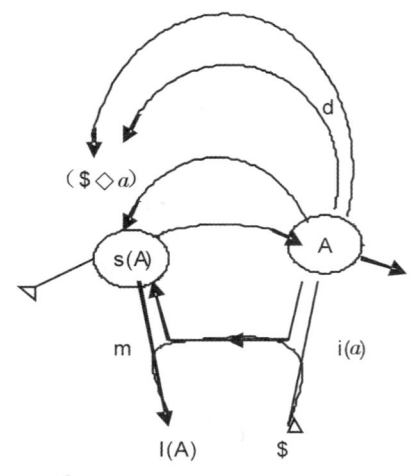

图示 3

图示 3,前面我们已经介绍了个体通过把自己认同于一个想

---

① 齐泽克:《意识形态的崇高客体》,季广茂译,中央编译出版社,2002年版,第 144 页。

象性他人,进入想象性认同,主体接受符号界的质询,通过对符号界大他者的认同,形成意识形态的主体。然而,在想象性认同与符号性认同之间总是存在着某种裂缝,在要求与需要的边缘中欲望开始成形,这个边缘地是要求以需要会带来的那种没有普遍满足的缺陷的形式开辟的。① 是无限对有限的溢出。

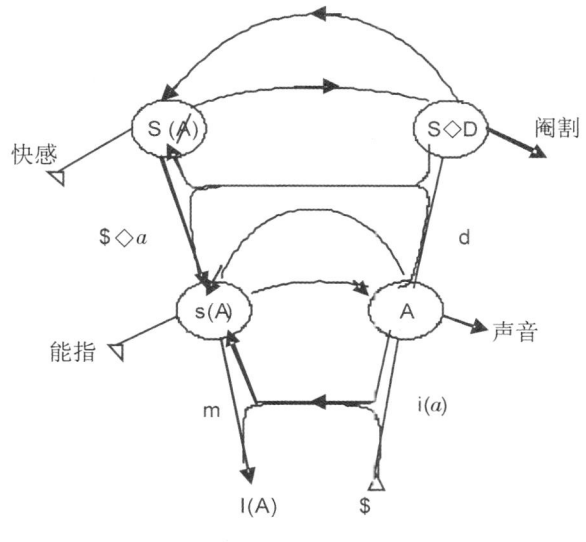

图示 4

面对欲望图示 3 中,大他者的提问,人应该如何行动呢?齐泽克认为拉康的观点是:主体是实在界对大他者、符号秩序所提出的问题的回答。② 面对大他者的提问,个体只有两种回答方

---

① 拉康:《拉康选集》,褚孝泉译,上海三联书店,2000 年版,第 324 页。
② 齐泽克:《意识形态的崇高客体》,季广茂译,中央编译出版社,2002年版,第 244 页。

式:一是建构幻象,用短缺的主体填补他者的短缺,从而隐藏大他者的短缺与不一致性,形成意识形态主体,说话的主体;第二种方式是,不在自己欲望面前让步,穿越幻象,颠覆符号秩序,形成歇斯底里的主体,无意识主体,言说的主体。在这两种主体中,阿尔都塞选择了前者,而拉康认为后者似乎具有更大的生产性,其他的主体效果可以被视为 $ 的派生物。①

在拉康欲望的四个欲望图式中,我们可以了解到,主体本身并不存在,它是人类个体受到先在的语言符号阉割的产物,是后天形成的。主体不是自主的、同一的,而是被切开、撕裂的主体,短缺的主体。$ 如同 S($\cancel{A}$) 这两个都是主人能指,也就是说没有所指的能指,矛盾的能指,是意义最贫乏的能指,然而却是赋予其他能指以意义的能指。

3. 不存在作为客体整体的客观世界

在传统哲学中,对象总是相对于主体而言的,它是不依赖于主体而独立存在的,所以也称作客体,从而世界被二分为主体和客体,客体作为人类认识和改造的对象而存在。

然而在拉康理论中,主体并不存在,它来自于镜像阶段的误认,是在对他人的想象性认同以及对大他者的符号性认同的基础上产生的。主体不是先天的,而是后天形成的,是相对于对象,相对于他者的存在,用马克思的话说,"它(对象性存在物)所以只创

---

① 齐泽克:《快感大转移》,胡大平等译,江苏人民出版社,2004年版,第76页。

造或设定对象,因为它是被对象设定的"①。不仅主体是对象的异化,客体对象也是相对于主体而言的,是主体的异化,客体的概念是随着主体的形成而逐渐产生的,在主体形成之前,或者离开主体,不会存在客体对象的概念,正如马克思所说:"一个存在物如果本身不是第三存在的对象,就没有任何存在物作为自己的对象,就是说,它没有对象性关系,它的存在就不是对象性的存在。非对象性存在物就是非存在物。"②由此可见,没有主体也就不存在客体概念,主体和客体是相互异化、相互建立、相互联系的,没有脱离主体的客体,也没有离开客体的主体。

在拉康的理论中,主体也不再只是认识的主体,而是幻象的主体,欲望的主体,人们在自己幻象的基础上,在欲望的推动下建构着世界。只有在主体形成后,对象才会成为主体的力比多投注的对象,在人类形成以及人类改造世界、建构现实的过程中,人类的幻象与欲望已经成为现实的一部分,不可能存在客观的不受主体影响和不被主体干预的纯粹的客观世界;试图排除一切主观因素,寻找一个纯粹客观的视角来观看外部世界,这本身就是人类主体的一种幻象,不存在作为客体整体的客观世界。

二 幻象对象 a 的引入实现了对传统本质主义的超越

1. 对象 a 的引入

---

① 《马克思恩格斯全集》第 3 卷,人民出版社,2002 年版,第 324 页。
② 同上,第 325 页。

从前文介绍可以看出,在拉康理论中,既定的客观世界、主体、语言都不存在,那么世界到底是什么?拉康认为世界是围绕着核心的不可能性构建起来的。拉康曾说:"自我,是一种像洋葱一样被做成的对象,拨开它,你就会发现构成它的连续认同。"①笔者认为洋葱是对拉康理论的一个非常好的描述。在前文主体的短缺部分已经详细介绍了个体是如何发展为主体的,首先通过镜像阶段实现对他人的想象性认同,想象性认同处于想象界中,是一种幻象,但却以此为基础展开了包括符号性认同在内的次级认同,从而主体得以形成。和主体一样,社会也是围绕着核心的短缺建构起来的,这些连续认同的第一层就是幻象,人类在这种幻象的基础上建构了社会现实。用齐泽克的话说,是幻觉在建构他们的现实,他们真实的社会行为。②

为了详细说明主体、符号界是如何以短缺为核心形成幻象,又以幻象为基础建构社会现实的,拉康引入了一些符号并建构了幻象公式,从而使这一过程更加具体、形象,便于理解和把握。由于核心的短缺只是一个空隙,作为实在界的剩余,它拒绝符号化、象征化,任何符号都不能准确说明其意义,为此拉康引入了对象 a,来代表着主体和符号秩序中的这种核心短缺,对象 a 的作用只

---

① Lacan,SéminaireI,1975,p.194.转引自黄作《不思之说:拉康主体理论研究》,人民出版社,2005 年版,第 7 页。

② 齐泽克:《意识形态的崇高客体》,季广茂译,中央编译出版社,2002 年版,第 45 页。

是使主体以及大他者的虚空得到了具体化。① 也就是说,对象 a 只是代表这一虚空的一个符号而已。

2. 对象 a 使拉康的理论保留了本质主义的形式

对象 a 代表了主体及大他者的短缺,主体和社会正是以它为中心建构起来的,可见社会的核心本质是无,而不是有,这是对"有"的本质主义哲学的彻底否定与颠覆,难怪人们说他的理论是反本质主义的,笔者认为这种说法并不全面,拉康的哲学并不仅仅是简单地否定了本质的存在,他的理论仍然保留着很强的本质主义成分,主体和社会是有本质的,然而这个本质却是无,是"无"中生"有"。这不禁让我们想起了中国道家哲学中的道,"道生一,一生二,二生三,三生万物"。说明它是世界的本源,世间万物界来自于它。"视之不见名曰夷,听之不闻名曰希,搏之不得名曰微。此三者不可致诘,故混而为一。其上不皦,其下不昧,绳绳不可名,复归于无物。是谓无状之状,无物之象,是谓惚恍。迎之不见其首,随之不见其后。"说明道本身是摸不着、看不见的,没有实证性内容,难以把握。"有物混成,先天地生。寂兮寥兮,独立不改,周行而不殆,可以为天下母。"尽管道好像是无,却周而复始地不停运行,又好像是有,可见道本身似无若有。"吾不知其名,字之曰道,强为之名曰大。"这种似无又似有的道很难命名,老子为它命名为大,取号为道。可见,拉康对象 a 和老子的道指的是同一个东西,具有几近相同的性质和作用,只是名字不同而已。

----

① 齐泽克:《快感大转移》,胡大平等译,江苏人民出版社,2004年版,第232页。

拉康通过引入对象 a 来代表主体和大他者的短缺，系统阐释了在 a 的基础上形成幻象，并在幻象的基础上如何建构社会现实的。a 虽然只是一种短缺，代表一个空位，但作为幻象的对象，却启动了自我和符号秩序的形成过程，规定着实体的状况，从这个角度讲，a 的状态纯粹是本体论的。① 它发挥着类似本质的功能，所以说拉康的理论保留了本质主义的形式。

在幻象公式 $\$ \diamond a$ 中，对象 a 是必不可少的要素，人们正是以它为对象，才能建构自己的幻象，虽然它只代表了短缺，本身是无，正是以这个乌有为对象人们建构了关于自身和社会的现实。在前文主体的短缺部分已经详细介绍了个体是如何发展为主体的，首先通过镜像阶段实现对他人的想象性认同，并以此为基础展开了包括符号性认同在内的次级认同，从而主体得以形成。和主体一样，社会也是围绕着核心的短缺建构起来的，这些连续认同的第一层就是幻象，正是在幻象的基础上我们建构了自己的现实。缺少对象 a，幻象无从形成，更谈不上以幻象为基础的社会现实。所以虽然它空空如也，只代表着一个空位，摸他不着，看他不见，只是回溯性地产生的，本身缺少实证性内容，但却启动了剧情，故事从它开始，尽管它只是一个假托。② 用拉康自己的话说，

---

① 齐泽克：《快感大转移》，胡大平等译，江苏人民出版社，2004年版，第234页。
② 齐泽克：《意识形态的崇高客体》，季广茂译，中央编译出版社，2002年版，第247页。

"存在正是依据这种缺乏而开始存在的"①。由此可见,主体和社会都是围绕着这个核心的"无"建构起来的,真正对主体、对社会起到支撑作用的,使主体、社会之大厦免于倾覆的是幻象,幻象掩盖了主体和社会的核心短缺,使之不见,并赋予它们以意义,从而使主体和社会得以维持。

对象 a 是如何启动自我和社会建构过程的,这要从研究欲望以及欲望与对象 a 的关系入手。对象 a 是引起欲望的原因,欲望围绕着它产生和运转。② 我们知道欲望本身是悖论性的,我们欲求着某物,一旦得到欲求的对象,欲望就会自行消解,因此虽然欲望表面上直接指向欲望的对象,然而它并是真实的对象,当人们在现实中找到一个客体,尽管它具有幻象客体的全部特征,我们仍然不免会感到失望,觉得我们找到的客体并不是我们欲望的指涉。使欲望得以成立的是欲望对象与现实之间的分裂,正是由于这种距离的存在,对象才能成为欲望的对象,因此从根本上讲,欲望的根本原因是缺乏,正是缺乏并且只有缺乏的存在才能成就欲望,作为根本缺乏的对象 a,它吸引着主体,唤起主体的欲望,然而欲望一旦具体化后,必然指向某一对象,主体总是寻找一些临时的对象来填充这种缺乏,然而任何对象都是应急性的,任何具体的对象都有可能得到满足,而使欲望失去存在的可能性,只有

---

① Lacan, Séminaire I, 1975, p.194. 转引自黄作《不思之说:拉康主体理论研究》,人民出版社,2005年版,第219页。
② 齐泽克:《快感大转移》,胡大平等译,江苏人民出版社,2004年版,第232页。

代表根本缺乏的对象 a，也正是对象 a 的绝对的否定性，才能真正成就欲望，从而为建构社会提供动力基础。

对象 a 能处于本体地位，还可以从真理概念本身得到说明，从真理与知识之间的差别得到阐释。人类主体总是迷恋于现象背后的本质，执著于对真理的追寻，得到的却总是真理某种形式的替身——知识，真理的时钟声总是在别处响起，它总是躲着我们，因为真理不是别的，只是实现知识时所缺乏的东西，只是知识只有通过运动它的无知才知道的东西。[①] 真理和上文谈到的欲望一样，只有永恒的缺乏才能成就它们，真理是一个永远开放的空间，任何肯定的东西都会使它处于封闭之中，从而扼杀真理，虽然我们可以用知识来填充它，却永远不能将其填满，我们可以不断更换对象的方式，保持真理的开放性，但都不能从根本上解决问题，只有代表了永恒缺乏的对象 a 才能代表真理。

3. 对传统本质主义的超越

幻象对象 a 取得了本体的地位，发挥着本质的作用，然而它并不是真实的存在，却只是一个空幻的客体，并且是被我们的欲望进行回溯性地伪装的客体，[②] 它是一个纯粹的短缺和空虚，它由自己和他自身的对立面掩饰来组成[③]。然而在幻象背后，对幻

---

① 拉康：《拉康选集》，褚孝泉译，上海三联书店，2000 年版，第 606 页。
② 齐泽克：《意识形态的崇高客体》，季广茂译，中央编译出版社，2002 年版，第 91 页。
③ 齐泽克：《快感大转移》，胡大平等译，江苏人民出版社，2004 年版，第 232 页。

想起支撑作用的实际上一无所有,躲藏在表象后面的真理来自于人们的误认,来自于人们在心理上对一致性的误认,来自于人们的幻象。拉康和齐泽克都举出了宙克西斯和巴哈休斯绘画的例子,巴哈休斯在墙上画了一个幕布,这个幕布太真实了,以至于宙克西斯想解开幕布,看看在幕布下面到底画了什么。宙克西斯想要看看表象后面的本质是什么,其实,后面什么也没有,后面的本质只是他的误认而已,这个本质是他的幻想建构起来的。

虽然对象 a 只是一个空位,但幻象却是一个实体,由于对象 a 是不一致的他者,现实世界也是不一致的,从而导致幻象这个实体是极度创伤性的:它把主体关系陈述给快感、他的存在的创伤性内核、某些主体永远不能完全地认识的事物、某些主体永远不能熟悉的事物、某些主体永远不能整合进他的象征世界的事物。① 幻象是对象 a 与不一致的现实之间的中介,一方面,人们以 a 为对象,结构幻想,建构现实,从而使本质在现实生活中得以展开,展现为他者,也就是黑格尔理论中的异化为他者,在这种外化的过程中,本质的不一致性又以症兆(现实的不一致)的形式展现出来;另一方面,幻象整合了现实的非一致性,创造了对象 a,借助于幻象,表征了符号秩序不一致性的症兆又在实在界中以对象 a 的形式回归了,就像黑格尔的精神逐渐外化,经历意识、自我意识、理性、精神等阶段,最后以绝对精神的形式返回了自身。与此相似,对象 a,也就是我们所谓的本质,通过外化,展示为症兆,

---

① 齐泽克:《快感大转移》,胡大平等译,江苏人民出版社,2004年版,第231页。

症兆又以对象 a 的形式在实在界中回归,从而完成了一次循环,也就是黑格尔所说的圆圈,预悬它的终点为目的并以它的终点为起点,①对象 a 本身即是原因又是结果,即所谓的实体。

作为实体的真理不是别的,只是表象的表象,黑格尔在《精神现象学》中写道:"超感官界是被设定为感官事物和知觉对象的真理,但是感官事物和知觉对象的真理却是表象。那超感官界因此乃是作为表象的表象。"②这种表象的表象,是人们通过幻象而建构起来的客体。为什么人们建构的这一客体是分裂的、不一致的?人们在现实生活中发现现象是分裂的、不一致的,通常将其归结为本质与现象的分裂,并把本质预先假定为异己之物,人们总是试图透过现象去发现隐藏在现象背后的本质。康德提出"物自体"观念,用人们认识上的不足来调停本质与现象的分裂,然而没有本质的分裂,就不会有现象的分裂,也不会有本质与现象的分裂,现象学以悬置本质、关注现象来回避这一问题,拉康借助于代表短缺的对象 a,用它所具有的绝对的否定性来彻底调停这些矛盾。也正是因为对象 a 的否定性、不一致性,体现了一种无限性,它拒绝符号化,说明它的内容是无限的,它是符号化的剩余,体现了无限对有限的溢出。只有这种无限的东西才能作为不依存于其他存在的绝对。正是通过对本质内容的否定,为本质赋予了无限的可能性,在保证了本质主义的形式的情况下,避免了传统形而上学的封闭性,从而实现了对传统本质主义的超越,解决

---

① 黑格尔:《精神现象学》,贺麟等译,商务印书馆,1979年版,第11页。
② 同上,第98页。

了传统本质主义在解释社会现实时遇到的矛盾。

拉康理论中的对象 a 虽然成全了本质主义的形式,却也给传统本质主义以致命一击,拉康理论不是在本质主义框架内所作的修正,虽然他通过对本质内容的否定保全了本质主义的形式,正是用本质主义的形式彻底颠覆了传统本质主义的内容,称得起是一场真正的哥白尼式的革命。

三 结 语

拉康理论具有很强的现实价值。首先,它揭示出在幻象背后空无一物,现象之外根本不存在本质,这有助于我们放弃对本质内容的迷恋,把注意力集中于主体间性,集中于主体、对象与符号秩序三者关系的研究。其次,通过揭示本质自身是分裂的,任何一致性都只是幻象,社会是不可能的,是被基本对抗所贯穿的,正确的做法是穿越幻象,放弃消灭症兆来实现社会一致性的梦想,认同社会的非一致性,任何试图消除不一致性的做法都是痴人说梦,它反对基于浪漫主义的集权主义作风,为多元文化理论提供了深层的技术支持。

笔者认为拉康理论有一定的进步意义,它不仅能经得起逻辑一致性证明,而且对社会现象具有很强的解释能力。他否定根本本质的存在,认为现象就是本质,强调认同的重要性,这样的例子在日常生活中随处可见。齐泽克在《意识形态的崇高客体》中举了卫生纸缺货的例子,卫生纸供应充足,本质上并不存在缺货的

问题,然而由于消费者都相信缺货的传言,纷纷去商店抢购,造成了缺货的事实,在这个事例中,充分说明了本质并不存在,是人们的误认建构着现实。经济学发展历程也从一个侧面证实了其理论的重要性,西方古典经济学还非常重视劳动价值的研究,试图揭示商品价值的本质,随着经济学的发展,人们开始关注交换价值,这是基于主体间认可的价值,关注重点从本质走向了主体间的认同,特别是近年随着虚拟经济的发展,符号经济学的出现,货币作为计量价值的尺度也经历着从金属货币到纸币再到记账货币的发展,在这一发展过程中,本质显得越来越不重要,它也开始逐渐淡出人们的视野,反而是越来越强调主体间的认同、认可,强调符号秩序的重要性。这一视角更有助于我们解释现实问题,特别是虚拟经济带来的问题。

  无疑,拉康在现代心理学和社会学发展成果的基础上,建构了一套全新的理论,为我们观察社会提供了一个崭新的视角,特别是通过对象 a 的引入,实现了对传统本质主义的超越。尽管他的理论保留了本质主义的形式,但由于对象 a 本身只是一个有待填充空隙,却从根本上否定了本质内容的存在,从而使他的理论具有一种激进的解构主义倾向,它不仅解构了真理,也解构了主体,他的主体和符号界缺少稳固的基础,好像建立在流动的沙丘上,没有任何固定的东西,很容易走向相对主义,甚至得出主观主义的结论。

(作者工作单位:中国社会科学院研究生院)

齐泽克:作为幻象的意识形态

严泽胜

众所周知,在马克思主义思想传统中,意识形态一直都是一个备受关注的核心问题,无论是马克思主义经典作家,还是现当代的西方马克思主义者,都对意识形态做过深入细致的分析研究,极大地丰富了意识形态概念的意涵。而就马克思主义意识形态理论的晚近发展来说,齐泽克的意识形态论可以说是继阿尔都塞之后在这个问题上做出的又一重要推进。

齐泽克是活跃于当今国际左翼理论界的超级学术明星,另一位左派理论大将弗雷德里克·詹姆逊说他"发出了一种不平常的声音,我们将在今后数年内反复聆听"。齐泽克的"不平常的声音"来自于他对拉康精神分析理论的精到把握,来自于他对拉康和马克思的巧妙融合,来自于他对当代社会的政治、文化现象的敏锐洞察以及将它们予以理论化的卓越才能。他是一位运用拉

康晦涩深奥的理论进行文本分析的高手,他分析的对象既有康德、黑格尔、谢林等人的古典哲学文本,也有电影、科幻小说、卡通漫画、政治笑话等大众文化形式。在高级文化和通俗文化领域之间自由穿梭,这既是齐泽克与众不同之处,也是他广受欢迎的原因。他的理论伙伴或论争对手朱迪·巴特勒说:"人们一直焦虑不安,因为这么多的社会理论和文学理论是如此的令人费解和高不可攀,以至于他们真的无法与其发生关联。但是齐泽克热心于通俗文化的研究,以此奠定自己的理论基础。许多人感到欣慰,因为他能同时谈论阿尔都塞和电影《角斗士》。"①

作为一个拉康式的马克思主义理论家,意识形态自然是齐泽克关注的核心问题。他曾亲自操刀主编过一本当代西方理论家讨论意识形态问题的文集《图绘意识形态》,力图展示西方意识形态理论的最新发展。在他的第一本英文著作《意识形态的崇高对象》中,齐泽克为自己设定的目标之一,就是试图根据拉康的某些基本概念(如"缝合点"、"崇高对象"、"剩余快感"等),提出一种新的意识形态理论。②

齐泽克认为,以往的意识形态概念往往将意识形态看做是一套扭曲现实的观念体系,其扭曲的原因或者如马克思与恩格斯所认为的,由于人的存在条件本身所发生的物质性异化("异化的劳动"),使得人对自己的存在条件做出变异的表现,即产生对现实

---

① 齐泽克:《实在界的面庞》,季广茂译,中央编译出版社,2004 年版,第 3 页。

② Slavoj Žižek, *The Sublime Object of Ideology*, Verso, 1989, p. 7.

的倒置的虚幻的伪意识;或者如阿尔都塞所认为的,因为意识形态表征的并不是人们的真实存在条件,而是他们与那些存在条件的想象性关系,正是这些想象性的关系,导致对真实世界的意识形态表征产生想象性的扭曲。事实上,据雷蒙·威廉斯研究,在马克思、恩格斯那里,意识形态概念的意涵存在着作为颠倒现实的虚幻的伪意识的贬义和作为源自于经济生产的条件与变化的种种意识形态形式的中性意涵的混淆,后来列宁提出"社会主义是无产阶级斗争的意识形态"时,显然是在不带有幻象和虚假意识之贬义的中性意涵上使用意识形态概念的。[1] 这种意涵的混淆导致在马克思主义意识形态理论的后续发展中,出现了对"社会主义意识形态"或"无产阶级意识形态"是否也具有"伪意识"性质(这与社会主义社会中是否存在有异化现象直接相关)这一问题的激烈争论,并逐渐陷入各执一词的理论僵局。为突破这一僵局,阿尔都塞通过对意识形态的表征对象的置换——即将人们的真实存在条件置换为他们与那些条件的想象关系——而取消了意识形态的所谓"真""伪"问题。他认为意识形态是人类对其真实存在条件的真实关系和想象关系的多元决定的统一。"在意识形态中,真实关系不可避免地被包括到想象关系中去,这种关系更多地表现为一种意志(保守的、顺从的、改良的或革命的),甚至

---

[1] 威廉斯:《关键词:文化与社会的词汇》,刘建基译,三联书店,2005年版,第220～222页。

一种希望或一种留恋,而不是对现实的描绘。"①

在齐泽克看来,这些经典的意识形态概念实际上已经揭示了意识形态的幻觉性质,但它们把幻觉定位于"知",定位于对现实的"虚幻意识"或"想象性表征"之中,预设了"自在"的意识形态与"自在"的现实之间的对立。然而,事实上,不可能存在与意识形态相对的纯然客观的自在现实,意识形态的那些"幻觉、错误和扭曲已经运作于社会现实本身之中,运作于个体正在做什么,而不仅是他们认为或知道正在做什么的层面上"。也就是说,意识形态幻觉已经参与到社会现实的建构中,已经成社会现实的一部分,所以,"意识形态不仅仅是'伪意识',不仅仅是对现实的虚幻表征,相反,它就是已经被设想为'意识形态性的'现实本身。'意识形态性的'是这样一种社会现实,正是它的存在暗示出了其参与者对其本质的无知。意识形态性的现实即是一种社会有效性,其再生产暗示个体'对他们的所作所为一无所知'。'意识形态性的'并不是对(社会)存在的'伪意识',而是这种存在本身,因为社会存在正是由'伪意识'所支撑的"②。在这个意义上,齐泽克指出,意识形态幻觉并不是处于人们对现实的认知的"知"的这一方面,而是处于人们正在做什么的"行"的这一方面。人们所忽视、所误认的,并不是现实,而是正在结构他们的现实、他们真实的社

---

① 阿尔都塞:《保卫马克思》,顾良译,商务印书馆,1984年版,第203页。

② Slavoj Žižek, *The Sublime Object of Ideology*, Verso, 1989, p.21.

会行为的幻觉。在"知"方面,人们非常清楚事物实际是怎样的,但在"行"方面,他们仍然像不知道那样行事。比如吸烟者非常清楚吸烟有害健康,但他们仍像不知道那样照吸不误,所以,吸烟意识形态不在于对吸烟事实的误认,而在于支配吸烟行为的无意识幻觉。齐泽克把这种无意识幻觉称为"意识形态幻象":"幻觉是双重性的:它存在于对正在建构我们与现实的真实、有效之关系的幻觉的视而不见之中。而这种被忽视的无意识幻觉(illusion),正是可以被称之为意识形态幻象(ideology fantasy)的东西。"①

就这样,通过将意识形态幻觉的位置由"知"移置到"行",齐泽克提出了其对意识形态的基本界定:"意识形态的基本层面不是掩饰事物的真实状态的幻觉(illusion),而是建构我们的社会现实本身的(无意识)幻象(fantasy)。"②这里的"幻象"是精神分析学的概念,弗洛伊德最早用它来指称一个上演着无意识欲望的想象的场景,这对分析师洞悉主体的无意识欲望是至关重要的。拉康接受了弗洛伊德的这一说法,但他进一步强调幻象的防御功能。拉康将幻象比之于电影影像的定格,就像电影可能在某一点上定格以免展现一个创伤场景,幻象也是一个掩饰创伤(阉割、大他者原初的欠缺)的屏障。因此,幻象具有固定和静止的特性。在拉康看来,幻象虽是想象的意象,却具有强大的屏蔽创伤的力量,但这种力量不是由于意象本身的任何内在性质,而是由于它

---

① Slavoj Žižek, *The Sublime Object of Ideology*, Verso, 1989, pp. 32~33.
② ibid., p. 33.

在象征结构中占据的位置,因为幻象总是"一个要在意指结构中运作的意象",①它不可能停留在想象的层面,总是已经参与到象征现实的建构中,因此,"任何试图将幻象归结为想象的做法……永远都是一种误解"②。应当说,正是拉康的幻象理论,构成了齐泽克重塑意识形态概念的理论基础。

在拉康的理论中,"幻象"是由这样一个公式表示的:"$\$ \Diamond a$","$\$$"表示"分裂的主体","a"表示"对象 a","$\Diamond$"表示"与……有关"或"对……的欲望"。因此,"$\$ \Diamond a$"表示"幻象"产生于"分裂的主体"与"对象 a"的欲望关系中。拉康把"对象 a"界定为真实被象征化之后的剩余,它是剩余意义和剩余快感。因此,"对象 a"构成了象征的缺口、空隙,其本身就是象征(大他者)不完整性或欠缺的标志。"对象 a"是永远不可能得到的,它是主体欲望的原因而不是欲望趋向的目标。也就是说,"对象 a"是可欲而不可求的,它是幻想的对象,因而总是作为幻象向主体呈现,以填补或掩饰它在现实存在(象征秩序)中造成的空缺。齐泽克指出,"对象 a"是严格的拉康意义上的崇高对象,因为它仅仅体现了大他者、象征秩序中的欠缺的对象,也就是说,"它本质上只不过是一个纯粹的否定、空无的体现而已。""崇高的对象是不能过于接近的对象:如果我们离它太近,它就会失去其崇高的特征,而成为一个普通的平庸对象——它只能持存于空隙之中,持存于

---

① Lacan, *Ecrits*: *A Selection*, trans. by Alan Sheridan, Tavistock, 1977, p. 272.

② ibid., p. 272.

中间状态，只能从某一角度隐约看上一眼。如果我们想在白昼的光线下察看它，它就会变成一个日常对象，就会自行消失，这恰恰是因为它自身根本就是空无。"① 正是在这个意义上，齐泽克把"对象 a"称为"意识形态的崇高对象"。"意识形态的崇高对象"是我们的生活中缺失的空幻对象，它不断地引发我们的欲望，引发用以掩饰它之缺失的幻象——意识形态。可以说，"对象 a"既是欲望，也是意识形态的"对象-原因"(object-cause)。

根据拉康的理论，主体存在的现实就是象征秩序，而象征秩序总是围绕着某些创伤性的不可能性，围绕难以象征化的某物——"对象 a"——建构起来的，因此可以说，欠缺、分裂、不一致对它而言是构成性的。那么，意识形态幻象的功能就是填补象征性现实的空缺，掩饰其不一致性，以使现实成为一个连贯统一的整体。在这个意义上说，现实就是由意识形态幻象所建构的，或者是由意识形态幻象所支撑的。

为了说明意识形态幻象建构了现实本身究竟意味着什么，齐泽克引述了拉康在《精神分析的四个基本概念》中对弗洛伊德那个著名的"烧着的孩子"的梦的分析。齐泽克指出，拉康的分析结论是，在梦和现实的对立中，幻象处在现实这一边，它是赋予我们所谓的"现实"以一致性的支撑。"烧着的孩子"的梦的情节是这样的：一位父亲在孩子死后守候在孩子停尸房的隔壁房间，他睡着了，梦见他的孩子站在他的床边，用力摇着他的胳膊对他说：

---

① Slavoj Žižek, *The Sublime Object of Ideology*, Verso, 1989, p. 170.

"爸爸,难道你没有看见,我被烧着了。"他惊醒过来,发现隔壁房间里闪着火光,于是急忙走过去,看到一支燃烧的蜡烛倒了,引燃了裹尸被和他心爱孩子的一只胳膊。弗洛伊德解释此梦依据的论点是,梦的功能之一就是使做梦者能够延长其睡眠。当做梦者突然遭受来自外在现实的刺激(如闹钟铃声、敲门声等,在上述情形中是烟味),为了延长其睡眠,他会迅速地当场建构一个梦:一个包括那些刺激因素的小场景、小故事。不过,外在的刺激很快变得过于强烈起来,于是主体被惊醒了。而拉康的解释与此截然相反,他认为,当外在的刺激变得过于强烈的时候,主体并没有唤醒自己。他被惊醒的逻辑是十分不同的。他先是建构了一个梦,以便延长其睡眠,避免被惊醒进入现实中。但他在梦中遭遇的事物,即他的欲望的现实,也就是拉康的真实域——在上述情形中,就是孩子责备父亲"难道你没有看见,我被烧着了"这一现实,它暗示着父亲的原罪——却比所谓的外在现实本身更加可怕,而这正是他惊醒过来的原因:为了逃避在那可怕的梦中显示出来的他的欲望的真实域。于是,他遁入了所谓的现实之中,以便能继续睡眠,保持其盲目性,避免醒来进入他的欲望的真实域。在这个意义上,"现实"就是一种幻象-建构(fantasy-construction),它可以帮助我们掩饰我们欲望的真实域。①

根据这种逻辑,意识形态的性质也就不难理解了。正如齐泽克指出的:"意识形态并不是我们用来逃避难以忍受的现实的梦

---

① Slavoj Žižek, *The Sublime Object of Ideology*, Verso, 1989, p.45.

一般的幻觉;就其基本维度而言,它是一种用来支撑我们的'现实'本身的幻象-建构:即一种结构我们有效的、现实的社会关系,并从而掩饰某种难以忍受的、真实的、不可能的内核(……)的'幻觉'。意识形态的功能不是为我们提供逃避现实的出口,而是为我们提供借以逃避某种创伤性的、真实内核的社会现实本身。"①例如,社会意识形态幻象的赌注是要建构一个确实存在的社会景观,建构一个没有被对抗性的分裂所分割的社会,建构一个其各部分的关系是有机的、互补性的社会。然而,根据拉克劳和墨菲的观点,"社会并不存在",社会总是一个不一致的领域,它是围绕一个构成性的不可能性建构起来的,是被核心"对抗"所穿越,是无法被整合为一个共同体的。意识形态幻象的功能就是掩饰这种非一致性,掩饰"社会并不存在"这一事实,从而使我们那失败的认同得到了弥补。②

关于"对抗性分裂"构成社会之不可能性的真实内核的不可思议的逻辑,齐泽克认为,从列维·斯特劳斯在《结构人类学》中对南美洲一个土著村庄中建筑物的空间安排所做的例证分析可以提供一个清晰的说明。"把当地居民分成两个小群体,当我们让一个个体在纸上或沙滩上画出他或者她的村庄的平面图(房舍的空间分布)时,我们得到两个截然不同的答案,这取决于他或她隶属于哪个小群体:第一个小群体(不妨称之为'保守的-社团主

---

① Slavoj Žižek, *The Sublime Object of Ideology*, Verso, 1989, p.45.

② ibid., pp.126~127.

义的')的成员觉得村庄的平面图是圆形的——一圈房子或多或少匀称地分布在一个中心神殿的周围;而第二个(革命的-对抗性的)小群体的成员则觉得他或她的村庄是被一条无形的边界分开的两个截然不同的房屋群落。"① 这意味着什么呢?齐泽克说,列维·斯特劳斯的核心观点是,这个例子不应诱使我们进入一种文化相对论,根据这种相对论,对社会空间的感知取决于观察者的群体成员属性,而这里的问题是,分裂成两个"相对的"感知本身就暗指了一个恒量——不是建筑物的客观的、"实际的"分布,而是一个创伤性的内核,一种村民们不能加以象征化、解释、"内化"、调和的基本对抗性,它构成了社会关系中的不平衡,阻止社群使自己成为稳定的和谐整体。因而,对村庄平面图的这两种感知只不过是应对这种创伤性对抗,通过强加一个平衡的象征结构医治其伤口的相互排斥的努力。这就是意识形态不同于知识的功能。按齐泽克的说法,要想获得对村庄现实布局的正确看法其实很容易,我们只需租一架直升机从上面拍摄,就能得到未被扭曲的现实图像,不过,这样我们就会错失社会对抗的真实,即那不可能象征化的创伤性内核,而这种内核却是在那种对现实(实际的房屋布局)的幻觉性扭曲中显现出来的。这里我们碰到了意识形态的真理性问题。意识形态的真理性并不在于对现实的客观认识,而是像拉康宣称扭曲和/或掩饰本身就是显示所表明的,通过扭曲对现实的正确表征而使真实内核,即社会现实围绕其而得

---

① Slavoj Žižek, ed. *Mapping ideology*, Verso, 1994, pp. 25~26.

以建构的创伤性对抗显示出来。

　　意识形态是建构现实并掩饰创伤性内核的幻象,那么,它是如何创造并维持其既定领域的同一性的?齐泽克认为,对这一重要的意识形态理论问题的明确解答,是由拉克劳和墨菲在《霸权与社会主义策略》一书中提出来的。他们根据拉康的"缝合"理论指出,众多原型意识形态因素,一如众多"自由漂浮的能指",它们通过拉康所谓的"缝合点"联结起来,形成一个暂时稳定的意义统一体。在拉康那里,"缝合点"(point de capiton)指的是能指链上能指和所指的基本"连接点",在这一点上,所指在能指下面的不断滑移被暂时中止,并产生出固定意义的必要幻觉。意识形态也是通过"缝合"产生意义的。意识形态空间是由非绑定、未捆死的因素构成的,它们是些"自由漂浮的能指",其本身没有任何内在的意义,它们的意义完全依赖于与其他因素的连接。例如,生态学永远不是"生态学本身",它永远被束缚在一个特定的等价系列之中:它可以是保守主义的(倡导回归平衡的乡村社区和传统生活方式)、国家主义的(只有强有力的国家管理才能将我们从行将到来的灾难中拯救出来)、社会主义的(生态问题的终极原因在于资本主义对自然资源的唯利是图的开发)、自由资本主义的(人们应当将对环境的损害计算到产品的价格中,因此可以让市场来调节生态平衡)和女性主义的(对自然的掠夺来自于男性的支配态度)等等。同样,女性主义可以是自由主义的、激进主义的、社会主义的、精神分析的、存在主义的、后现代主义的……甚至种族主义也可以是精英化的或大众化的。总之,正是通过"缝合"的集聚

功能,意识形态因素的自由漂浮被中止和固定下来,成为了意义的结构网络的一部分。

正如齐泽克本人所表明的,他所从事的意识形态批判不同于通常的意识形态批判,后者总是试图从其有效的社会关系的联结中推导出某个特定社会的意识形态形式,而他所运用的精神分析方法则首先着眼于在社会现实中发挥作用的意识形态幻象。① 对特定社会意识形态形式分析的恰当方法当然是所谓的"症候阅读",即透过官方文本的断裂、空白和差错发现其未明言的偏见,揭示其公开的意义和实际意图之间的裂隙;而精神分析式的意识形态批判则是"穿越幻象",因为"对幻象不是要去解释它,而只是要'穿越'它:我们所要做的一切就是去体验,为什么在它后面一无所有,幻象是如何巧妙地掩饰这'空无'的"②。在齐泽克看来,支撑着意识形态大厦的幻象,其真正的寄居地并非潜藏于主体内心深处的信仰和欲望,而是外在意识形态仪式的"纯粹的物质性诚挚"。③ 这就是说,意识形态幻象是"外在的"而非"内在的",它无关乎主体的"内在"的意识(因而不是对现实的"真/伪"意识的问题),而是体现在主体的"外在"的行为中,体现在作为行为之产物的物质性现实之中。在这个意义上,意识形态幻象是不需要去解释的,因为"真相就显露在那里",而不是隐藏在什么深不可测

---

① Slavoj Žižek, *The Sublime Object of Ideology*, Verso, 1989, p. 36.
② ibid., p. 126.
③ Slavoj Žižek, *The Plague of Fantasies*, Verso, 2008, p. 5.

的深渊中。

因此,齐泽克认为,意识形态批判在分析幻象是如何与意识形态结构的内在冲突相关联时,如果聚焦于物质性外表,将会取得非常丰硕的成果。① 比如,在德国纳粹时期,有两个风格对立的纳粹党地方总部的建筑设计:一个是阿道夫·科佩蒂于1928年设计的新帝国式仿古建筑,另一个是朱塞佩·特兰尼于1934至1936年间设计的高度现代主义风格的透明玻璃屋。齐泽克分析说,将这两个设计方案并置在一起,不正暴露出法西斯主义意识形态的内在矛盾吗?一方面它倡导回到前现代的有机社团主义,而与此同时,它又以前所未闻的力度动员所有的社会力量,服务于急速前进的现代化。再比如,在20世纪30年代,苏联的公共建筑设计往往会在多层办公楼的顶部竖立起巨大的理想化的新人的塑像,这样一来,作为现实生活中人们实际的工作场所的办公楼成了比生活更高大的塑像的底座,而且被压垮的趋势越来越明显。因此同样的,建筑设计外在的、物质性的特征不也正好暴露出了斯大林主义意识形态的真相?在这种意识形态中,现实中的活生生的人被降格为工具,被当做未来新人塑像的底座,被这个意识形态怪兽肆意践踏在脚下。然而吊诡的是,在斯大林主义时代,如果有谁明确说出这一真相就会被投入监狱,但通过建筑设计表露出来却被允许,甚至得到鼓励。在齐泽克看来,这种状况恰恰表明了,意识形态幻象不是存在于那些明确表述的意

---

① Slavoj Žižek, *The Plague of Fantasies*, Verso, 2008, p. 1.

识形态话语中,而是存在于人们的行为实践及其产物的物质性现实之中。在这个意义上,声称可以超脱、置身于意识形态之外无疑是一种幻觉,齐泽克调侃说:"对一个学者而言,坐在圆桌旁宣称我们生活在一个后意识形态的世界,这并不是什么难事,而在激烈讨论之后,当他上厕所时,他又没膝陷入意识形态之中。"① 即使是人们用以处理自己的排泄物的厕所,同样也是意识形态幻象的建构,"我们有如此多样的厕所类型,因为每一种类型的厕所都试图适应某种既有的创伤性的过量"。齐泽克以德、法、英式厕所设计为例进行了分析:"在传统的德国式厕所中,下水孔在前面,因此粪便被水冲到眼前,我们先要闻它的味道,并检查它以寻找疾病的蛛丝马迹;典型的法国式厕所则与此恰恰相反,下水孔在后面,也就是说,粪便应当尽快地消失掉;最后,盎格鲁-萨克逊式厕所则展现出一种综合,是对上述对立两极的调和,便盆里盛满了水,以使粪便漂在水中,可以看到,但无法对其进行检查。"齐泽克认为,这三种厕所样式体现了三种对待排泄物的态度:含混的沉思迷恋;尽快地处理掉令人不快的排泄物的仓促尝试;将排泄物视为普通事物,以适当的方式进行处理的实用态度。这三种态度又可解读为三种生存态度:德国人的透彻反思,法国人的革命急躁,英国人的温和的功利主义的实用态度。还可解读为三种政治立场:德国的保守主义、法国的激进革命主义和英国的温和自由主义。② 对齐泽克来说,这仍然是"真相就显露在那里",意

---

① Slavoj Žižek, *The Plague of Fantasies*, Verso, 2008, p. 4.
② ibid., pp. 3~4.

识形态幻象并非隐藏于主体的内心深处,而就体现在其所建构的物质性现实之中。

齐泽克提出"作为幻象的意识形态"概念,通过把"意识形态"看做建构"现实"的幻象而非误认"现实"的"伪意识",从而消解了"意识形态"与"现实"之间的对立,将意识形态批判由对意识形态话语形式的"症候阅读",转变为对呈现于物质性现实之表面的意识形态幻象的"穿越"。齐泽克认为,此种转变是在当今犬儒主义盛行的所谓"后意识形态"境况下,坚持意识形态批判之有效性的必然策略。随着冷战的结束,"意识形态终结"的论调重又甚嚣尘上,人们对待种种意识形态话语采取的往往是犬儒理性的反讽态度,即不再严肃地对待任何意识形态命题,不再信奉任何意识形态真理,也就是说,在认识的层面上,人们很清楚意识形态只不过是扭曲现实的幻觉,毫无真理性可言。例如,通过传统意识形态批判的症候分析,人们已清楚认识到,自由资本主义意识形态话语无非是用自由竞争的神话来掩饰剥削的现实,使我们产生对现实的错觉,但在实际行为上,人们仍然乐此不疲地参与到这种竞争之中。这种情况表明,当今意识形态状况已由马克思的那个经典公式——"他们对此一无所知,却在践而行之",转变为斯洛特迪基克提出的犬儒理性的公式——"他们对自己在做什么一清二楚,但他们仍然在做"。[①] 可见,在犬儒的情境中,意识形态的幻觉不是存在于"知",而是存在于"行"中,而犬儒式主体所视而不

---

① Slavoj Žižek, *The Sublime Object of Ideology*, Verso, 1989, p. 29.

见的，正是支配着其现实行为的无意识幻觉。由此，齐泽克指出，如果我们今天仍然坚持经典的意识形态概念（即意识形态是扭曲现实真实状况的"伪意识"，这样幻觉就存在于"知"中），那么确如犬儒主义所声称的，我们已生活在一个后意识形态的社会中，这样，意识形态批判就会丧失其有效性。然而，意识形态远未终结，它作为无意识幻象在支配着我们的行为，建构着我们的社会现实本身，阻碍我们与真实界的相遇。对齐泽克来说，精神分析式的意识形态批判的目标，就是穿越体现于物质性现实中的意识形态幻象，坦然面对它所掩饰的真实之深渊，"从环绕（缺失的）对象之空无的恶性循环中寻找极乐（jouissance），而放弃可以从别的什么地方获得极乐的神话"[1]。

（作者工作单位：中南财经大学哲学系）

---

[1] Slavoj Žižek, *The Plague of Fantasies*, Verso, 2008, p. 43.

齐泽克的新意识形态理论

韩振江

斯拉沃热·齐泽克是当代著名的拉康派哲学家,后马克思主义理论家、通俗文化批评家。自1989年他的第一本英文著作《意识形态的崇高客体》出版以来,他的思想对拉康精神分析学、后马克思主义、政治学、通俗文化理论、文艺批评诸多领域都产生了广泛而深刻的影响。英国马克思主义思想家特里·伊格尔顿说:"齐泽克是最近数十年欧洲所出现的精神分析,而且实际上是广义的文化理论的最令人敬畏的杰出倡导者。"20世纪90年代以来,齐泽克也成为港台学术界研究的热点,台湾文化评论家宋国诚说:"齐泽克是21世纪西方世界的学术宠儿和左派大将。"

一 齐泽克意识形态的特点

齐泽克的全部理论工作可以概括为三项,一是通过拉康理论

阐释黑格尔为代表的德国古典哲学,重新赋予理性主义新的内涵;二是用拉康的基本概念和范畴再度思考马克思主义的意识形态问题,给予意识形态概念新的理论构架和体系;三是用晦涩的拉康精神分析学原理去阐释各种大众文化文本、文学文本和电影作品,其目的在于增值拉康哲学与艺术理论的交集空间。由此可知,齐泽克的思想定向在于沟通拉康与黑格尔、马克思、通俗文化之间的鸿沟,产生适用于全球化时代的哲学、意识形态和文化理论。对于他的三项工作,齐泽克说:"我相信上述三个目标是深深联系在一起的:'挽救黑格尔'的惟一方式是通过拉康,对黑格尔及黑格尔式的遗产进行拉康式的解读,这会为探讨意识形态问题开辟新的途径,并帮助我们把握某些当代意识形态现象(犬儒主义、极权主义、民主政治的脆弱现状),而不至于落入任何一种'后现代主义'的陷阱。"①当然,其中一个最重要的工作就是融合拉康主义与马克思主义,用拉康式的概念范畴去继承马克思主义的意识形态遗产,在当代后意识形态、后政治时代修正意识形态的理论。齐泽克是有意识地去创造一个新的意识形态体系,他说:"通过对某些著名经典母体例如商品拜物教,以及某些重要的拉康概念进行新的解读,提出一种新意识形态理论。"当代后马克思主义思想家拉克劳则准确地概括了齐泽克意识形态理论的基本轮廓:"拉康的缝合点这一概念被设想为基础意识形态的运作;'幻象'成了一个想象丰富的电影脚本,它隐藏了基本的分裂和对

---

① 齐泽克:《意识形态的崇高客体》,季广茂译,中央编译出版社,2002年版,第10页。

抗,而社会领域正是围绕分裂和对抗建构起来的:'认同'被视为一个过程,意识形态领域正是通过这个过程构成的;快感促使我们理解排他逻辑是如何在诸如种族主义话语中盛行起来的。"同时,拉克劳高度评价了齐泽克对意识形态理论的创新,并认为这一理论是"后马克思主义的一个精辟读本"。①

齐泽克的意识形态理论是试图在拉康主义和马克思主义之间构建一座桥梁,这一链接成果的目的在于批判当代全球化资本主义时代的各种政治文化现象,揭示后意识形态和后政治时期的各种意识形态轨迹。恰如丽贝卡·米勒(Rebecca Mead)曾指出,齐泽克融合了下列两者,其一以马克思主义批判资本主义,其二是在精神分析的层面上揭露资本主义左右公众想象的方式,因此他是拉康化的马克思主义者。在整体的理论构架上,齐泽克改造了拉康精神分析学的核心概念和范畴,赋予了它们政治的、意识形态的新内涵;但是在整个理论追求上,齐泽克还是一个坚定的马克思主义者,他不认为资本主义是人类美好的未来,坚持马克思主义在当代拥有重要的意义,并企图恢复马克思主义的政治经济批判和列宁主义的实践价值。

首先,齐泽克作为雅克-阿兰·米勒的得意弟子,秉承师门教诲,他以拉康"实在界"思想为核心阐释整个拉康哲学,同时通过拉康的眼睛去解读、梳理和阐释马克思主义的意识形态问题。由于齐泽克曾公开说,他所理解的拉康就是雅克-阿兰·米勒所理

---

① 齐泽克:《意识形态的崇高客体》,季广茂译,中央编译出版社,2002年版,第3页。

解的拉康,因此齐泽克意识形态理论创新的一个基本脉络就是沿着拉康精神分析学的逻辑逐次演进。换言之,不仅他的基本概念均来自米勒化了的拉康哲学,而且他的理论的发展逻辑也遵循了拉康精神分析思想的发展轨迹。齐泽克认为,1960年拉康的《主体的倾覆与在弗洛伊德无意识中的欲望辩证法》与研讨班报告《精神分析的伦理学》的问世,标志着拉康的思想从早期进入晚期。在转折中,拉康的《主体的倾覆与在弗洛伊德无意识中的欲望辩证法》一文成为承前启后的分割点。在这篇论文中,拉康提出了精神分析学的四个依次递进、逐次深化的欲望图表。在作为完整的、高级的欲望图表中,它不仅包含了想象界、符号界和实在界的理论,而且还包含了拉康几乎所有的核心概念,可以说这一图表是拉康全部理论的凝缩。因此,笔者认为,齐泽克的意识形态理论以拉康"欲望图表"为框架,依次阐释"能指"、"认同"、"幻象"、"快感"和"驱力"五个核心范畴,全面地展现其理论体系。他认为,意识形态是一个互为你我、交错介入的拓扑结构,可以分为社会认同缝制主体的话语层、遮蔽社会对抗的幻象层、欲望经济学的快感层、颠覆意识形态的驱力层。不过,意识形态的"层"也可以理解为"界",不单是层层递进的,更像齐泽克所说的拉康的"三界结"(想象界、符号界与实在界)一样是一种拓扑学的"纽结"结构。可以把齐泽克意识形态的话语层理解为"想象界",幻象层理解为"符号界",快感层与驱力层则明显处于"实在界"之中,如此一来,意识形态就不再是一个凝固的、僵硬的层累结构,而是一个旋转的、相互介入的拓扑空间。

其次,齐泽克的意识形态理论继承和发展了马克思主义对意识形态的精辟论断。他把意识形态分成了三个阶段,即自在阶段、自为阶段与自在自为阶段。齐泽克认为,自在的意识形态是作为一种教条、思想、信仰和概念等复合体的意识形态概念,它为了某种秘密的、特殊的权力利益而说服人们相信它的真理性和合法性,以此来掩盖不公正、不公平的压迫和剥削事实。与此相对的意识形态批判模式是病症阅读(或症候解读)(symptom reading),即目的在于揭示官方意识形态公开文本的断裂、空白和差错以及与真实现实巨大的反差、分裂,揭示隐藏在公正、自由、平等等意识形态观念背后隐蔽的利益分配。这一自在的意识形态概念,不仅包含了马克思的统治阶级的虚假意识观念,而且还包含了一切涉及以"真理"形式进行控制的话语体系的意识形态理论,譬如米歇尔·佩肖、于尔根·哈贝马斯和恩内斯特·拉克劳等。对于这种把意识形态视为话语的知识型,齐泽克吸收了它有效的部分,认为马克思和拉康一样都看到了意识形态和梦的秘密所在,即不能单纯纠缠于意识形态的内容真伪,而是要通过症候阅读发现意识形态作为话语链接的特殊方式。意识形态的第二个阶段是对观念形态阶段的反动,即作为物质-仪式而存在的"自为"意识形态。它是指以物质形式存在的意识形态的机构、仪式和实践,亦即阿尔都塞式的"意识形态国家机器(ISA)"。齐泽克认为,福柯所研究的微观权力的身体物理学如何上升社会化有效控制的意识形态观念,在这个空间中就体现了阿尔都塞的意识形态国家机器的物质性。同时,他特别吸收了阿尔都塞对于主体认

同与意识形态之间关系的论述,并且也向前推进了意识形态中主体的复杂状况。可以说,齐泽克对阿尔都塞在文本表面处批评多于褒扬,但实际上他仍然是个阿尔都塞信徒,很多论述依然来自于这位后结构主义的马克思主义者。第三个阶段,就是齐泽克所谓的把意识形态视为一种无所不在的支撑人现实感的无意识幻象。在他看来,仿佛这一阶段超越了物质性的阶段而向第一阶段的"回归",因此称之自在自为阶段。主要的代表人物就是齐泽克自己,他在拉康哲学基础上进一步把实在界视为意识形态的发生之因,并把快感提高到本体论层面,讨论了意识形态作为观念话语的链接规律、主体如何被写入意识形态秩序、主体与意识形态质询的矛盾、幻象在意识形态中的位置和作用、快感如何成为意识形态的经济学基础以及病症和驱力在意识形态中的革命性改造等等。下面笔者就结合齐泽克在拉康哲学基本概念基础上,继承和吸收了哪些马克思主义,包括马克思、阿尔都塞、拉克劳等思想家的有益成分,从而产生意识形态的创新。

二 齐泽克意识形态论

齐泽克对传统意识形态理论做了新的改造:他着重用拉康精神分析学的视域试图建构一套新的意识形态话语。首先,齐泽克认为意识形态是分层次的结构,处于"表皮"的是作为意识形态形式的话语层,这一层次的意识形态还在人们的意识中起作用,表现为各种意识、思想和话语的斗争;其背后就是无意识状态的作

为社会真实存在的意识形态幻象层,它遮蔽或改造了真实的社会分裂和对抗;支撑话语层和幻象层的是作为欲望经济学的快感层;同时,他认为意识形态不过是社会完整性、一致性的表述体系,真正的驱力和来自实在界的行动是可以解构或者颠覆这一意识形态秩序的,但驱力层依然属于反意识形态的意识形态批判。

齐泽克的意识形态理论中作为意识形态形式的话语层"缝合"思想直接借鉴了拉克劳和墨菲的"霸权接合"理论。拉克劳说:"(齐泽克)第一坚持不懈地指涉意识形态-政治领域:它对意识形态的运作机制(认同、主人能指的作用、意识形态幻象)所做的描述和理论化,它对'极权主义'及其不同变体(斯大林主义、法西斯主义)予以限定的企图,以及对东欧社会中激烈的民主斗争的主要特征的概括,都可以证明这一点。拉康的缝合点被设想为基础意识形态的运作;幻象成了一个丰富的电影脚本,它遮蔽了基本的分裂和对抗,而社会领域正是围绕着分裂和对抗构建起来的……"[1]同时,齐泽克则明确表达了对拉克劳和墨菲的霸权概念所打开的意识形态研究空间的欣赏和借鉴,"是什么创造并维持了既定的意识形态领域的同一性,使它超越了其实证内容所有可能的变种?《领导权与社会主义策略》一书对于这一至关重要的意识形态理论问题,勾勒出了也许最为明确的答案:众多'漂浮的能指',众多原型意识形态因素,被结构成一个统一的领域;这是通过某一'纽结点'(nodal point)——拉康所谓的缝合点——

---

[1] 齐泽克:《意识形态的崇高客体》,季广茂译,中央编译出版社,2002年版,第3页。

的干预完成的,它将它们'缝合'在一起,阻止他们滑动,把它们的意义固定下来"①。缝合点或锚定点,是拉康欲望图谱的第一图表所展示能指与所指链的交接点 S(A),即有意义的能指,它往往回溯性地固定能指链上的能指碎片,并且赋予其统一的、可以理解的意义。齐泽克把拉康的这一思想推广到意识形态领域,认为意识形态也是众多的漂浮能指的开放场域,其"意义"的产生完全依赖于缝合点的凝聚功能,把各种意识形态因素固定住,形成一套可理解的话语体系。在齐泽克看来,能够缝合意识形态各离散因素的是主人能指,它是一个自身与其差异的能指,也是个没有具体所指的能指,唯其如此才能制止能指的无序流动,赋予其他能指意义。例如,在意识形态的空间中漂浮着诸如"自由"、"民主"、"民族"、"国家"、"正义"、"和平"等众多的能指,然后这些能指链由某个主人能指比如共产主义或者新自由主义作了补充,这个主人能指便会回溯性地决定了其自身(共产主义或者新自由主义)的定义和意义。齐泽克指出:"这就是'缝合点'的基本悖论:'刚性指示符'通过停止所指的转喻性滑动而集聚成一种意识形态,但它不是意义最密集的集结点,也不是一个保证……与此相反,它是一个在所指领域里代表着能指的代理因素。本质上,它只是纯粹的差异,其作用是结构性的、执行性的,简言之,它是没有所指的能指。"②

---

① 齐泽克:《意识形态的崇高客体》,季广茂译,中央编译出版社,2002年版,第 121 页。

② 同上,第 137 页。

主人能指缝合了漂浮的能指,回溯性地给予了能指链以意义。换言之,某一作为纯粹差异的意识形态能指,也即拉克劳所说的作为"空场"的普遍性结构了社会漂移的意识形态因素,构建了意识形态的统一性。这个意识形态结构的过程,在齐泽克看来是极其复杂的,其中意识形态秩序要发挥作用必须通过人来实现,也即需要主体对意识形态(符号界大他者)的认同来产生效果。一旦某主体站在大他者的凝视位置来看待世界和自己,那么他就被缝合在了意识形态链条之上。这一符号认同过程,在阿尔都塞理论中就是意识形态国家机器对主体的"质询"作用,应答也即接受某一意识形态符号界的位置。齐泽克并没有在此止步,他引述了拉康的高级欲望图表,认为主体的认同真正实现,在于人们接受一种意识形态的幻象($\$\diamond a$),并把它视为唯一真实存在的现实。齐泽克认为,意识形态幻象具有悖论性质,分割着实在界与现实,通过压抑实在界的幽灵以不同的幻象方式维系和建构着现实感,一旦幻象帷幕落下,则出现精神崩溃,因此意识形态幻象不是一种虚幻的仿真物,而是现实本身,是支撑现实的支点和帷幕。意识形态幻象在意识形态话语与实在界之间出现,是意识形态能指秩序的支撑,透过幻象的框架结构了整个社会话语系统;同时,意识形态幻象还是间隔实在界的社会非一致性的屏障,阻止实在界入侵社会,破坏社会整体性、统一性与和谐性。在齐泽克的话语里,社会幻象也就是意识形态幻象,其作用是遮蔽社会基本对抗的非一致性。他还进一步阐释了意识形态幻象的运作规律:意识形态秩序(能指链)围绕非意识形态意义的幻象形

成,幻象支撑并与之保持一定距离,如果幻象距离意识形态秩序太近,则破坏了意识形态,因此他强调了幻象维持意识形态表象的重要性。在此基础上,他总结了意识形态的"幻象层/界"的含义:转化社会基本对抗的否定性和遮蔽社会非一致性的初级叙事与站在不可能的叙述者视角的凝视(一种当代资本主义意识形态叙事)。在此,齐泽克把一切现实与非现实、虚假与实存的符号-话语都视之为"符号界",也即意识形态秩序的大他者,人所以为人正是在于认同了符号大他者,积极介入了意识形态才成为了社会主体。这种压抑和社会性幻象的建构可以说是一种让世界具有意义、建构主体现实感的、主动/被动的必需。意识形态幻象不仅利用拉康符号界的深度拓展透视了意识形态的厚度和广度,同时也表达了齐泽克对于意识形态魅惑性质的无奈。但是,他还坚持马克思主义对于意识形态的揭露和批判,认为意识形态批判就是要揭穿此种意识形态叙述者的凝视视角,揭示当代资本主义意识形态幻象的虚假性和伪善性。

快感(Jouissance)作为政治因素,被齐泽克也引入了意识形态批判理论之中,形成了其中的"快感层/界"思想。快感是一个介于幻象与驱力之间的意识形态因素,发挥着不可替代的政治作用。他指出:"只要超我表明快感侵入了意识形态领域,我们也能够说,符号的法则和超我之间的对立指向意识形态的意义与快感之间的张力:符号的法则担保了意义,然而超我提供了快感,这种快感成为意义的不被承认的基础。"在齐泽克看来,快感是包括意识形态秩序在内的符号界形成的动因,也是它极力要消解和包

容的符合界内的缺失和裂缝,社会随之建构而成。除了有原初快感外,还存在着维系和再生产意识形态形式本身的超我快感和剩余快感。齐泽克指出,分析意识形态的快感层面,才是穿越幻象意识形态迷雾的前提条件。首先,原质快感是实在界之物(Thing),它总是爆发在符号界之内的创伤事件,一方面它要刺破任何对于它的解释和建构,另一方面正是由于不断有作为创伤事件的原质快感的入侵,作为意识形态的符号界才不断地修改、重构自我秩序和形象,因此原质快感不仅是意识形态的天然破坏,而且还是意识形态秩序的发生动因。其次,原质快感作为符号界形成的动力之源和毁灭之源,只有把不可能性之实在界设定为禁地,把创伤之快感的黑洞转化为禁令,律法才得以诞生。律法自身形式的快感,就是拉康所说的超我律令"去爽",它体现了意识形态本身形式之无条件命令的强制性。为了再生产和维护意识形态秩序,形式本身分裂为意识形态公法与处于被检查/压制的阴暗超我律法,后者对前者起到了结构性的补足和支撑作用。这一分别让我们可以看到当代资本主义犬儒主义意识形态的基本悖论和幻象。

最后,作为政治因素的剩余快感,既是一种真实的生理、心理快感,同时又是一种意识形态幻象下的虚拟快感,后者改造和转移了社会基本对抗所存在的快感差距和对立。正如资产阶级否定剩余价值以掩盖对工人阶级的真实剥削一样,资产阶级的意识形态也同样制造和否定剩余快感,用来掩盖真实权力衍生的快感以及这种剩余快感对于权力统治秩序的支持,并且通过意识形态

幻象主动改造和歪曲剩余快感的分配和享用情况,制造某些阶级或者集团囤积剩余快感的假象,转移社会矛盾和基本对抗。犹太人、非法移民就成为意识形态幻象转移剩余快感的例子。剩余快感作为政治因素的原因在于,统治阶级通过榨取剩余快感以维系和润滑权力系统和官僚机制。意识形态大他者享用剩余快感的方式在于制造超出一般快感的剩余,剥夺主体的快感以满足统治系统的快感经济,从此可知,齐泽克所论述的意识形态剩余快感是一种额外的施虐快感,尽管法西斯主义与斯大林主义享受剩余快感的方式不同,但是来源却是异曲同工的。

虽然齐泽克认为意识形态如同人的现实感一样,与主体已经连为一体,但是仍然坚持经典马克思主义的立场,对意识形态的梦寐予以彻底的批判和揭露,这就是他所说的"穿越意识形态幻象"。穿越意识形态幻象不是在"知晓"意义上去揭露意识形态的虚假性和压迫性,而是与拉康的精神分析最后一步"认同病症(symptom)"联系在一起。意识形态秩序要保持自己的一致性、完整性和纯洁性,就必须排除一些"杂质"——把社会的一切不平衡和罪恶集中在一个阶级或者阶层身上,比如犹太人、非法移民、黑人等相对于正常社会机体来说,仿佛是一种会传染的病症。在齐泽克看来,病症是一种"颠覆了自己的普遍基础的特殊元素",就社会层面而言,即是被社会所排除出去的"过剩"。穿越意识形态幻象就是要认同那些被社会所视为过剩的"垃圾"或"边缘"的人群,接受这一剩余状态,并把它提高到社会普遍性的层次,呐喊"我们都是无产阶级"、"我们都是犹太人"等。"穿越幻象"与"认

同病症",是齐泽克意识形态批判的一体两面,正是认同了社会的特殊性存在的普遍价值,才能勘破"社会的确存在"的意识形态幻象。至此,齐泽克其实已经远离了拉克劳和墨菲的多元激进民主的立场,开始回归马克思阶级斗争的基本逻辑,而且他越来越不满意于意识形态的批评,开始寻找属于革命实践的理论。

死亡驱力(death drive)是精神分析学的一个终结概念,不管是对弗洛伊德、拉康,还是齐泽克的意识形态和政治学而言都意味着终结。在精神分析学中,死亡本能是一种生物体超越快乐原则的向毁灭回归的重复性,可以说一种生物的惰性。不过,在拉康那里脱离了生物学的局限,而变成了一个与符号界相对立的实在界本体概念。换言之,死亡驱力是向人存在的无形虚空回归的引力,同时也是符号界存在的绊脚石。齐泽克指出:"死亡驱力又为何物?它是符号秩序的对立物——即'第二次死亡'的可能性,是对符号性秩序的全盘消灭,而所谓的现实就是通过符号性肌质建构起来的。"① 简单地理解,如果幻象-欲望是架构整个个人历史与社会符号网络共存的现实之图的画笔,那么,死亡驱力就是来自人类存在否定性的实在界之可以擦掉整个图画的橡皮擦。从驱力公式($\$ \Diamond D$)看,驱力就是被社会秩序所删除和排除的主体对某一自我要求(d)的执著。而正是这一无理的要求彻底地颠覆了欲望循环和整个符号秩序,因为它把整个符号界都给悬置了/加括号了。驱力伦理学就是无限重复着某一个要求而悬置符

---

① 齐泽克:《意识形态的崇高客体》,季广茂译,中央编译出版社,2002年版,第182页。

号界,直到达到目的为止。正如《安提戈涅》中的安提戈涅一样,她违背克瑞翁发出维护意识形态秩序的符号命令,坚持自己要"埋葬兄弟"的歇斯底里要求,毅然决然地付诸行动,因而悬置了克瑞翁为代表的一切符号界吊诡,独自开创了历史的新篇章。因此,后来,齐泽克把死亡驱力与法国哲学家巴迪欧的真理-事件、列宁主义的实践观念联系在一起加以融合,推崇对于意识形态不是单纯地进行话语批判,更重要的是要坚持被社会边缘化和排除的剩余要求,并使之成为一个撼动社会秩序的真正事件,在这种歇斯底里的无准备事件中,或许能找到开启政治新空间的契机。

总之,在意识形态研究中,马克思主义(包括西方马克思主义)意识形态理论以及非马克思主义的意识形态理论,在当代资本主义全球化语境和后现代政治中,其相关的阐释和理论活力都受到了某种程度的挑战。齐泽克的意识形态理论从拉康精神分析学的深层心理学传统出发,研究和揭示了主体与意识形态在无意识层面运作的机制和发挥作用的方式,因此,对马克思主义以及其他理论资源下的意识形态研究是一个全新的探索和有益的补充。或者说,齐泽克的意识形态理论是在后结构主义、后现代主义理论颠覆和冲击后,对于意识形态问题再思考的表现。

(作者工作单位:大连理工大学人文社会科学学院中文系)

穿越幻象,认同症兆
——论齐泽克探讨意识形态理论问题的新途径

贺翠香

意识形态是整个社会科学中最难以定义和把握的概念之一。人们对如何认识、研究和探讨意识形态问题,也是众说纷纭,莫衷一是。英国著名的马克思主义理论研究家大卫·麦克莱伦曾将研究意识形态的路径大致概括为两种:一种是由特拉西经迪尔凯姆,到20世纪的经验主义和结构主义,主张唯有人的理性和自然科学的思想方式才能产生可靠的知识,社会学方法应与自然科学方法一致。另一种研究路径发源于德国,由黑格尔、马克思,经曼海姆至哈贝马斯。这一路径认为自然科学方法不适宜解决社会问题,意识形态总是与社会的局部利益相联系。① 显然,这种对意识形态是否能以传统的理性、科学的方式来认识和考察的划分

---

① 大卫·麦克莱伦(大卫·麦克里兰):《意识形态》,孔兆政、蒋龙翔译,吉林人民出版社,2005年版,第12页。

路径已经不能满足和覆盖当下意识形态研究演变和发展的丰富性、复杂性和深刻性。其中最具代表性的就是当代左翼最为耀眼的学者斯拉沃热·齐泽克对当代意识形态问题的探讨和研究。本文拟以齐泽克意识形态理论中的核心概念之一"症兆"为切入点,具体地探讨症兆的定义、症兆与幻象、大他者、实在界、剩余快感的关系,如何理解拉康所说的"马克思发明了症兆"著名命题等等,来研究和分析齐泽克是如何将拉康的精神分析学和马克思主义的意识形态批判结合起来,建构了一套阐释症兆、穿越幻象、认同症兆的意识形态批判理论。

一 何谓"症兆"

症兆(symptom)这个概念在弗洛伊德和拉康的精神分析学中都占有重要的地位。国内学者对这个概念的翻译也有多种,如在谈到阿尔都塞的"症候阅读法"中是将其翻成"症候";也有人因为这个概念本来就来自医学心理学与精神分析学,而主张翻成"病症";也有人直接将其翻成很具象的"症状"等等。在此,笔者主张将这个概念翻译成"症兆"。因为虽然这个概念来源于精神分析学的病理学特征,但又显然与社会哲学、政治理论、意识形态理论密切相关,所以从社会症兆这个角度来看,它既可以是一种与整体不协调的病症体现——不一致性,又可以通过"兆"的含义来暗示或揭示出治愈病症的途径和未来的希望。

那么,症兆与意识形态是怎样的关系?为什么研究意识形态

理论要从"症兆"概念入手呢？这主要归因于齐泽克意识形态批判理论的特色，即将拉康的精神分析学和马克思主义的意识形态批判程序结合起来。可以说，"症兆"这个概念是拉康将弗洛伊德的精神分析学与马克思主义联结起来的桥梁，而齐泽克则进一步阐发了二者的关系并将其熟练运用到其意识形态理论及对各种大众文化现象的分析中。在20世纪50～70年代，拉康对弗洛伊德的"症兆"概念进行了更为复杂和深入的阐发，并在精神分析学的基础上，将这个概念推广到社会理论层面。比如他说，马克思发明了症兆，女人是男人的症兆等等。而齐泽克则全盘接受了拉康有关症兆的观念，并在马克思与弗洛伊德的比较分析中，在商品拜物教、极权主义、犬儒主义等相关的意识形态分析中，展现了症兆的具体含义及它在幻象、实在界、剩余快感、症兆合成人等意识形态概念群中的地位。下面我们就具体分析一下齐泽克对症兆的阐述和论证。

1. 症兆作为一种形式表象，是发送给大他者的加密信息

所谓症兆，不就是某一有机体出现不协调、不一致而呈现出某种不正常的症状吗？就像人感冒生病，会出现头疼、脑热、流鼻涕、打喷嚏等症状。在此，症兆当然是一种体现机体不协调的形式表象。弗洛伊德曾说，精神分析学是以研究神经症的症兆为起点的。"精神分析学的病症是一种无意识创伤执着的替代性场景，但是治疗的线索和康复的希望依然在病症上。"[①]可见，症兆

---

① 韩振江：《齐泽克意识形态理论研究》，人民出版社，2009年版，第237页。

这种形式表象在精神分析学中的作用和意义。弗洛伊德认为,精神分析首先要从症兆入手,分析症兆产生的原因——往往是生活中的创伤事件被无意识所压抑。这种无意识的创伤情境会以不同的形式反复出现在梦境或意识中。一旦精神分析师让症兆的无意识创伤事件显现于意识历程中,这种精神性病症就会消失。

拉康在继承和发展弗洛伊德的无意识理论时,非常重视"症兆"这个贯穿精神分析治疗过程始终的核心概念。在将语言的维度引入弗洛伊德的无意识理论的同时,如其著名的命题"无意识是像语言一样被结构的"、"无意识就是他者的话语"等,拉康也同样将这一理念贯彻到对"症兆"的阐释上。他认为,症兆不仅是无意识对某一创伤的压抑,而且还是"一个束缚在躯体内的词语,其结构是'用一个表述代替另一个被压抑的表述'"①。这里需要注意的是,症兆不仅是创伤性事件的无意识压抑,而且它还是一种语言表象,即体现在某种与躯体相关的词语中。在这里,拉康创造性地发展了弗洛伊德的"症兆"概念,直接指出症兆与语言或能指有关,可以用结构的方法对它分析。如何分析呢?下面就引入拉康有关症兆的第一个命题——症兆是发送给大他者的加密信息。

精神分析学中的"症兆"如何体现其语言维度呢?正如齐泽克所分析的,拉康在20世纪50年代认为,"症兆被设想成一个符号性的意指构成,设想成某种发送给大他者的密码或加密信息,

---

① 韩振江:《齐泽克意识形态理论研究》,人民出版社,2009年版,第237页。

可后来又假定大他者赋予症兆以真正的意义"①。在齐泽克对拉康解读的这句话中,有几层含义:一、症兆是一种符号构成,其本质上是一个能指;二、它是加密的符号解码,是被压抑的词语以密码的形式显现自身;三、它有个显现对象——大他者。症兆的显现是有接收者的,没有大他者的凝视,症兆是不会显现的。大他者一方面作为接收者,同时还要赋予症兆以意义。这如何理解呢?

以失事的泰坦尼克号为例。无疑,1912年象征着"永不沉没"又极度奢华和舒适的世界第一大客轮"泰坦尼克号"在北大西洋撞上冰山而沉没。1523人葬于海底。这一撞击和沉船事件给西方世界以沉重的打击。这种打击不仅在于它是西方百年和平时期的大事件,还在于泰坦尼克号已经是一种症兆。这个症兆象征和预示着什么呢?它代表着"漂浮的宫殿,技术进步的奇迹;令人难以置信的复杂机器,性能良好的设备,社会精英的聚集地;社会结构的微型景观,一个社会景象"②。也就是说,泰坦尼克号已不仅作为一个具体的大游轮而存在了,它的身上已经负载了各种各样的符号和能指形象——现代的高科技;更快、更高、更大的工业追求;近似凡尔赛宫的奢华建筑;优良的设计,号称"上帝来了,也不能使之沉没"的永不沉没,所有这些符号意指都被这一撞击击得粉碎。泰坦尼克号的失事对现代人类和社会来说是一个创

---

① 齐泽克:《意识形态的崇高客体》,季广茂译,中央编译出版社,2002年版,第102页。

② 同上,第98页。

伤。那些沉入海底的残骸和碎片以一种隐秘的形式告诉我们,人类曾自以为是的力量在大自然面前是多么渺小。所以,作为症兆存在的泰坦尼克号身上背负着多重的符号和隐喻意义。这种谜一样的符号隐喻通过不同角度的阐释,其意义得以在大他者面前显现。这里的大他者指的是什么?当时人们对现代工业发展和科技进步的信心和乐观,认为依靠我们人的力量就可以制造出一个"永不沉没"的游轮。也正是在这一美好梦想的诱惑下,在这个隐秘的大他者的"授意"下,世界上最大的客轮泰坦尼克号才能出现。所以说,"正是在其构成中,症兆暗示出大他者的一致、完整的领域,因为其构成本身就是对大他者的诉求,而大他者则包含着它的意义"①。

  如果说拉康有关症兆的解读到此终止,我们可以说拉康离弗洛伊德、阿尔都塞有关对症兆的解读还不算太远。即我们作为精神分析者或意识形态批判者,首先,要对症兆进行阐释,揭示和分析其可能的多元符号意义;其次,我们也要明白,症兆的产生是由于大他者的凝视和要求而产生的,是大他者赋予了症兆以意义。精神分析的目的就可以通过阐释症兆,赋予症兆以意义,重建其在意识和语言层面的一致性,症兆就会自行消解。意识形态批判同样,通过阐述和分析一个社会的病理性特征,如马克思发现的商品拜物教问题、阿尔都塞的意识形态国家机器问题,哈贝马斯所说的"生活世界殖民化问题"、霍耐特的"承认与蔑视"问题等

---

① 齐泽克:《意识形态的崇高客体》,季广茂译,中央编译出版社,2002年版,第102页。

等,我们就可以明白资本主义社会运行和统治的一些机制,从而可以进一步探求解决这些病理性特征的方向和手段。可是,我们需要注意的是,拉康在其晚期,不仅对症兆进行了重新解释,而且在某种意义上还可以说是对其早期症兆思想的颠覆。这就引出他的另一个有关症兆的命题——症兆是主体对其剩余快感进行组织的一种方式。

2. 症兆是主体对其剩余快感进行组织的一种方式

拉康为什么会改变有关症兆的看法呢?这主要是归因于他在精神分析实践中的经验观察。他发现即使某些症兆已经被精神分析师解释得很清楚,但是病人的症兆依然没有消除,还执著地存在着。这促使他思考对症兆的解读和定位是否那么准确。20世纪60年代,拉康提出:"症兆不仅是加密的信息,它同时还是主体对其快感进行组织的一种方式——这就是为什么即使进行了完整的解释,主体还是不准备放弃其症兆的原因之所在。"[1]这里就引出精神分析学的另一个专业范畴:快感(jouissance)。

"快感"在弗洛伊德那里是指由本能力比多带来的心理和生理满足。在拉康这里是一种本体论层次上的、痛苦而快乐的、无以名状的某种东西,是实在界之硬核,是现实生活中那些难以被符号网络所捕获或殖民的剩余物。正如齐泽克所说:"在精神分析当中,快感与快乐不是同样的东西。快感是唯乐原则之外的东西。快乐是与平衡、满足相联系的,而快感则是不稳定的、令人痛

---

[1] 齐泽克:《意识形态的崇高客体》,季广茂译,中央编译出版社,2002年版,第103页。

苦和剩余过量的,——即弗洛伊德所谓'痛苦的快乐'等。"①这种在实在界中不能被符号化的快感内核被拉康称为"原质快感"。

为什么说症兆,即某种不协调性、不一致性还是主体对其剩余快感进行组织的方式?在拉康看来,这是因为症兆产生和存在的根源在于实在界,在于某种剩余快感。症兆实际上就是某种围绕着实在界的剩余快感而建构起来的符号意指。这里又关联到拉康的三界说:实在界、想象界、象征界。实在界一般是指象征界难以被符号化的、不可知的,但又具有根基性作用的真实域。实在界不在场,但它却可以通过症兆显现在现实的符号秩序中。所以症兆是可以用符号系统进行阐释的,但症兆作为载体或中介物,它所捆绑或隐藏的剩余快感则是不能认知的,因为在很早以前这种剩余快感就被压抑在主体的无意识之中了。那么,为什么主体会有剩余快感?会被压抑?在此,我们需要用拉康的另一个重要概念:排斥(foreclosure)。在拉康看来,正如同症兆是普遍化的,排斥也具有普遍性。任何一种符号秩序都有排斥功能。这一点笔者想读过福柯《知识考古学》的人都会体会得更深刻些。即任何一种知识之所以占据了真理、学科的位置,都是因为这一套符号体系由于当时的各种原因,排斥了其他的符号系统,占据了统治的地位。个体也一样,在拉康看来,人的成长过程中必然会受到象征界的塑造。文化即异化。在这个过程中,某种符号体系塑造和驯服了个体。但在个体的内心世界里,总有某些被排斥

---

① 韩振江:《齐泽克意识形态理论研究》,人民出版社,2009年版,第196页。

的、难以符号化的剩余物保留下来,并会以一种症兆的形式重新返回到实在界中。也就是说个体在遭受象征界的侵略创伤后,会有一种快感。这种快感不仅体现在被强迫符号化、社会化这一层面,而且还体现在被压抑的、被排斥的快感层面。这就是为什么即使症兆已经被阐释清楚,主体知道自己欲望的真相,还依然执著于自己的症兆难以自拔的原因。最近在国内外非常火爆的电影《盗梦空间》就典型地体现了这一点。男主人公科布因为丧妻之痛长期备受精神折磨。作为一个高级的盗梦者,他当然知道自己经常梦到他的妻子摩尔是怎么回事。当年他因为专心于研究梦的境界,曾将一个观念植入了摩尔的梦中,致使他的妻子摩尔始终怀疑自己所处的真实世界是假的,最后不得已跳楼自杀以解脱。科布当然知道他是因为内疚和罪恶感而反复梦到摩尔,即使当他的新搭档向他指明这一点也没用。他依然沉浸在与妻子相会的或亲密或敌对的梦境中。其中的原因不为别的,只是这种梦境能给他带来一种快感,一种不能言说的快感。

为了指出症兆与快感的这种特异关系,拉康还创造了一个新词:症候(sinthome 或 synthetic-artificial man)①。拉康之所以用一个新词 sinthome 来表示,是想区别与先前的 symptom。在这

---

① 季广茂先生最初在《意识形态的崇高客体》中将"sinthome"译为"症兆合成人"。但在 2010 年 10 月于北京举办的"精神分析与现代意识形态理论专题研讨会"中,就这个词的翻译进行了讨论。"sinthome"是 symptom 的古体字。拉康在此用古体字,其意在于表明其与一般的 symptom 的不同。季广茂先生认为,拉康在此使用"sinthome",其不包含信息、意义、价值,是毫无意义的字符,但它却能苻来快感。

里的 sinthome 或称作症候就是不带有任何意义、价值的纯粹字符,是不带有任何信息的、毫无意义的字符。正如"文革"期间的样板戏一样,在唱了多年之后,人们在哼唱中竟产生了阶级情感,也哼出了快感。甚至有很多人很怀念那些样板戏。这样的歌曲只是纯粹的"能指",是没有所指的能指,但它依然能给某些人带来快感。这样,拉康后期提出的这个症候实际上就颠覆了早期有关症兆的看法。因为某些症候不需要有信息或意义,只是一个纯粹的能指,但它依然捆绑着或表征着某种快感。在文章后面的叙述中,为了前后连贯,笔者还依然用症兆这个概念。但读者应明白这里的症兆已经是拉康后期的症候意义上的症兆。

此外,症兆还是一个普遍性中的例外,是牵一发而动全身的关键性条件,是不能在话语交流中产生意义的"惰性瑕疵"。齐泽克举了很多这样的悖论性例子。其关键就在于症兆是整个肌体的多余物、寄生虫,可是你一旦消灭了它,你的整体性存在就化为乌有。比如,资本主义社会的"自由"、"平等"等概念,表面上看,这些理念体现了社会的公平和正义。但实际上正如马克思所揭示的,劳动力在市场领域表面上与资本家进行了自由的、平等的交换,我给你出工资,你给我干活,但实际上在生产领域中,劳动力付出和生产的劳动价值远远大于自己的工资。这就是剩余价值的秘密。剩余价值的存在揭发了资本主义自由平等的意识形态假象。所以说,工人或无产阶级就是资本主义社会的"症兆",是资本主义意识形态假象中的一个例外,同时也是使这种意识形态统治崩盘的导火索。所以,马克思说无产阶级是资本主义制度

的掘墓人。可见,症兆的悖论性就在于,是普通下的特殊,按照普通本身的逻辑将普通瓦解。可以说,症兆这种悖论性关系是理解拉康早晚期思想发生断裂的重要方面。齐泽克如此总结道:"这次断裂彻底改变了他的教学中心:从欲望的辩证法转向了快感之惰性,从作为编码信息的症兆转向了作为充斥着快感的字符的症候,从'像语言那样结构起来的无意识'转向了处于其中心位置的原质——抵抗一切符号化的快感的不可化约的核心。"①

3. 精神分析的终结:穿越幻象,认同症兆

既然研究症兆的重心已经从欲望转向了快感,从症兆转向症候,从符号的意指系统转向了快感内核,那么,从精神分析实践来看,拉康是如何改变和定位症兆中的快感呢?齐泽克认为,拉康分两个阶段:

第一阶段是将症兆与幻象对立、隔离开来。我们知道,症兆是围绕着实在界的剩余快感而建构起来的符号意指。症兆是一种暗示,它暗示某些没有被隔绝的、不一致的大他者的存在。它是可以阐释和分析的。而幻象则是为了掩盖、弥补大他者的不一致性、空隙。所以它抵制阐释。从这一意义来看,二者是相互对立、相互仇恨的。那么,这两种相互对立而又"现实"的东西在主体的言说中给人的感觉是不一样的。症兆在主体间的相互交流中给人一种愉悦的精神感受,而幻象则不能言说。如果沉溺于自己的幻象中,则很满足。但如果让我们把幻象告诉别人,解释给

---

① 齐泽克:《实在界的面庞》,季广茂译,中央编译出版社,2004年版,第191页。

别人听,则会引起耻辱感。所以,这个阶段的精神分析的工作就在于阐释症兆,穿越幻象。"当我们面对患者的症兆时,我们必须首先阐释其症兆,并穿过其症兆发现作为快感内核的基本幻象,是它阻塞了阐释的深入进行;然后我们必须迈出至关重要的一步,仔细检查幻象,与其保持距离,体验幻象构成是如何装饰、填充大他者中的空隙、短缺和空位的。"①

第二阶段是穿越幻象,认同症兆。作为症兆和幻象的综合物,症兆在拉康晚期教学中成为研究的重点。拉康不仅颠覆了症兆定义的运用范围,将其普遍化,而且还调整了我们对待症兆的方式和态度。在拉康看来,症兆就成为主体安身立命之处。症兆是充当主体一致性的最终支撑点,是在你之中而非你的某物。②这个思想中就包含着有关症兆的悖论性关系:一方面,"症兆是我们作为主体'逃避疯癫'的一种方式,是我们'挑选某物而非乌有'的方式,'挑选某物而非乌有'是通过把我们的快感捆绑在某种意指符号构成上完成的,它向我们保证把最小的一致性赋予我们的在世中的在"③。也就是说,主体需要症兆,因为症兆使他痛并快乐着,症兆就是他存在的体现和一种方式。也就是说,症兆不是存在的肌瘤或瑕疵,而是存在本身就是肌瘤或瑕疵。症兆俨然已成为拉康研究的真实对象。所以,如果说黑格尔可称作是"精神

---

① 齐泽克:《意识形态的崇高客体》,季广茂译,中央编译出版社,2002年版,第103页。
② 同上,第104~105页。
③ 同上,第104页。

现象学",德里达为"幽灵现象学",那么拉康可以称之为"症兆现象学"。我们要想正常地被符号化,就必须挑选某种症兆和污点。症兆是我们生存的前提条件。

在这种理论的支持下,晚期的拉康主张在精神分析实践中,穿越幻象之后,不但不能取消症兆的存在,而且还要认同它的存在,并在症兆的实在界中,识别出支撑个体存在的原质快感。正像拉康对弗洛伊德下列格言的解读:"无论它去何处,我必随之而去。"(Wo es war, soll ich warden.)我们必须在症兆实在界中确认我们生命的终极基础。症兆是"病态的",但病态就是我们人生的常态,我们需在这"病态"中找出保证我们一致性的因素。这才是精神分析的精髓所在。

二 齐泽克的意识形态理论命题

读者也许奇怪,为什么行文至此还没有谈到齐泽克的意识形态理论问题。其实原因很简单,就在于齐泽克的意识形态理论的总体逻辑都是沿用了拉康的精神分析学思想。如果我们对齐泽克不厌其烦所讲述的拉康理论有所了解,那么理解和分析齐泽克的意识形态理论就非常容易。笔者不知道,在个体和社会之间是否存在着极为相似的发展逻辑和动力学依据。但有不少大家,包括哈贝马斯在内,他的社会进化理论就是将个体社会化的发生学逻辑推广运用到了社会学领域,这才有了他著名的交往行为理论。齐泽克所做的工作有些类似,那就是将拉康的精神分析学理

论推广普及到社会政治理论、文化、电影和艺术研究中。其中最富有成果和影响力的就是其意识形态理论。齐泽克极富创造力和想象力地把精神分析学中的症兆、幻象、快感、大他者、实在界等概念群挪用到他的拉康式意识形态理论当中。当然,这种结合如果没有马克思主义的影响也是不能成功的。我们知道,齐泽克深受马克思主义哲学,特别是法兰克福学派传统的影响。马克思有关资本主义社会异化、商品拜物教及意识形态问题的理论论述,他都非常熟悉。下面,我们就以他对马克思商品拜物教的分析,来阐释其意识形态理论的逻辑和方式。

1. 商品拜物教来源于症兆性误认

为了将精神分析学和马克思主义联结起来,齐泽克特意将拉康的"马克思发明了症兆"的命题摘录出来。正如前面所述,症兆是一个悖论性的存在。它是一个普遍性中的例外,是一个牵一发而动全身的关键环节,是有机体多余而又必需的肌瘤,又是符号秩序中的一个污点和瑕疵。也正是在这个意义上,拉康说马克思发明了症兆,即意指马克思探寻到资本主义符号秩序中的污点,一种断裂的、不对称性的病理性特征。用齐泽克的话就是:"马克思主义'意识形态批判'的基本程序已经是'症兆性的'了:它存在于对相异于既定意识形态领域的崩溃点的探测之中,与此同时,对于终止那个领域和获得其成熟的形式,它也是必不可少的。"[1]

我们知道,马克思对资本主义社会的批判是从分析商品开始

----

[1] 齐泽克:《意识形态的崇高客体》,季广茂译,中央编译出版社,2002年版,第29页。

的。马克思认为,商品这一看上去简单而平凡的东西却很神秘。这种神秘性不是来源于商品的使用价值,也不是来源于价值规定的内容,而是归因于商品的形式。就好比木头变成桌子。桌子在没有交换以前还是木头,还是一个可以感觉的物。但是一旦它进入交换的市场领域,变成商品,就转化成一个可感觉而又超感觉的物了。这种神秘性来源于哪里?——在于商品的形式。马克思认为:"商品形式的奥秘不过在于:商品形式在人们面前把人们本身劳动的社会性质反映成劳动产品本身的物的性质,反映成这些物的天然的社会属性,从而把生产者同总劳动的社会关系反映成存在于生产者之外的物与物之间的社会关系。由于这种转换,劳动产品成了商品,成了可感觉而又超感觉的物或社会的物。"① 也就是说,对于商品形式自身的关注和分析成为马克思的创造。而这一点在齐泽克看来,与弗洛伊德不关注梦的内容而专注于梦思的形式表象一样,具有同宗同源的关系。这样齐泽克就自然地将马克思思想与弗洛伊德的精神分析学理论结合起来。但仅仅由于二者都是对形式自身感兴趣,还不足以令人信服。接着齐泽克指出,马克思对商品形式所做的精彩分析,是对商品形式的无意识进行了分析。这种分析为研究一切"拜物教式的倒置"提供了基体。② 也就是说,马克思对商品形式所做的无意识分析,成为研究一切拜物教、物化现象、意识形态的模本。

---

① 《马克思恩格斯文集》,人民出版社,2009年版,第89页。
② 齐泽克:《意识形态的崇高客体》,季广茂译,中央编译出版社,2002年版,第22页。

这种无意识分析的结果是什么？齐泽克说："结果,商品拜物教的基本特色并不在于以物代人,相反,在于这样的误认,它关切结构网络与某个构成因素之间的关系:真正的结构效果,即各种构成因素之间的关系网络的效果,表现为某一构成因素的直接属性,而且好像这个属性也属于在与其他构成因素关系之外的某一因素。"①这里,齐泽克实际上已经指出,商品拜物教的根源就在于一种症兆性误认。比如说商品 A 求助于商品 B 来表现自己的价值,这样商品 B 就成了 A 的等价物。这就如同是商品 A 的表象一样,商品 B 一方面认同 A,另一方面也是它的对立物。这里,B 实际上已成为商品 A 的症兆。实际上,B 与 A 的这种等价关系只有放在二者的关系中才能理解,可事实上,B 身上所有的"成为 A 的等价物"的特性似乎已经成为 B 独自所有,与 A 没什么关系。这样,B 就成为一种神秘的物了。而人们如果误认了这种逻辑,以为 B 身上具有某种神秘的性质,使它成为 A 的等价物,这样,拜物教就产生了。也就是说,如果对结构性拱起的症兆不进行整体性的探查,很容易就将症兆看做某一具体因素所为,从而陷入某一意识形态中。

2. 意识形态幻象隐含着某种前意识形态快感

如果说,意识形态是由于对症兆的误认所引起的,那么,我们是否可以通过意识形态批判或某种启蒙祛蔽的运动来解构意识形态,医治病症呢？如果按照拉康早期的教学思想是可以的。只

---

① Slavoj Žižek, *The Sublime Object of Ideology*, Verso, 1989, pp. 23～24.

要我们把这种断裂、不一致性、污点、瑕疵,重新放入到符号秩序中,予以阐释,形成意义,症兆自然就会消除。所以,齐泽克说消除误认对于传统的意识形态批判程序来看是可以的,但对于我们今天的意识形态状况——极权主义、官僚专制主义、犬儒主义盛行的时代,仅仅以对话交流的方式来打破某种意识形态迷梦,重塑美好生活世界的方式是不够的。在某种意义上,拉康和齐泽克都否定了哈贝马斯的商谈伦理学方案。因为当今世界是一个清醒而盲从的意识形态世界,人们已经不是因为不知所以盲从,而是人们知道意识形态的虚假性,也知道其普适性下面掩藏着特定利益,但他们依然如故。这如何解释呢?

这里又需要引出拉康后期教学中有关症兆的颠覆性解释:我们需要症兆。因为症兆是主体组织快感的一种方式;是赋予我们主体一致性的前提条件,是我们选择了某物而不是虚无的方式;是我们不至于疯癫的一种方式。所以,症兆不是要去消灭的,精神分析所做的工作就是去认同症兆。承认我们身上具有某种断裂性症兆,知道症兆与幻象的差别,并能确认症兆所捆绑的剩余快感,精神分析的目的就达到了。齐泽克将拉康晚期的这一重要思想推广、运用到其对当代意识形态理论的分析中。在齐泽克看来,面对当代的犬儒理性,传统的意识形态批判已经无能为力了。阿尔都塞所主张的"症兆性阅读法",即以其空白点,以其必须压抑的事物与占统治地位的意识形态对抗,以便进行自我组织,保持其一致性,也无效了。我们必须认识到,症兆与意识形态幻象有差别,"意识形态不是掩饰事物的真实状态的幻觉,而是构建我

们的社会现实的(无意识)幻象"①。任何意识形态都有自己的征候,即一种前意识形态的快感内核。

阿尔都塞告诉我们,意识形态已经是一种社会存在。我们可以解构掉某一时代虚假的、骗人的意识形态,但不久我们会建构起新的另一种意识形态。意识形态一般是一种恒久的社会存在。阿尔都塞还告诉我们,作为国家机器的意识形态,它具有某种物质性,比如说法律、宗教、道德、习俗等。这些律令和信仰已经以某种物化的形式存在于各种外在的仪式中。即是说在我们信仰之前,这些符号机器已先在了。我们主体只不过是通过被"质询"的方式,将意识形态国家机器颁布的律令体验为真理,从而内化在自己的行动中。齐泽克继承了阿尔都塞的这套有关意识形态理论,但同时又借助拉康晚期思想批判了阿尔都塞。以帕斯卡尔为例,齐泽克指出:"这种'内化',借助于结构上的必然性,是从来不可能成功的;总是存在着粘在它身上的创伤性、非理性和无意义的残留、剩余和污点;这剩余虽然远远不能阻碍主体对意识形态命令的完全屈从,却也正是它的条件;恰恰是无意义创伤的非整合性剩余,把无条件的权威授予了法律;换言之,就其回避意识形态的意义而言,支撑着我们可能称为意识形态的快感和感官享受的事物,这是意识形态所特有的。"②

笔者认为,上述这段话是理解齐泽克意识形态理论的核心所

---

① 齐泽克:《意识形态的崇高客体》,季广茂译,中央编译出版社,2002年版,第45页。

② 同上,第62页。

在。简单地说,其主要问题是个体在面对强大的意识形态国家机器时,他之所以信,不仅仅是因为意识形态的强权和暴力,或者它具有一套有说服力的解释系统,而且还因为其他因素——主体的创伤、快感、剩余物、污点——症兆性存在。为什么说意识形态的强行灌输是不能真正成功的?因为这种"内化"不是置于一个物理性的空间柱体内,而是一个有创伤的、分裂的主体性存在物。齐泽克批判阿尔都塞忽略了在意识形态和主体的质询关系中,有关主体欲望的悖论性客体成因,也即拉康的欲望图表所揭示的内容。齐泽克指出,主体之所以能接受或者超越意识形态的质询,是因为主体通过意识形态幻象已经绑定或具有一种前意识形态快感。正是这种不可感知的前意识形态的快感内核成为意识形态发挥效应的最后支撑。齐泽克指出:"'超越质询'是欲望、幻象、他者短缺和围绕着某些难以承受的剩余快感而跃动的驱力的矩形。"①正像拉康的欲望图表(最后一个)上半部分所表示的:在符号性认同或想象性认同的循环矩形中,总是存在着某种剩余。这种剩余物为欲望开辟空间,使得他者(符号秩序)走向不一致,而幻象则竭力克服、隐藏这种不一致和欲望中的缺口。② 如果将拉康的这些精神分析理论与意识形态理论联系起来,就可以看出,这里起着弥合大他者不一致性作用的幻象就是意识形态。而

---

① Slavoj Žižek, *The Sublime Object of Ideology*, Verso, 1989, p.24.
② 齐泽克:《意识形态的崇高客体》,季广茂译,中央编译出版社,2002年版,第173页。

引起大他者不一致的原因是自我理想和理想自我总是存在着差距,或者说能指秩序与快感秩序是两种异质性的东西,二者不能完全苟合。当能指领域被快感所穿透时,它就不能自圆其说,保持一致性。所以它需要幻象来缝合或弥补这一被快感打开的缺口。同时,对于主体来说,当他被能指或符号秩序侵入,或简单地说,当他一开始学习语言时,他身体内部的快感就被能指所切割并留有烙迹,形成创伤。而主体之所以能迎合意识形态的质询,就不仅仅在于主体是个空位,即他的欲望被大他者所调控,他的快感被能指所切割,而且还在于大他者本身也有个空洞。而意识形态幻象的作用就在于允许他把自己的短缺或空位等同于大他者中的短缺。这样,意识形态幻象一方面承担着弥补符号秩序不一致的功能,另一方面还展现着主体快感的丧失和恢复。所以,齐泽克认为,解释幻象或意识形态,就不能仅凭话语机制,还要补充快感逻辑。他认为,意识形态批判的程序除了对意识形态文本的"症兆性解读"之外,还应有一个剥离意识形态快感内核的工作。

3. 穿越社会幻象,认同症兆——一种革命性的解放姿态

如果说齐泽克的意识形态批判程序包含着上述两个部分:一部分是利用话语机制对意识形态文本进行"症兆性解读",另一部分是其重点强调的——剥离出意识形态所隐含的快感内核,那么具体说来,在面对当今时代各种各样的意识形态话语体系时,我们该如何认识和行动呢?作为一个激进的左翼学者,齐泽克主张回归经典的马克思列宁的革命立场,提出我们要穿越社会幻象、

认同症兆,从而体现出一种革命的、行动的解放姿态。

在拉康的幻象公式中,居于中间的幻象起着既是"窗户"又是"屏障"的双重作用。所谓"窗户",就是主体先验地依赖它来看待社会现实中的一切事物;所谓"屏障",是讲我们很难穿越幻象,来到后面的实在界或快感的栖居之地。那么,齐泽克号召人们穿越社会幻象、认同症兆到底意味着什么?是让我们都变成将快感贯彻到底的症兆,就像他举的那个冒死也要为她哥哥安葬的安提戈涅?还是在穿越幻象后,即知道幻象背后掩盖着大他者的不一致及快感的被驯化,还要以行动的形式打破这个幻象,承认症兆的合法性?这个问题令人困惑。一方面,如果依照拉康的意思,病人在阐释症兆、穿越幻象之后,需认同症兆,精神分析才算结束。而所谓认同症兆是患者将自己的"病态"症兆看做是自己存在的一种方式。没有它,病人就不能算作真正的存在了。如果照搬拉康的这套逻辑,齐泽克在意识形态问题上应该是一个多元主义者。在我们穿越意识形态幻象之后,应认同症兆,即给予各种症兆性存在以合法性。但实际上齐泽克又反对后马克思主义者拉克劳、墨菲的多元文化主义。这又如何理解呢?

这里关键还在于如何理解症兆与幻象的关系及"认同"的含义。症兆实际上是实在界或原质快感在符号秩序中一种不在场的体现,而幻象也是展现快感的丧失和恢复的虚假一致性。二者都是符号秩序对快感压抑和切割的结果。但症兆是符号系统内可以解释的形式表象,具有某种实证性的内容,而幻象则是虚假的。比如商品是资本主义社会的症兆,但商品拜物教是其幻象;

犹太人是极权主义社会的症兆,但反犹主义是其社会幻象;"泰坦尼克号"是现代工业社会的症兆,但在其背后承载的对现代科学技术和工业发展的盲目乐观是其幻象;女人是男人的症兆,但大男子主义是其幻象;"生活世界殖民化"是晚期资本主义社会的症兆,但科学技术的合法化统治是其幻象。所以,症兆和幻象是不同的。症兆需要去阐释,而幻象则不仅需要去批判和解蔽,而且还要亲自用行动去穿越。

齐泽克把穿越社会幻象和认同症兆看做是一体两面的事情。正如前文所述,这里的关键是剥离出一种前意识形态的快感内核。以反犹主义为例。显然,犹太人是社会的症兆。那么,按照齐泽克的指示,我们不仅要在话语分析的层面上,了解和分析在犹太人形象后面的符号的多重决定因素,而且还要在快感逻辑的层面上,剥离出我们人类欲望中的某种快感是如何被编织进入反犹主义这种幻象中去的。简单地说就是,我们不仅要明白犹太人到底是什么样子的人,即知道其真实状况,而且还要明白为什么我们需要反犹主义,要明白犹太人在维持我们实践的意识形态想象中到底扮演着怎样的角色。这种回溯性的探寻必然会找到我们人类有关社会的根本幻象,即认为社会应是一个有机的、和谐的整体,而忽视了社会本身是不存在的。社会本身是对抗性的、分裂的。而犹太人只不过是碰巧成为体现这种幻象不可能性的症兆。其根源就在于符号秩序建立之初,就将这些对抗性的、边缘的、分裂的因素排除在外,这样被压抑在实在界中的异质性因素或剩余快感又会以症兆形式拱出结构之外。

那么穿越了反犹主义的社会幻象之后,我们该如何认同犹太人症兆呢?在这里集中体现了齐泽克的政治立场。所谓认同症兆,就是将症兆与结构性、系统性关联起来,就是将症兆看做是整个系统中各种因素相互作用的结果,是结构性拱出的产物;还在于将社会症兆与制度、行动、革命联系起来。正如齐泽克所言:"不过在'穿越幻象'时,我们必须以同样的步骤去认同症兆;我们必须在归之于'犹太人'的那些特性中,确认我们社会制度的必然产物;我们必须在归之于'犹太人'的'过量'中,确认关于我们自己的真理。"①这里所谓的"过量"就是症兆的"在你之中而非你的东西"。齐泽克认为,我们应该把症兆中这些崇高的东西放到社会制度中来考察,要把一切现象所体现的对抗性特征关联到社会制度的瓦解和革新中来解释。因为正是这些症兆和"过量"才体现了我们社会的真正欲望。

三 结 语

齐泽克的拉康式意识形态理论无疑在意识形态理论发展史中占有重要的位置。从文章开头所列的麦克莱伦的分类法来看,齐泽克研究意识形态理论的方式实际上属于从黑格尔、马克思,经曼海姆到哈贝马斯的这一研究路径,即主张自然科学方法不适

---

① 齐泽克:《意识形态的崇高客体》,季广茂译,中央编译出版社,2002年版,第178页。

宜解决社会问题。意识形态不是科学,意识形态总是与局部的利益相关联。但显然拉康、齐泽克的观点更激进,不但意识形态是一种幻象建构,而且一切真理都来自误认。而这些结论都是来源于拉康、齐泽克的独特视角——精神分析学。以症兆为切入点,通过阐述症兆与大他者、幻象、快感、实在界等概念群的关系,齐泽克创造性地将拉康的症兆幻象逻辑推广运用到了意识形态领域,取得了巨大的成功。这点可以从他的意识形态理论在国际学界内日益受到重视来见证,同时也能在他对当代犬儒主义、极权主义、官僚主义等意识形态的深入分析和绝妙讽刺中找到。正像恩内斯托·拉克劳在《意识形态的崇高客体》一书的序言中指出的,我们需沿着齐泽克在意识形态领域开辟的方向,自己去完成理论的增殖工作。其实本篇论文在某种程度上也是对齐泽克散漫而又不断重复的思想的理论抽离。下面笔者就稍作几点评析:

首先,齐泽克在意识形态批判程序中补充了快感逻辑,是其突出的贡献。众所周知,意识形态批判自马克思以来,一直都是以批判虚假的或扭曲的意识或者揭示意识形态发挥作用的方式为主要任务。这既表现在马克思的商品拜物教中,还表现在西方马克思主义诸如阿尔都塞的意识形态国家机器理论,哈贝马斯对作为"意识形态"的技术与科学的批判,德里达对意识形态的"幽灵性"及"没有弥赛亚主义的弥赛亚"的揭示,福柯对知识、科学、话语、意识形态的关系的揭露,等等。这些哲学大师们都敏锐地发现了当代资本主义社会的症兆,都从某一角度批判和揭示了现代社会奴役人和使其统治合法化的意识形态机制,也都曾给予一

代又一代年轻人以方向和希望。但遗憾的是,他们的意识形态理论都局限在话语机制内,也就是说,他们的理论仅仅停留在"知"的层面,却不了解意识形态幻象隐藏和掩盖了实在界的快感内核。这种快感内核实际上是建构意识形态幻象的真正动因。意识形态就像梦一样,齐泽克不仅考察了梦的形式,而且还在形式表象后面探寻到其最后支撑——快感逻辑。快感逻辑的补充不仅为我们了解当今犬儒主义盛行的原因有帮助,而且还对认识和理解各种极权主义意识形态有帮助。

其次,从本文论述的结构和逻辑线路来看,齐泽克是将精神分析学中病人产生症兆、阐释症兆、穿越幻象,到认同症兆的精神分析过程推广运用到社会政治领域。从个体到社会,虽然二者都具有意识结构,都受到能指和语言符号的宰制,但是否就能将运用到个体精神分析学的一套阐释方案都运用到社会意识形态领域,这点笔者表示有待商榷。因为毕竟在个体与大他者的关系中,因为立足点不同,强调的重点也会不同。比如说从个体社会化的角度来看,我们会强调宗教、道德、法律、习俗等规范对个体的重要性,个体在成长过程中必须学会遵守这些社会规范才能逐步成熟并社会化。而如果站在社会个体化的角度来看,任何社会的统治和管理都必须建立在对个体的尊重上。完全不考虑诸多个体的利益和旨趣的社会就是一个极权的社会、危险的社会。那么,从精神分析的实践来看,如果是立足于个体的话,精神分析的终结应是认同神经症病人的"症兆",给予其症兆以合法性。这种认同不仅体现在符号性阐释上,而且还在于认同他这种快感的存

在。比如福柯,他一辈子不都是为这种自我的、难以符号化的快感而斗争吗?但是如果站在社会意识形态的视角来看,穿越幻象,认同症兆,实际上就是瓦解了意识形态的统治地位,或者说就是取消了意识形态本身,而将症兆或征候凸显出来。这样整个社会不就成为各种症候林立的无政府状态吗?这样的社会笔者想虽不是极权主义,但也一样超级恐怖。所以,笔者认为齐泽克的"穿越幻象,认同症兆"的意识形态批判程序虽然在阐释极权主义、官僚专制主义、犬儒主义等方面具有很强的解释力和批判力,但从根本上他还是没有解决个体与社会、特殊性与普遍性的悖论性发展关系。

最后,从齐泽克的政治立场来看,应该说是与他的学术旨趣相同,即主张进行歇斯底里的革命行动。正如他在《为列宁主义的不宽容辩护》中所言:"为了从根本上超越资本主义,就必须重述列宁,从他对自由主义的批判,对党性原则的强调以及在行动中对革命潜能的激发那里汲取营养,进而结合当今的意识形态状况建构一种有能力自由思考、掌握普遍真理、抓住数字化时代新对抗形式的行动乌托邦。只有这样,才能真正克服苏东传统左派、文化斗争解放、福利国家制度、赛博共产主义和第三条道路等模式所提供的虚假选择。"①作为西方社会知识分子左翼中的激进代表,齐泽克主张回到列宁,用革命行动的方式抓住一切机会,来抵制和对抗资本主义制度。当然,这也是他穿越意识形态幻

---

① 齐泽克:《为列宁主义的不宽容辩护》,《马克思主义与现实》2010年,第2期,第6页。

象,认同症兆的必然结果。齐泽克的这一社会主义新战略显然是区别于拉克劳、墨菲的多元文化主义,也摒弃了各种各样在体制内造反的批判理论学派,而是回到了更为激进的经典马克思主义立场上。在这一点上,可能只有法国的巴迪欧能与之相媲美了。对于同样是生长在社会主义国家的笔者来说,很难理解齐泽克这么激进的政治姿态。也许齐泽克是在自由主义占主导地位,而各种左翼又无能为力的形势下的一种无望的绝唱。果真如此的话,那么齐泽克也就变成当代资本主义社会的一个症兆了。

(作者工作单位:中国社会科学院哲学所)

意识形态的崇高对象及其颠覆

李西祥

《意识形态的崇高对象》是齐泽克的成名之作,也是齐泽克众多著作中最为重要的一部著作。正如《精神现象学》隐藏了黑格尔思辨哲学的全部秘密一样,也可以说,《意识形态的崇高对象》隐藏了齐泽克全部思想的萌芽。对这本著作的解读,构成了理解齐泽克哲学思想的关键所在。众所周知,《意识形态的崇高对象》一文是极为晦涩难解的,这部分源于齐泽克思想本身的博大精深,部分则源于齐泽克那种在各种思想之间幽灵一般游走舞蹈的晦涩文风。如果说阅读康德和黑格尔这样的哲学家著作时,会使读者感觉是在极为精致的思想迷宫中游览,那么阅读齐泽克的《意识形态的崇高对象》,则会使读者感觉是在观看许多穿着华丽服装的幽灵在舞蹈——要捕捉齐泽克在这些游离的论述中的确切思想,是非常困难的。对于齐泽克的意识形态理论,学界已经

进行了一些探讨。然而,这些探讨却疏忽了一个非常关键的问题,即在齐泽克这本著作的题目中,意识形态的崇高对象到底是何意谓?本文就从这一维度入手,来探讨齐泽克意识形态崇高对象的意义,并在此基础上对齐泽克的意识形态理论进一步有所阐发。

一　何谓"崇高对象"

"崇高对象"是《意识形态的崇高对象》一书的关键词。齐泽克对崇高对象的阐释从对康德和黑格尔的解读发端;这里我们的探讨不妨也从齐泽克是如何从德国古典哲学对崇高的论述引向拉康精神分析学的崇高对象概念开始。对于齐泽克而言,谈论康德与黑格尔,就如呼吸一样自然。在齐泽克看来,崇高对象概念,并不是齐泽克本人之发明,它来源于康德、黑格尔哲学,而为拉康所发展和完善。他指出,是康德首先把美与崇高区分开来。美的东西是和谐之物,给人们的是愉快的感官享受,而崇高之物则不同,崇高来自于不愉快的感觉,或者说,崇高之物超出了我们的感官享受能力的限度,使我们感受到的不是一种和谐之美,而是心灵的撞击。这种撞击超出了我们心理的承受能力,引起一种崇高之感。例如,我们看到咆哮的大海,引起的是崇高之感,而看到小河潺潺,感受到的是美感。康德这样写道:"人们可以这样来描写崇高:它是自然界的一对象,它的表象规定着心意,认为自然是不

能达到诸观念之表现的。"①在《幻想的瘟疫》中齐泽克也曾经写道,康德的"崇高来自人类作为自然物体的虚无感和他的精神深度的无限力量之间的沟壑"②。在齐泽克看来,康德的崇高之物的定义,正是拉康对崇高对象的描述的前身。在《精神分析的伦理》研讨班报告中,拉康指出,崇高对象是"被抬到(不可能的、实在界的)原质的层面上的对象"。康德所谓的崇高,是经验之物、感性之物、现象之物、世俗之物与康德的自在之物之间的区别,即是说,在康德那里,自在之物是崇高之物。任何经验之物、感性之物、现象之物、世俗之物都不可能充分呈现出自在之物来。这样,齐泽克发现了拉康的崇高对象与康德的自在之物之间的联系:二者都是不可能之物,代表着一种不可能性。在拉康那里,这种不可能性即是原质、大写的物(Thing)。齐泽克写道:"崇高的悖论如下:原则上,使现象的、经验的实证对象与自在的原质之物分离的裂隙是不可逾越的——就是说,任何经验对象,对它的任何再现,都无法恰当的再现原质自身(这个超感觉理念);但是崇高之物是这样一个对象,在这个对象中我们经验到这一不可能性,即追求再现原质的永恒失败。正是由于这种再现的失败,我们对原质的真实维度有了预感。"③在此,齐泽克明确指出,崇高对象是

---

① 康德:《判断力批判》,宗白华译,商务印书馆,1964年版,第108页。
② 齐泽克:《幻想的瘟疫》,胡雨谭、叶肖译,江苏人民出版社,2006年版,第211页。
③ Slavoj Žižek, *The Sublime Object of Ideology*, Verso, 1989, p. 203.

一个表征着不可能性原质的对象,它不是任何经验对象,而是超经验的对象,正是这种不可能性体现出原质的真实维度。这真是一个幽灵般的对象。

崇高对象的概念不仅与康德的自在之物深刻关联在一起,还与黑格尔的哲学思想有着密切的联系。与众多研究黑格尔的学者切入点迥然相异,齐泽克在援引黑格尔时,从黑格尔精神现象学最为晦涩的一章《力和知性》入手,特别援引了黑格尔这句十分晦涩难解也不被重视的话:"超感官界是被设定为感官事物和知觉对象的真理,但是感官事物和知觉对象的真理却是表象。那超感官界因此乃是作为表象的表象。"①齐泽克对黑格尔的这段话做了富有拉康特色的解读。在黑格尔这里,超感官界超出了感官界,但又是作为表象的表象,那么它隐藏了什么?齐泽克指出,它其实什么也没有隐藏,因为在超感官界的背后其实只是空无或乌有。正是通过这一对空无或乌有的掩藏,超感官界使自己神圣化了,具有了崇高的性质。齐泽克写道:"超感官界的神圣因而首先是一个空位,一个缺乏实证内容的位置,而只有后来它才能被填充以某些内容(当然,它来自于超感官界要进行否定的,要超越的感官世界)。超感官界的内容与感官世界的内容是相同的;一个对象变为神圣的仅仅是由于其位置的改变——由于占据了,填充

---

① 黑格尔:《精神现象学》,贺麟等译,商务印书馆,1979年版,第98页。(原文中"表象"译为"现象")

了神圣的空位。"①这正是拉康意义上的崇高对象,它不是由于其本身的性质而成为神圣对象,它本身乃乌有,只是因为其占据了一个不可能之原质所在的空位,才变成了崇高对象。那么,这一空位正是不可能之原质(Thing)所处的位置,"一个普通的日常行为,一旦发现自己占据了原质的不可能的位置,并开始化身为欲望的崇高对象时,就变成了不可能的奢望"②。正像古代的皇帝之位,那其实是一个空位,不管是谁,只要登上了皇帝宝座,就成为神圣的,就代表了国家,"朕即国家"。齐泽克对崇高对象的这一悖论性质做了十分精确地描述:"这也是拉康式对象所遵循的逻辑的一个基本特征:位置在逻辑上领先于占据这一位置的对象,对象以其既定的实证性所掩饰的,不是某种其他更具实体性的对象秩序,而只是它试图填补的空无和缝隙。我们必须记住,在一个崇高的对象中,本质上不存在任何崇高的事物——根据拉康的见解,一个崇高的对象只是一个普通的日常的对象,它相当偶然地发现自己占据了拉康所谓的原质的位置,即欲望的不可能的实在对象的位置。崇高的对象只是提升到了原质层面的对象。将崇高授予对象的,是它所处的位置,是这样的事实,——它占据了快感的神圣的/被禁止的位置,而不是它固有的质素。"③

由此我们看出,崇高对象具有以下基本性质:首先,崇高对象

---

① Slavoj Žižek, *The Sublime Object of Ideology*, Verso, 1989, p.194.
② ibid., p.195.
③ ibid., p.194.

本身乃是空无和乌有;其次,崇高对象乃是占据了崇高位置的对象;第三,这一崇高位置乃是原质的位置。因此,要进一步理解崇高对象,我们就必须问:到底什么是原质(Thing)？这又是一个极为晦涩的几乎不可说的幽灵概念。齐泽克写道:"原质,作为不可能的快感之化身的原质。……符号秩序努力争取动态平衡,但在它的内核,在它的核心,存在着某些它们不能被符号化,不能融入符号秩序的陌生的创伤性因素——原质。"① 由此我们可以推断出原质是构成拉康主体的实在界的最隐秘最深处的处于中心的内核,在拉康理论建构中处于本体论层次。

　　原质所处的位置,是拉康所谓的两种死亡之间的位置。什么是两种死亡？拉康指出,任何一个主体都会经历两种死亡,第一次死亡是肉体之死亡,第二次死亡是符号性死亡,是"对符号性组织的彻底消除,而所谓的现实通过符号性组织才建构起来"②。齐泽克指出,在拉康那里,第二次死亡是对死亡的符号化处理,是结账,是对事情的了断、了结,是符号性命运的完成。两种死亡之间的缺口可以以各种方式填充,既可以以崇高美(例如安提戈涅)也可以用可怕的幽灵怪物(如哈姆雷特父亲的鬼魂)来填充。"'两种死亡之间'的位置,崇高美和可怕的怪物所处的位置,就是原质的位置,是在符号秩序之中的实在界-创伤性内核的位置。这一位置由符号化/历史化所开启:历史化过程暗示了一个空位,

---

① Slavoj Žižek, *The Sublime Object of Ideology*, Verso, 1989, p. 132.
② ibid., p. 132.

一个非历史内核,围绕着它符号性网络得以连接起来。"①两种死亡之间的位置,是原质之位置,也正是崇高对象所占据的位置,占据了这一位置的对象即成为崇高对象。简言之,崇高对象是一个代理,是一个替代,它代理着原质所在的空位,但它只能是一个代理。崇高对象并不是一个固定不变的东西,在不同的理论架构中,崇高对象也是变化的,它本身并不具有固定形式。齐泽克举例说,国王、萨德笔下的受难者形象等等,在一定条件下,都是崇高对象。本文接下来探讨的问题是,何谓意识形态的崇高对象?

二 何谓"意识形态的崇高对象"

众所周知,齐泽克的理论旨趣在很大程度上就是阐释意识形态理论。在《意识形态的崇高对象》引论中,齐泽克明确指出,此书的一个重要目标即"通过对某些著名的经典母题(如商品拜物教等等)和对某些关键的拉康概念进行新的解读,提出一种意识形态理论。粗看上去,拉康的这些概念与提出一种新的意识形态理论,没有丝毫干系:'缝合点'、'装饰扣'、崇高对象,剩余快感等。"②那么,齐泽克提出了怎样一种意识形态理论呢?在《图绘意识形态》导言中齐泽克曾经指出,意识形态的存在有三种形式,即作为观念复合体的意识形态、客观形式的意识形态和"在社会

---

① Slavoj Žižek, *The Sublime Object of Ideology*, Verso, 1989, p. 135.

② ibid., p. 7.

'现实'之心脏起作用的'自发的'意识形态"①。概言之,第一种即传统的意识形态概念,即作为理论、信念、信仰和论证过程的意识形态;第二种意识形态是阿尔都塞的意识形态概念,它强调意识形态的物质性,即作为国家机器的意识形态;第三种,则是齐泽克本人所说的意识形态,即强调意识形态不再是外在于社会的一种虚假意识,它就是一种社会现实,是在社会"现实"之心脏起作用的"自发的"意识形态。齐泽克反复强调意识形态的这一基本维度。"这大概就是'意识形态'的基本维度:意识形态不仅仅是虚假的意识,是对现实的幻觉性再现,毋宁说它就是已经被理解为'意识形态的'现实自身。'意识形态的'现实是这样一种社会现实,正是它的存在暗示出了参与者对其本质的非知——就是说,意识形态是一种社会有效性,是意识形态有效性的再生产,它暗示个人对他们的所作所为一无所知。'意识形态的'并非是对社会存在的虚假意识,而是这种存在本身,尽管它为虚假意识所支撑。"②

因此,在齐泽克那里,意识形态绝不仅仅是虚假意识,它就是社会现实,是建立在主体对其非知上的社会现实。正因为单个人对其所作所为一无所知,意识形态才是成功的。问题不仅在于此,齐泽克还进一步指出,意识形态结构着社会现实自身。意识

---

① 齐泽克、阿多诺:《图绘意识形态》,方杰译,南京大学出版社,2006年版,第9页。

② Slavoj Žižek, *The Sublime Object of Ideology*, Verso, 1989, p.21.

形态幻觉存在于知中,还是在为中,即在现实自身之内?齐泽克认为,意识形态幻觉并不在知中,它出现在人们的行为之中。这一幻觉建构了他们真实的社会行为,建构了他们自身的现实。他们对此很清楚,但他们却似乎一无所知。"因此,幻觉是双重的:它存在于对结构我们对现实的真实有效关系之幻觉的忽视之中。这种被忽视的、无意识的幻觉正是可以称为意识形态幻象的东西。"①齐泽克指出,这就是意识形态幻象。就此而言,当代社会的人们仍然生活于意识形态幻象之中,意识形态幻象建构着人们的社会现实。齐泽克认为,就古典的传统意识形态定义来看,可以说人们已经不再信奉意识形态,不再严肃对待意识形态命题,但是,就意识形态幻象建构社会现实这一基本层面而言,"我们现在的社会当然远非后意识形态社会"②。

正是在意识形态作为幻象来构建社会现实这一意义上,齐泽克发现了拉康的幻象公式与意识形态幻象的一致。在拉康的幻象公式($\$\Diamond a$)中,"幻象位于现实一边:正如拉康所言,它是一个支撑,能为我们的现实赋予一致性"③。而"现实是一个遮蔽我们欲望的实在界的幻象-建构"④。意识形态与此完全一致,它的作用也是作为一个幻象-建构,使我们能够掩藏实在界,可以不直面

---

① Slavoj Žižek, *The Sublime Object of Ideology*, Verso, 1989, p. 32~33.
② ibid., p. 33.
③ ibid., p. 44.
④ ibid., p. 45.

实在界。齐泽克指出:"意识形态并非我们用来逃避现实的梦一般的幻觉,就其基本维度而言,它是用来支撑我们的'现实'自身的幻象-建构:它是一个幻觉,能够为我们构造有效真实的社会关系,并因而掩藏难以忍受的、实在界的、不可能的内核。意识形态的功能并不在于为我们提供逃避现实的出口,而在于为我们提供了社会现实本身,这样的社会现实可以供我们逃避某些创伤性的、实在界的内核。"①正是在意识形态幻象建构社会现实这一基本维度的基础上,齐泽克认为,信仰也不是主观的,而是客观的,它化身于一系列的人的实践、有效过程之中。就此而论,可以说,人们不是因为信仰佛祖才下跪,而是下跪才信仰。律令就是律令,我们服从律令,不是因为其正确,不是屈从于压力,而是因为这律令是不可思议的,是难于理解的,只要它保留着创伤性的、非理性的品格。对此,我们将在后文予以详细说明。那么,意识形态如何才算是成功的?在齐泽克看来,只有当人们以反犹主义的意识形态幻象来否定日常经验,甚至连与反犹宣传明显相反的事实也被用来作为意识形态的论据时,这种意识形态就大功告成了,意识形态幻象就彻底成功了。②

  以上就是齐泽克意识形态理论之大体内容。理解齐泽克意识形态理论的关键之处在于,他视野中的意识形态幻象乃是社会现实的支撑点,是现实的支撑物,它就存身于社会现实之中,遮蔽

---

① Slavoj Žižek, *The Sublime Object of Ideology*, Verso, 1989, p. 45.

② ibid., p. 45.

了社会的不可能性。那么,什么是意识形态的崇高对象呢?应该说,这一问题在齐泽克的论述中是极为含糊不清和晦涩难解的。关于此问题,瑞克斯·巴特勒做出过简短的解释:"因此,像民主,——它经常被当做一种可欲的社会目标而运用——这样的术语,并非在意识形态上是中立的或者说是确凿的客观,而是那些试图宣称它的各种团体的主题。所有这些企图都必将失败,因为没有一个能指能够代表全社会说话;但是每一个团体都期望把这种失败解释成外部的和干扰性的因素,克服这些要素将会恢复一种想象的整体性。齐泽克正是把这个要素称为'意识形态的崇高对象',即暧昧的症兆-要素,它'异质于任何特定意识形态领域,同时对那个最终会封闭的领域又是必要的'。"[①]这一介绍虽然极为简单,但对《意识形态的崇高对象》一著的把握是准确的。

何谓意识形态的崇高对象?简言之,意识形态的崇高对象就是在意识形态幻象中处于不可能性之原质位置上的对象,它表征着社会的不可能性,是社会不可能性的代理。以排犹主义为例。在这个例证中,犹太人成为了法西斯主义意识形态的崇高对象。犹太人是如何成为法西斯主义意识形态的崇高对象的?在这里,我们首先要明确,齐泽克虽然是拉康的阐释者,但其对拉康的阐释又致力于将其限于主体分析的精神分析推广和移植到对社会的分析,特别是意识形态分析之中,可以说他是在试图创造一种精神分析的政治哲学。在《意识形态的崇高对象》一书中,齐泽克

---

① 巴特勒:《齐泽克宝典》,胡大平、夏凡等译,江苏人民出版社,2007年版,第5页。

以拉康的幻象理论来阐释社会意识形态。众所周知,拉康的幻象公式 $\$ \Diamond a$ 可以解释为:被抹除的主体对对象 a 的欲望。① 需要指出的是,实际上,这种欲望并不是主体本身的欲望,而是大他者(符号秩序)赋予主体的欲望,主体是被划杠的被阉割的短缺主体,而小菱形则是支撑着欲望的幻象架构。因此,这一公式实际上表现的是被抹除的主体经由幻象避免与对象 a(实在界)直接遭遇。齐泽克把这一公式创造性地应用到了社会意识形态分析中。在社会意识形态领域,这一公式可以解读为:被抹除的短缺主体经由意识形态幻象避免了与社会之不可能性直接遭遇。齐泽克认为,意识形态的主要功能就在于,通过意识形态幻象,把社会构建为一种内在统一的、无对抗的、乌托邦式的、有机互补的社会。最为突出的就是社团主义的社会景观,在社团主义那里,"社会是一个有机的大整体(Whole),一个社会的大躯体(Body),不同的阶级就像四肢、部件,他们根据各自的功能,对大整体作出贡献——我们可以说,作为'社团性躯体'的社会是基本的意识形态幻象"②。但是实际的社会不可能没有矛盾,没有对抗,那么原因来自哪里呢?当然,不同的意识形态对此有不同的回答。在法西斯主义的意识形态看来,答案就是犹太人。正是由于有了犹太人,社会才不得安宁和谐。这样,在法西斯的意识形态中,犹太人

---

① 马元龙:《拉康:语言维度中的精神分析》,人民出版社,2006年版,第198页。

② Slavoj Žižek, *The Sublime Object of Ideology*, Verso, 1989, p.126.

表征着社会的根本不可能性,它被置于不可能之原质的位置上,成为了意识形态的崇高对象。"犹太人就是一尊物神,它既拒绝又体现了社会结构性的不可能性:似乎在犹太人的形象中,这种不可能性已经获得了实证的、可触的存在——它之所以在社会领域里标志着快感的爆发,原因也在这里。"①当然,这种意识形态仅仅是一种幻象。犹太人与社会的不可能性没有任何关系,它只是一个普通对象,被置于不可能的原质之位置上,变成了意识形态的崇高对象而已。或者说,犹太人不过是社会不可能性的代理。

通过以上的分析,我们不难摸索到崇高对象的一点踪迹,它不就是拉康理论中那个虚无缥缈、无法捉摸、既在又不在的对象 a 吗?确实可以这样来理解,但是要指出的是,对象 a 与崇高对象关系极为紧密,但如果把二者完全等同起来,则不免差之毫厘,谬以千里。确实,崇高之空位乃是对象 a 所栖居之地,一个普通对象占据了对象 a 的位置,就变成了崇高对象,或者不如说,对象 a 赋形于这个对象的躯体上了。因而崇高对象乃是对象 a 的赋形,是对象 a 之鬼脸、赝品和假面。对于普通之物升华为崇高对象的过程,齐泽克写道:"拉康所说的升华,是力比多从无用的原质之空缺转化为需求的某种具体的物质对象;一旦这种对象占据了原质的位置,这个具体物质对象就具有了崇高性质。"②在此,

---

① Slavoj Žižek, *The Sublime Object of Ideology*, Verso, 1989, p. 126.

② ibid., p. 95.

我们不可能进行详细的探讨。在齐泽克看来,崇高对象是一个悖论性的对象,意识形态本身是淫秽性的。

三 崇高之悖论:意识形态的淫秽性

在齐泽克的论述中,淫秽性是比较常见的一个概念,也是较难理解的一个概念。我们切不可从我们日常生活中对淫秽性的理解来将其进行世俗化和日常化的理解。齐泽克认为,意识形态具有淫秽性。何谓意识形态的淫秽性?为什么说意识形态是淫秽性的?毫无疑问,道德、信仰以及律令(法律)都应该属于社会意识形态的范畴。这里,笔者拟从齐泽克所提出的三个命题来探讨意识形态何以是淫秽性的,这三个命题即"康德即萨德"、"信仰的客观性"、"律令(法律)就是律令(法律)"。

"康德即萨德"。表面看来,康德与萨德是完全相反的,一个是恪守道德,终生未娶的禁欲者,一个是玩世不恭,以性虐待为乐事的性虐待狂者、性倒错者。但在拉康看来,二者具有某种一致性,"崇高、无私的伦理态度与无限地沉溺于享乐,是不谋而合的","萨德即康德的真理"。① 为什么这样说呢?齐泽克认为,康德的伦理学,强调人们要遵从一种绝对命令,即内在的道德律令,这种道德律令本身是无意义的,不可实证的,因此,我们在遵从内

---

① 齐泽克:《实在界的面庞》,季广茂译,中央编译出版社,2004年版,第1页。

在道德律令时,不必也不可能进行理性的判断思考,而是无条件地遵从。因此,齐泽克指出:"拉康理论的一个常识是,强调康德的道德要求如何隐藏了淫秽的超我律令:'享受快感(enjoy)!'——这是大他者的声音,它迫使我们为义务而义务,它是对不可能之快感的诉求的创伤性的侵入,扰乱了快乐原则及其衍生物现实原则的动态平衡。"① 这就是康德道德命令的淫秽的维度,它藏身于纯粹的形式之中。"它不是存在于附着在律令的纯形式的经验'病态'内容并玷污这一形式的残留和剩余物中,而存在于这种形式本身之中。只要其形式自身作为促使我们遵守其指令的推动力量,道德律令就是淫秽性的——即是说,只要我们因为它是律令而不是因为某些实证的原因而遵守它:道德律令的淫秽性是其形式属性的对应面。"② 问题到这里就十分清楚了,拉康之所以把康德与萨德并置,是因为康德之绝对道德命令与萨德一样,强调形式的维度,这里是排除了主体的理性选择与思考的,因而具有淫秽性。由此,我们理解以下两个命题也就顺理成章了。

"信仰的客观性"。信仰不是纯粹主观的吗?是人们内心的一种信仰吗?不,在齐泽克看来,恰恰相反,信仰不是主观的,而是客观的,它就蕴涵于人们一系列的实践程序和生活之中。这一命题虽然与传统的信仰观念有些相悖,但仔细思索,信仰确实是以其客观性而存在。从我们中国的传统来看,这一命题可能更容

---

① Slavoj Žižek, *The Sublime Object of Ideology*, Verso, 1989, p. 81.

② ibid., p. 81.

易理解。儒家文化的教义,不就是讲究将儒家教义化于人们的人伦日用、举手投足、日常生活之中吗?换言之,人们可能对自己的信仰并不知道,但人们却通过一系列的形式这样做了:敬天地鬼神,孝敬父母老人,通过一系列的生活细节,实践了人们的信仰。此外,中国传统道德伦理并不说明理由,不做论证,封建社会遵循的三纲五常,孔子所倡导的孝义廉耻,强调克服人欲,修养集体人格,按照君臣父子秩序,严格制定道德伦理规范。注重一系列的形式,并不说明其原因,并不做任何论证,这不也正是意识形态淫秽性的表现吗?

"律令就是律令"。理解了以上两个命题,这个命题的理解也是自然而然的了。法律之所以被人们所服从,并不是因为它是被人们实证了的真理,是人们理论推演的结果,而是因为律令就是律令,进一步说,法律之所以为人们所遵守,正是因为法律是不可思议的。齐泽克指出:"被压抑的不是律令的淫秽性的起源,而是律令不是作为真实的东西而只是作为必需的东西被接受这一事实——即其权威性与其真理性无关这一事实。"[1]而这一服从是外在的服从——"因而对于律令的外在服从不是对外在压力的服从,对所谓非意识形态的粗暴力量的服从,而是对指令本身的服从——就这个指令是不可理喻无法理解而言;就这个指令保持其创伤性、病态性特征而言。"[2]神圣化了的法律由此也具有了淫秽

---

[1] Slavoj Žižek, *The Sublime Object of Ideology*, Verso, 1989, p.38.

[2] ibid., p.37.

性的维度，它拒绝人们的理性化追问，而要求人们一味沉溺于对其形式化的遵守之中。

由此也就不难理解，齐泽克所反复论述的意识形态的淫秽性了。正如前文所述，意识形态幻象建构了社会现实，而意识形态幻象是由什么来支撑的？当然是由道德、信仰、律令这些来支撑的。因此，道德、信仰、律令的淫秽性维度，最终就表现为社会意识形态幻象的淫秽性。例如，在法西斯主义的意识形态中，其基本的纲领正如墨索里尼所说："我们的纲领很简单：我们想统治意大利！"因此，法西斯主义的意识形态的淫秽性就十分明显了，诚如齐泽克所指出的："法西斯主义的意识形态是纯粹形式命令为基础的：服从，因为你必须！换言之，放弃快感，牺牲自己，不要问这样做有什么意义——牺牲的价值就在于这种牺牲毫无意义；真正的牺牲以自身为目的；你必须在牺牲自身中而不是在它的工具价值中，发现实证的满足：正是对于快感的拒斥、放弃，才能产生某种剩余快感。"① 就此而论，我们也可以说，意识形态具有一种自欺的维度。对于意识形态来说，它并不对意识形态的来源原因进行实证的论证，它只要求人们遵守。因此，意识形态中真正生死攸关的乃是其形式的维度，是要求人们无条件遵守。当人们不再对意识形态幻象进行质疑，而是盲目的服从和遵守时，也可以说，当意识形态已经达到了人们的无意识的层次，成为人们的无意识时，意识形态幻象就彻底成功了。因此，在意识形态中，手段

---

① Slavoj Žižek, *The Sublime Object of Ideology*, Verso, 1989, p. 82.

和目的之间的关系与我们通常所讲的目的与手段之间的关系恰恰相反。通常而言,目的要论证手段的合理性,手段是为目的服务的,而在意识形态中,意识形态只以自身为目的,它不以任何东西为目的,但是,这一点绝不能被揭示出来,一旦被揭示出来,意识形态就土崩瓦解,分崩离析。在意识形态中,目的是什么并不重要,重要的是手段。一言以蔽之,就是目的并不重要,运动就是一切,这也正与古代儒家思想所谓的民可使由之、不可使知之的愚民思想不谋而合。这充分说明了意识形态的淫秽性维度。

意识形态的淫秽性维度是由意识形态幻象来支撑的。借助于精神分析学结束时的穿越幻象,齐泽克说明,对社会意识形态进行精神分析时最后所达到的阶段就是颠覆崇高的逻辑,穿越意识形态幻象,认同社会的症兆。

四 崇高之颠覆:穿越意识形态幻象

正如前文所述,意识形态的崇高对象只不过是一个普通的对象,由于占据了不可能之原质的位置,变成了崇高对象。所以,这一对象是不能被接近的,过度的接近它就会揭去其崇高的面纱,使其变得庸俗不堪,失去其崇高意义,从而使意识形态的大厦轰然倒塌,土崩瓦解。正如热恋中的男女,彼此正因为处于热恋阶段,互相之间并没有深入的了解,因而把对方当成了崇高对象,对方处于不可能之原质的位置上,处于不可能之实在界。一旦双方进入了现实的谈婚论嫁,柴米油盐,即使不能将那种爱情击垮,也

会使它黯然失色。齐泽克指出:"崇高对象是不能过于接近的对象:如果我们离它太近,它就会失去崇高性而变为庸常的对象——它只能在一个间距中存在,在一个中间状态,只能从某个视角模模糊糊去看它。如果我们在光天化日之下看它,它就会变为日常对象,就会消散,因为确切说来它自身什么也不是。"①正因为如此,崇高对象的颠覆也就是逻辑上的必然了,这就是为什么许多崇高对象随着历史的进程终究失去其崇高的原因所在。颠覆崇高对象,就是要穿越意识形态的幻象,认同社会症兆。

意识形态的崇高对象,就是社会的症兆。② 那么,什么是症兆?意识形态的崇高对象又如何成为社会的症兆了呢?在齐泽克看来,症兆是内在于社会的一个悖论性因素,一个颠覆性的因素。"作为内在构成因素,该悖论性因素对其发挥着症兆的作用——颠覆这个整体的普遍合理的原则。"③例如,在马克思主义那里,社会的症兆就是商品;在法西斯主义那里,社会的症兆就是犹太人。齐泽克把在拉康那里对人所做的精神分析的症兆概念

---

① Slavoj Žižek, *The Sublime Object of Ideology*, Verso, 1989, p. 170.

② 在齐泽克理论中,"symptom"是一个极为复杂的概念,对此做深入的探究超出了本文的范围。根据其意义,有学者主张译为"症状",有学者主张译为"病症",还有的译者将其译为"症候",因为此词语根源来自于病理学,所以以上主张不无道理。但在《意识形态的崇高对象》中,"symptom"的意思不仅限于病理学上的症状,它还是主体本身的特性,主体存在的依据。此处暂沿用"症兆"的译法。

③ Slavoj Žižek, *The Sublime Object of Ideology*, Verso, 1989, p. 82.

移植到社会的分析中。在拉康精神分析学看来,症兆是主体实在界之呈现。症兆具有激进的本体论地位,即是说,人之所以为人,正是因为有症兆。所以,我们对症兆所能做的只能是认同,只能是接受,除此之外,我们毫无选择余地。齐泽克写道:"症兆,作为症候(sinthome)的症兆,严格来说,是我们唯一的实体,是对我们存在唯一的实证支撑,是赋予主体以一致性的唯一之处。"① 症兆是一个悖论性的因素,它"始终作为内在构成因素的悖论性因素,它发挥着症兆的功能——颠覆这个整体的普遍合理的原则。"② "症兆是这样一个因素,它像某种粘在人身上的寄生虫,它破坏游戏的进行,但是如果我们消灭了它,情形会变得更糟:我们会失去我们所有的一切——包括那些已经受到威胁,但还没有被症兆所消灭的。面对症兆,我们总是处于一个不可能选择的境地……"③ 在拉康那里,精神分析的第一阶段是阐释症兆,第二阶段是穿越幻象,认同症兆。而齐泽克把拉康对症兆的分析应用于社会意识形态分析,认为对社会意识形态进行精神分析的解读,就是要穿越幻象,认同症兆,二者是联系在一起的。

我们已经指出,在齐泽克看来,意识形态是一种幻象建构,正是这种幻象建构了社会现实。那么在社会意识形态领域,穿越幻象,认同症兆意味着什么呢?我们还是从法西斯主义意识形态对

---

① Slavoj Žižek, *The Sublime Object of Ideology*, Verso, 1989, p.75.
② ibid., p.23.
③ ibid., p.78.

犹太人的幻象建构来分析。在拉康精神分析中,幻象提供了一个坐标框架,架构了我们的欲望。对幻象的功能,齐泽克指出:"它是座架(co-ordinating)我们欲望的框架,但与此同时也是对'Che vuoi'(你到底想怎么样)的抵御,一个遮蔽了沟壑——大他者欲望的深渊——的屏障。将此悖论激进解释到极致——激进化为一个同义反复——我们可以说,欲望自身乃是对欲望的抵御:通过幻象而建构的欲望,乃是对大他者欲望的抵御,对这个纯粹欲望,超幻象欲望的抵御(即是说,以其纯粹形式表现出来的死亡驱力)。"①精神分析结束时刻的穿越幻象,意味着绝不在欲望问题上让步,这个欲望不是幻象架构了的欲望,而是大他者欲望,"我们绝不能对之做出让步的欲望,并非由幻象支撑的欲望,而是处于幻象彼岸的大他者欲望",而这恰恰"意味着完全放弃那建立在幻象场景基础上的多种欲望"②。这就是说,在精神分析中,穿越幻象意味着直面大他者的短缺欲望,直面实在界的核心不可能性。

穿越意识形态幻象,意味着直接与大他者的不可能性遭遇,与实在界遭遇,直面欲望,拥抱死亡驱力。穿越社会幻象,穿越意识形态幻象就必须认同症兆(indentify with the sinthome)。在法西斯主义的反犹主义的意识形态中,犹太人就是社会的症兆。"他们就是一个临界点,在那里,固有的社会对抗会获得(assume)一种实证形式,并向社会表层喷发;在那里,社会不再运转,社会机器吱吱作响。这一切都变得明显起来。如果我们透过(社团主

---

① Slavoj Žižek, *The Sublime Object of Ideology*, Verso, 1989, p. 118.
② ibid., p. 118.

义)幻象框架来审视它,犹太人就会显现为一个入侵者,他从外面带来了社会秩序的无序、腐烂和堕落——它显现为一个外在的实证的原因,剔除它,会使我们恢复秩序、稳定和一致。"①在穿越幻象时,我们必须认同犹太人这一症兆,即是说,我们必须把归之于犹太人的那些特性,看做我们社会制度的必然产物,由此才能确认关于我们自己的真理。实际上,这也就是所谓的意识形态批判的任务。

通过意识形态批判,我们应该认识到,犹太人绝不是社会对抗的原因,绝不是社会不一致性的原因,而只是社会对抗、社会不一致性和社会否定性的实证表现。就是说,这里的因果关系恰恰是颠倒过来了,不是因为有了犹太人,社会才不可能,而是社会本身是不可能的,不一致的,是具有核心否定性的,而犹太人只不过是被法西斯主义当做这种不可能性的代理。认同犹太人这一症兆,恰恰意味着在认同犹太人的过程中,认识到社会的事实、真理。正如齐泽克所说:"认同症兆,意味着在过量中,在事物正常方式的瓦解中,确认能使我们通达事物真实功能之关键。"②

穿越幻象后结果有两个,一个是主体的死亡或者疯狂,另一个就是主体对意识形态进行彻底颠覆,使意识形态发生反转,认同症兆,认同不可能性,从而形成一种新的意识形态。在犹太人的例子中,就是认同犹太人只不过和我们一样的普通人。对犹太

---

① Slavoj Žižek, *The Sublime Object of Ideology*, Verso, 1989, p. 127.

② ibid., p. 129.

人的认同,就是对我们社会症兆的认同。就是说,承认我们不可能消灭症兆,我们只能与症兆和平共处,这恰恰源自对社会之核心不可能性的认可。齐泽克在导言中明确指出了自己所做的意识形态批判的目标:"目标不再是消灭这种驱力的对抗,不仅如此,渴望消灭它也是极权主义诱惑的源泉:最大规模的大众屠杀和种族灭绝,都是在人这种和谐存在的名义下,对没有对抗性张力的新人的名义下进行的。"①这就是说,如果要想采取任何措施打着消灭症兆的旗号,试图消灭症兆,就必然走向极权主义。由此也就不难理解,为什么齐泽克在《意识形态的崇高对象》的导言中就声明他与生态学、女性主义、民主主义享有相同的逻辑了。在生态主义看来,人是自然的伤口,要与环境和谐相处,人们唯一能做的就是承认自然与人之间的裂隙,在此基础上试着修复自然,除此以外的任何解决方案,都只能通向极权主义。同样,在对两性关系和民主的处理上,我们也必须承认社会基本的对抗和不可能性,否则也会走向极权主义。由此可见,社会之不可能性,构成了齐泽克意识形态理论的核心观点。在此我们看到了齐泽克后马克思主义的核心立场,与此同时,在齐泽克貌似激进的理论背后,我们似乎又看到了他犬儒主义的另一面。

(作者工作单位:中国社会科学院哲学所、北京师范大学哲学学院)

---

① Slavoj Žižek, *The Sublime Object of Ideology*, Verso, 1989, p. 5.

齐泽克的意识形态认同理论与主体的自由可能性

刘长荣

齐泽克关于意识形态的观点是令人惊奇的,他颠覆了我们以往对意识形态的认识,他对意识形态的发生机制做了大量的描述,并且用了许多的小故事来阐明,通过他的描述,我们将对意识形态理论有一个更为深刻的认识。

一 齐泽克的意识形态认同理论

齐泽克在讨论其问题的时候,总是令人意想不到地轻轻一转,然后把传统的观点和我们已经习惯的看法推翻。他在谈到意识形态问题的时候,也是如法炮制。在《偶然性、霸权和普遍性》这本与朱迪斯·巴特勒、恩内斯特·拉克劳合著的书中,齐泽克一篇题为《是阶级斗争还是后现代主义?是的,请》的文章,其中

写道:"人们应该扭转意识形态的标准观点,这个标准观点认为意识形态是为其主体提供一个严格认同,把主体约束在他们的'社会角色'之中;假如在一个不同的——但至少是不能取消的且在结构上是必然的——层次上,恰恰通过构造一个虚假的非认同的空间(着重号为笔者所加),一个离那些主体的社会存在的有效对应物有虚假距离的空间,意识形态才是有效的,那该怎么办?"①虚假的非认同空间,虚假距离的空间指什么?其所指就是主体与主流意识形态所保持的距离,即主体不认同主流意识形态,甚至采取各种姿态抵制它。主体对主流的、官方的、公共的意识形态采取的是一种非认同的态度。但这种非认同的态度或说距离在齐泽克看来是虚假的。他说这些虚假的距离表现在日常生活中,私下里的多种角色中,表现在赛博空间的多重身份中。这些多重身份都是主体对于社会性象征角色的内在抵抗。这就是齐泽克逆转的笔锋。我们可以领会那些宣传性的各种各样的价值观和浸染在我们日常生活中的各种时尚潮流为意识形态,并且相信我们可以躲开它们,甚至认为逆潮流而动就是我们对意识形态的反抗和抵制。然而,齐泽克在《快感大转移》的"昆德拉,或如何享受官僚制"一节中描述道:"不存在任何可以简单地绕过意识形态的道路:私下里满足玩世不恭、沉湎于私人的快乐等,所有这些正好是极权主义的意识形态在'非意识形态的'日常生活中发生作用的方式,是这种生活被意识形态决定的方式,是意识形态'以缺席

---

① 巴特勒、拉克劳、齐泽克:《偶然性、霸权和普遍性》,胡大平等译,江苏人民出版社,2004年版,第103页。

的模式在场'的方式——如果我们可以诉诸来自结构主义英雄时代的语录。"①因此,齐泽克的意识形态作用于主体的方式可被总结为:人们越是与某意识形态保持距离和空间,表现出对它的玩世不恭,反抗或者抵制它,人们实际就越是认同于这一意识形态。可以说,主体对意识形态的认同是通过对该意识形态的不认同来实现的,是通过对意识形态采取非认同的态度来完成的。正是这种距离,这种非认同的姿态,使意识形态彻底驯化了我们。我们刻意保持与意识形态的距离,恰是意识形态得以实现的条件。或者用齐泽克的话来说就是:"走出(我们作为)意识形态(所经历的一切)正好就是我们受控制于它的形式。"②这就是齐泽克的意识形态认同理论。

齐泽克喜欢用许多事例来说明我们作为主体越是反对某种意识形态,就越会跌入所反对的意识形态的陷阱。例如,齐泽克在解释电影《全金属外壳》(*Full Metal Jacket*)中的军事机器和士兵之间的对立时,他认为这部电影"成功抵抗了把军训官或其他什么人'人性化'的意识形态诱惑,从而把军事机器的伎俩赤裸裸地展现在观众眼前:同军事机器保持距离并没有揭露出其在意识形态上的局限,相反却起到了积极的作用,是军事机器顺利运

---

① 齐泽克:《快感大转移》,胡大平等译,江苏人民出版社,2004年版,第78页。

② 齐泽克、阿多诺:《图绘意识形态》,方杰译,南京大学出版社,2006年版,第8页。

转的可能条件。"①在电影中,有个士兵始终讽刺性地同军事机器保持着某种"人道距离"(在他的钢盔上,"生来杀戮"的口号旁贴着和平标语)。齐泽克说:"正是在这名士兵身上,军方大他者的驯化取得了彻底的成功,他的自我已完全被军方主体代替。"②影片的背景是越战,故事的开始是一群刚入伍的士兵,随后是他们的军事操练。在操练过程中,教官并没有把军事训练的枯燥进行到底,而是在训练过程中领导士兵唱着淫秽的歌曲。影片中有个大胖子,因为太胖,军事训练跟不上,经常被教官严厉地责罚和羞辱。教官为了让大家能帮助这个胖子,竟然采用了连坐的办法,只要胖子完不成任务,全体都要受罚,这个方法导致深夜时胖子被士兵们群殴,胖子的嚎叫惊动了教官,教官进行训斥,当教官羞辱他们的时候,只有一个士兵公然反抗。这个士兵也就是在贴有"生来杀戮"字样的钢盔上贴着和平标语的那个士兵。这个士兵马上被教官提升为班长。就是在这个新班长的帮助下,胖子的军事训练终于达标,但就在他们被投放到越南战场的前夕,胖子把教官枪杀,然后他也自杀了。而新的班长则到了越南战场。在一次执行任务的过程中,他们受到了越南狙击手的狙击,伤亡惨重。最后他们进入狙击手所在的建筑物时,发现狙击手仅只一个,而且是一个姑娘,这个姑娘被他们从后面射杀倒地,但没有立即死去。在这群士兵要让这个姑娘自己留在那里腐烂时,这个姑娘请

---

① 齐泽克:《幻想的瘟疫》,胡雨谭、叶肖译,江苏人民出版社,2006年版,第25页。

② 同上,第26页。

求他们把她射死，别的同伴都不理，只有那个班长，那个贴着和平口号的士兵最后枪杀了这个狙击手。齐泽克说这个人道主义士兵虽然不认同军事机器（他有和平口号，有人道精神），但他确是被军事机器驯化得最为成功的士兵，也即军事机器意识形态在这个人道主义者身上实现得最为成功。这个贴着和平标语的士兵自己主观上和潜意识中实际上都不可能认为他帮助胖子训练和帮助受伤的越共狙击手加速死亡、免除痛苦的这些举动是在帮助军事机器的实现。对这个士兵来说，可能认为帮助别人减轻痛苦无论如何都比置之不理要人道得多，只不过他没有想到自己的这些举动实际上都在客观上完成了军事机器所要达到的目标。

齐泽克说这个士兵被驯化得最成功，所包含的还有另外一层意思，即这个士兵把军事机器意识形态看得过于认真（虽然他不赞同），即他对和平、人道主义价值的欣赏是依托于军事机器意识形态的。假如他不把军事机器意识形态看得过于严肃，那么他也不会那么坚持他的和平主义。

但我们有几个问题应该追问：为什么这个士兵不直接和别的士兵一样对军事机器绝对服从？为什么当这个士兵对教官表示公然反抗的时候，却得到教官的提拔？而那些服从的士兵并没有得到教官的欣赏？并且，为什么教官允许士兵在钢盔上贴上反战的和平标语？这一切难道不是显示着军事机器意识形态是允许甚至需要它的对立面的存在吗？可是为什么允许甚至需要这个对立面的存在呢？

二 淫秽的意识形态的辅助支撑

军事机器意识形态之所以允许和需要一个对立面的存在,其原因在于意识形态本身的构成。在齐泽克看来,意识形态不再是马克思意义上的意识形态了。对于马克思来说,意识形态是对现实的一种歪曲的幻象,我们可以揭开意识形态的面纱看到现实的真相。而在齐泽克的理论视野中,意识形态是我们体验现实的必备条件,即意识形态为我们创造了现实的统一幻想,没有意识形态就意味着我们根本无法体验我们的现实(这与阿尔都塞的意识形态理论看起来一致,但二者仍有分别,齐泽克的是彻底的拉康式的,而阿尔都塞的则是拉康与结构主义的结合)。意识形态是对于他者的"你到底要怎么样"的质询的缝合。它掩盖的是无法触碰的实在界(the real)的对抗,给我们以幸福和安详的结构感、秩序感和平衡感。意识形态在齐泽克理论中有多种说法:其一,他认为意识形态是对社会不可能的裂缝和社会根本的否定性的掩盖,它把社会内在的不可能转化为外在的障碍。其二,他又认为意识形态是把社会的某种客体提升为不可能,从而作为延缓与不可能相遭遇的一种方式。有时候齐泽克会直接说意识形态就是一种象征秩序。总的来说,齐泽克的意识形态理论与象征秩序有关。齐泽克是从拉康的立场上来理解象征秩序的:象征秩序是我们体验现实的必要条件,象征秩序的基础是对抗性的和差异性的,例如最原初的对立"男性/女性"就是社会象征化的基础。象

征的对抗性和差异性在于掩盖实在界的不可能,即不可能被象征化的实在总是以这种对抗的形式出现,意识形态在表面上掩盖这种对抗,但隐藏着支撑它的对立面。齐泽克说意识形态在自身的阴影中存在,就是指意识形态内在的对抗性和差异性,没有这个内在的对抗性,公共意识形态就难以存在。因此如果意识形态性的大他者不明白这个构成性原则,则很可能会被颠覆。

齐泽克在《再看"拉康的"社会批评:律法及其污秽替代物》(载于 *Interrogating the Real*)一文中举了一个奇特的例子:布莱(Bligh)船长是个体恤下情的领导,他会为自己的水手们的安全和健康担心,但就是他被塑造为邪恶世界的原型形象之一。其原因在于,他不明白公共权力文本下的黑暗领域就是对公共权力的支撑。这个例子中的黑暗之域是存在于水手之间的一种仪式,即老水手的权利:越有经验的水手就越有资格去侮辱那些年轻的和缺乏经验的水手,在性方面盘剥他们,使他们屈服于严酷的考验。布莱船长禁止这个侮辱性的仪式,因为他是受到启蒙思想影响并具有人道精神的人。但他只看到这个仪式的残酷的、非人性的一面,而没有看到这个仪式给他们自身带来的满足感。当布莱船长干涉它的时候,兵变就爆发了。因此,这表明了意识形态要顺利实现自己的统治,必须允许其暗藏的对立面的存在。[①]

意识形态的内在结构使我们理解了官方的、主流的意识形态允许其对立面存在的原因,但我们应该怎样去理解主体何以不直

---

① Slavoj Žižek, *Interrogating the Real*, edited by Rex Butler and Scott Stephens, Published by Continuum, 2006, pp. 269~270.

接地认同于意识形态呢？答案在于齐泽克提出的一个术语"人脸"(human face)。齐泽克论述道："我们需要一个'人脸'，一种距离感，是为了使我们适应超我机器的疯狂命令。"①"我们，法则的一般主体，实际上想要的东西就是一种假装自由的命令，一种假装自由选择的命令：我们想服从，但同时又要保持自由的假象而因此拯救我们的脸面。如果命令被直接地下达(给我们)，绕过自由的假象，公开的羞辱就会伤害我们而能引起我们的背叛。"②但这个保全人的脸面的距离是主体在自我意识中能自主地决断的吗？这种自主决断的姿态只是一种幻觉，它与象征结构中的一个空的结构有关，即这个象征结构为主体提供一种不可能性(impossibility)，主体被要求自由地选择强加在他们身上的东西。主体在揣测象征的淫秽的大他者(obscene Other，大他者可指为官方的、主流的、公共意识形态)的欲望，即他想从我这里得到什么？我在大他者的眼中是什么？主体实现的欲望实际上是大他者的欲望。意识形态公开的一面与其辅助性的阴影之间的关系与书写法则和声音之间的关系是一致的，这个声音不断地要逃逸出书写的法则，而书写的法则却要规范它。事实上，书写的法则只有在声音挣脱了它的束缚时才一再地宣称书写法则的存在。书写法则是不能困死声音的，否则自己也会死亡。意识形态的公开的一面也只有在辅助性的阴影一再显现的时候，它才发生作

---

① Slavoj Žižek, *Interrogating the Real*, edited by Rex Butler and Scott Stephens, Published by Continuum, 2006, p. 271.

② ibid., p. 277.

用。意识形态要顺利运行,势必对其淫秽的增补(obscene supplement)有个松紧合适的把握。意识形态的欲望就是让主体承担起阴暗的辅助角色,主体揣测到这个欲望,他之所以成为主体是他揣测到了这个欲望,大他者想从他这里得到的东西就是若即若离的距离。而主体的揣测则显示了一种自由的幻象。主体要进入象征的生活世界,就不得不"自由地"选择他所揣测到的大他者的欲望。这也就显示了选择本身是不可能的,每个主体都只不过根据自己的揣测进入了他者的欲望领域。如果只从意识形态字面意义上去直接认同意识形态,则主体要么被逼疯,要么被贬为蠕虫似的低级存在物,而不是主体。

因此,为何有些人会从意识形态的字面意义上去直接认同,即直接认同意识形态的明晰表述,而有些人则要经过非认同的虚假空间等这些问题就可以得到解释,正如《全金属外壳》中的那个胖子,因为直接地追随教官的命令,因而感到无比的压力和羞辱,最后疯狂地射杀教官,然后自杀,而那个反抗的士兵则在无意识中成了军事机器的辅助阴影。

在这样的意识形态条件下,主体的一定限度内的对意识形态的抵抗已经无法让主体保持自己的自由,即无法让自己不受意识形态的控制,那么主体还具有抵抗意识形态的自由可能性吗?

三 关于主体抵抗意识形态象征之网的自由可能性

齐泽克关于意识形态认同的吊诡性描述并没有使他放弃主

体抵抗意识形态的可能性,即主体脱离某一既定的意识形态象征之网的自由可能性。他把拉康理论分为三个阶段:一是黑格尔现象学象征阶段;二是结构主义象征阶段;三是被限制的大他者象征阶段。① 被限制的象征阶段是指拉康对实在界的强调阶段,齐泽克特别注重拉康晚期理论中对实在界的强调。正是对这个被限制的象征阶段的强调,齐泽克关于主体抵抗霸权意识形态才是可能的。在第三个阶段,象征宇宙有崩溃的可能性。为什么?

齐泽克把黑格尔和拉康相比较,他说弗洛伊德最好的意指这种象征消亡行动的概念就是"倒摄性抵消"(das Ungeschehenmachen)。②意思就是第一个行动会被第二个行动取消,好像什么也没有发生一样。或者说,是回溯性地消除了第一个行动。在黑格尔这里,是由于"否定的否定"的原理,而在拉康那里,是由于引入了与缺乏(lack)相关的东西。因为这个缺乏,使得象征之网存在着崩溃的可能性。那么,拉康又是怎么描述这种崩溃可能性的?

拉康是在他的研讨班第 7 卷《精神分析伦理学》中提到了这个崩溃的可能性。拉康在谈到快感的时候,不仅是把它定义为一种具有不可进入的、模糊的、不透明的特点的东西,而且他也谈到了快感是一种驱力的满足。这种驱力不能被认为是本能,而是体现了一种历史的维度,这个维度是在那个描写它的面貌的坚持中被记录下来的。拉康认为,驱力的这个维度是回指某种可记忆的

---

① Slavoj Žižek, *Interrogation the Real*, edited by Rex Butler and Scott Stephens, Published by Continuum, 2006, p. 29.

② ibid., p. 33.

东西,因为它,驱力本身被记住了。这就是驱力的"历史化"。"历史化"在被称为人类心理的东西中与驱力的功能是同广延的(coextensive),这就是说,驱力的不断扩展,不断广延等同于不断的"历史化"。这本来还是处在一种结构状态中,但拉康说:"正是在这里,解构或者说结构的破坏(destruction)也被记录了,它进入了经验辖域(register)。"① 这是什么意思呢?为什么驱力的不断历史化会带来结构的破坏呢?这实际上是说,驱力不断地返回那快感的实在界,快感永不可能获得完全满足,因为它就是那不可捉摸的实在界的空洞,驱力在一次次回指快感的时刻,留下了它的历史印记,这印记可看做是象征的形成,但实际上也是快感满足的失败的标志,这个象征提醒的就是一个失败的印记,暗示了一个空洞的所指。或许可以说,象征是由空洞开始的,永不可能到达它,因此,这空洞是一个破坏性的,结构性的所在,同时也是创造的所在。

既然每一个象征、意指网络都只能围绕一个空洞或者说不可能性而编织,那么它就总是不完全的,总是处在不断地被破坏和不断地被强化过程中,从本质上来说,它的存在就是不稳固的。因为拉康有个公式就是"不存在大他者的大他者",如果前一个大他者是象征之网,那么后一个大他者就是指象征之网的终极保证,但这个终极保证不存在,因此,前一个象征之网存在的合法性就总是令人质疑的,也就无法弥合自身。

---

① Jacques Lacan, *Seminar Book VII*, trans with notes, by Dennis Porter, Routledge, 1992, p.209.

对齐泽克而言,要打破这种意识形态(象征)认同的吊诡性的方法当然就是穿越幻象。幻象是对社会不一致性弥合,是人们得以体验那实际不存在的社会之必要因素。因此,对某个已经存在的象征之网的颠覆并不是说人可以没有象征,象征是人得以社会化的必要构成,是不可缺少的。那么,对一个表现为意识形态的象征秩序的打破或者颠覆,只能是对于社会幻象或者说能指链的主能指或者说缝合点的更替。因此,要穿越意识形态幻象,必要的就是找到所要抵抗的意识形态的缝合性能指,进行一种病症阅读,即识别那暂时被认为是普遍性的幻象的象征之网的例外性,那被认为正常社会的非正常性之物,去认同它们。仅仅这样还是不够的,真正要打破某个意识形态的幻象,还必须诉诸行动,正如齐泽克所强调的,他认为主体身份的变革必须依靠拉康的"行动"。"行动"就是摆脱大他者的控制,如同安提戈涅那样决绝地反抗,冒死中断象征的命运。唯有以行动冒犯象征,而不仅仅是观念上的反抗、抵制象征,象征的命运的中断才是可能的。还是那个电影《全金属外壳》中的例子,如果那个贴着和平口号的士兵彻底摒弃,彻底违抗军事机器(比如说拒绝参军,拒绝训练,拒绝作战等等),而不是一边违抗一边顺从,那才有可能真的改变整个象征结构。这行动的观念,当然不仅仅是来自马克思的影响,同样也是来自拉康的影响,拉康特别重视萨德的一段话:

> 没有毁灭,地球将没有营养,结果,对人来说,就没有可能去再生产他的种族。毫无疑问,这是一个致命的真理,因为它以一种不可战胜的方式证明了我们社会系统的恶习和

美德什么也不是，证明了每一种恶习比美德更为必需，因为它们是创造，而品德仅仅是被创造；或者，如果你们愿意也可以这么说，恶习是原因，美德是结果……一个太完美的和谐因此将比无秩序更不利。如果战争，无秩序和犯罪被从地球上禁止了，这三个王国的力量将会过于暴力和将要轮流摧毁自然的所有其他法则。天体将完全停止。它们的影响将会被它们中的某一个的超强力量所停止。因此，正是人的犯罪把无秩序引入到三个王国的领域中并且阻止这个领域获得那打乱所有其他的领域的超级地位……犯罪在世界中是必然的。最有用的犯罪毫无疑问就是那将破坏那大部分的犯罪，例如繁殖的拒绝或者破坏。……因此，犯罪对于三个王国的法律来说是本质的，也是自然法则的本质。古代的哲学家把战争称为一切事物的母亲。谋杀者的存在就如同困境一样必然；没有它们两者，宇宙中的一切都是不安的……因此，分解服务于自然的目的，因为它再次安排那被毁灭的东西。……自然比我们能做的更为暴虐。……①

拉康对萨德这段关于犯罪、毁灭、战争的引述是在强调他的死亡驱力，因为如果死亡驱力是一种返可到无生命状态的一种本能的话，那么在返回的终点上又将要重新创造，超越它被掌握的地方。死亡驱力同样也是一种历史性维度的东西，同时它也包含着非历史性的维度，因为在这里，会最终使象征成型并且同时又

---

① Jacques Lacan, *Seminar Book VII*, trans with notes, by Dennis Porter, Routledge, 1992, p.210.

会被破坏和毁灭，以便重新创造。每一次死亡驱力的返回，都是一种创伤性的行动，这正是齐泽克的所要强调的行动。也只有以这种死亡驱力、创伤性行动的破坏力量，才能以否定的甚至毁灭性的姿态来悬置已经成型的象征之网。

实在界的创伤性的行动，同样必须付诸真正的实践，以决绝的姿态才可能改变象征之网，任何没有付诸行动而只停留在巴特勒的述行展演上的抵制，齐泽克都会认为那是更符合意识形态象征之网的运作模式的。正如他对文化研究、对巴特勒的批评所做的那样，虽然齐泽克本身所作所为也同样只是述行的，除了他的主张而外。

(作者工作单位：广西民族大学文学院)

选择"恐怖",而非"担忧"
——齐泽克的生态危机思想解读

张　剑

　　齐泽克的思想是一个充满魅力的合成,他对拉康有着精深的研究,对黑格尔的应用也得心应手,对马克思有着难舍难分的情结,再加之其对大众文化和现实社会问题敏锐的体悟,他的文字就像一个个令人晕眩的漩涡,无论你是否同意他,你都会被他所吸引。齐泽克知识面很宽,透视问题犀利,阐释方式有如层峦叠嶂,引诱人不断地去阅读。他关于生态问题的看法一直是比较分散、零落的,而且本身也经历了一个发展的过程。从"人是自然的伤口",到"自然并不存在",以至于推出其"反自然的生态学"和恐怖的政治学,可以说,齐泽克在生态问题上走的是一条不断激进化的道路。

　　"人是自然的伤口"引申开来,可以理解为,由于人类的活动而产生的环境污染和生态问题这个现状本身就作为一个具有本

体论意义的"症兆"而存在。"症兆是这样一个因素,它像某种粘在人身上的寄生虫,正在破坏游戏的进行,但是如果我们消灭了它,情形会变得更糟:我们会失去我们所有的一切——包括那些已经受到威胁,但还没有被症兆所消灭的。"① 所以面对自然界的污染,我们只能接受这个"结构性拱出",即认同症兆。这是齐泽克在 1989 年的《意识形态的崇高客体》中关于生态问题的基本态度。在 1991 年的《斜视》中,齐泽克发展了其生态思想,这在 2008 年的《捍卫失落的原因》②中不仅被承续,而且被作为一个重要的具有引发力的问题被重新提出,加上对生物基因技术的分析,使他的生态思想趋向一种彻底的激进化。本文中我们主要以《斜视》和《捍卫失落的原因》为基础文本,对齐泽克的生态危机思想进行初步的解读。

一 "自然"并不存在

所谓的"自然界的病危",就是试图修复人与自然之间的关

---

① 齐泽克:《意识形态的崇高客体》,季广茂译,中央编译出版社,2002年版,第 109 页。
② 该书的英文名为 *In Defence of Lost Causes*,Cause 具有"事业"与"原因"的意思,依具体语境而定,这里之所以将 Causes 译为"原因",理由如下:齐泽克为之辩护的并非过去的实实在在的极权主义统治"事业",而是从反对当前的资本主义出发,试图从过去那些失败的"事业"中找寻合乎人性的内核,比较类似于拉康语境中那个不可言说的对象小 a,是一种被遗失的剩余,它不同于实在的或具体的"事业"。

系，恢复自然界被假定的、"原初的"平衡状态，但是，实际上"自然并不存在"。齐泽克指出，弗洛伊德的驱力并非生物学意义上的，而是去自然化的，它由于执著于创伤性的原质、一个不可能的空位而早已脱离正常的轨道。正是这种驱力将人永远地排除在生命循环的运动之外，并且开启了彻底的、灾难性的内在可能性，即第二次死亡。在死亡驱力的作用下，人类经常处于破坏性狂怒的边缘——就像摩西一样——但他仍然能发现掌控其狂暴的力量，并抑制它。齐泽克认为，科学加诸现实之上的后果，使我们面对这些根本性的灾难成为可能，比如切诺利事件。我们唯一的希望所在就是采取摩西的态度。我们认为，这种诉求既是无力的，也是虚幻的。

齐泽克强调，自然并不存在，也没有原初的自然平衡需要恢复。也就是说，一个有自身周期性的、平衡的循环的自然界，只是由于人类的粗心大意和欲壑难平而被打乱了的自然界，这些只是人类的一种回溯性的投射、一个虚构的幻象。人类绝非这个世界的多余物。经典物理学认为，自然过程都趋向于某种平衡，而混沌理论认为，不仅自然本身就已经是不平衡的、混乱的，而且系统本身可以以一种混乱的、不规则的方式来运行，这可以用一种"奇怪的吸引物"(strange attractor)来进行形式化。"说它是奇怪的吸引物，是因为它并不是一个点或者一个平衡的图像，而是采取了这样的形式——在一个有限的图像、一种变形的被损坏的圆圈

的轮廓之内,无穷尽的相互纠缠在一起的 S 曲线。"①而正常的吸引物是一种假定被扰乱的系统趋向一种平衡的、规则的状态变动,类似于快乐原则努力趋向的平衡,奇怪的吸引物则类似于体现了快感的原质,这是一个致命的吸引物,它不仅扰乱了心理机制的正常功能,而且阻止它确立平衡,可以用拉康的对象 a 来比喻它。齐泽克指出,米勒将小 a 视为纯粹的形式,它是一个将我们引入混乱的摇摆的吸引物的形式。混沌理论让我们看到了混乱的真正形式,它是这样一个"型",在那里,我们除了看见一个无形式的失序之外,别无所见。② 所以,齐泽克否认了传统的在"秩序"与"混乱"之间的对立观点,这种观点认为呈现为某种不可控制的混乱的东西,也遵循着一定的规则,混乱被一个吸引物、一个正常的吸引物所规范。而实际上,齐泽克认为,问题并非探测混乱背后的秩序,而毋宁说是探测这种混乱的形式,一种纯粹的形式。齐泽克褒扬混沌理论为将来的"实在界"科学描绘了第一张草图,这种真正的科学将阐述产生偶然性——而非符号性自动机——的规则。③

齐泽克批评了科学家的意见和人们的常识,认为它们都是一种意识形态幻象,是使人们将世界设想成一个整体的黏合剂,是人们避免与实在界相遇的自欺。或言之,世界作为一个无缝的整体无非是出于人们预先对其进行的意义投射,目的只是为了让人

---

① Slavoj Žižek, *Looking Awry*, The MIT Press, 1991, p. 38.
② ibid., p. 38.
③ ibid., p. 39.

们自己可以将世界体验成一个有秩序、有意义的整体。通过这种重复的循环,个体的行为成为有意义的、值得的在世存在,个人成为主体。是的,事实是,人类需要一个"自然"存在,这是一个作为与人类思维相对的自然、作为占据崇高位置的自然。齐泽克特别引注了 Pall Skulason 的《Askja 边缘的反思》。Askja 位于冰岛中部,是一个火山湖和山谷的名称,四周为雪山所环绕。Skulason 说:"Askja 是客观现实的象征,它独立于所有的思想、信仰与表述,独立于人类的存在。它是一个唯一的自然体系,在一个火山口周围萦绕着山脉、湖泊与天空,一句话,Askja 代表着地球自身,它就是地球曾经是、现在是、将来是的样子。来到 Askja 就像第一次来到地球自身,发现一个人现实的存在根基。"① 齐泽克指出,Askja 作为康德式"崇高"的例证,因为一个"独特的和重要的体验",原初的自在自然的深不可测的存在被还原成一种物质的假托。② 为了能够活得有意义,人们必须构想出一种与思维不同的、外在于思维本身的"现实"存在,这种现实是一个整体,人们活在与现实关系的信仰之中,这种"信"是支持人们存在的基本维度。

我们也可以把这个"现实"看做一个"自在的自然",这个自在的自然不仅作为一个他者(不同于社会这个"大他者"的他者),而且也占据了崇高的位置,这是一个奇特的组合、一种不合逻辑的纠结,但是,只要认识到"自然并不存在",就不仅消解了他作为一

---

① Slavoj Žižek, *In Defence of Lost Causes*, Verso, 2008, p. 443.
② ibid., p. 444.

个被假设的"他者"的无缝的整体性,而且将它从崇高的位置上解脱出来。齐泽克赞同 Timothy Morton 所言,我们需要的是一种"没有自然界的生态学",保护自然的最终障碍恰恰是我们所拥有的关于自然的概念。① 正是由于前提出了问题,即那些我们所依据的智慧、知识本身就是危险之源。科学家不断的警告人们生态灾难的现实性和迫切性,而人们的常识感受到的却是自然秩序的一如往常,齐泽克认为这两种态度纠缠在一起,更加重了彼此的盲目性,都不值得依赖。二者隐藏着一个共同的前提性错误,即我们把自身与自然/现实分离开来,应该用"定位预设"(positing the presupposition)的逻辑来进行批判。如何来理解"定位预设"呢?简言之,就是行为之前,个体早就预设了某物,但这种预设存在于无意识之中,而这种"预设"才是真正的行为。"真正的行为具有严格的符号性,它存在于这样的模式之中,我们以这种模式预先结构世界和我们对世界的感知,以便使我们的干预成为可能……因而真正的行为领先于(具体实际的)活动;它存在于对我们的符号宇宙的预先重构之中,而我们的(具体实际的)行为将铭刻于我们的符号宇宙之中。"②在理解人与自然的关系上,人们将自然预设为一个作为他者的存在现实,或者认为由于人的介入而引发了自然的失序,这些都是错误的,因为人类及其自由意志从来就是自然过程的一部分,从来就是自然过程本身。

---

① Slavoj Žižek, *In Defence of Lost Causes*, Verso, 2008, p. 445.
② 齐泽克:《意识形态的崇高客体》,季广茂译,中央编译出版社,2002年版,第 295 页。

但在当代,我们却目睹了"不仅是实体,而且是主体"的讽刺版。在《意识形态的崇高客体》的最后一部分,齐泽克对"不仅是实体,而且是主体"进行了深入的解读,这里且不谈其真正的哲学意味,而就当前的生态危机问题,在现实中提供了"不仅是实体,而且是主体"的讽刺版本。众所周知,资本主义的基本特征即在危机中进行调试,或言之,其矛盾性、自反性本身即是其存在的依据,这也能解释为什么资本主义会垂而不死。正如许多人已经认识到的,当代的生态危机、环境污染很容易地将生态领域变成了资本主义投资和竞争的一个新的场所,诸如污染、水资源等都可以变成资本进行交易的商品。但是齐泽克指出,我们当前正在经验的是一个彻底的转变,他说:"直到今天,历史实体——历史作为遵循一定规律的客观过程——扮演着中介和基础的角色,即它是全部主体性介入的中介和基础,无论社会的主体和政治的主体做什么,他都被历史实体做中介,并被最终统治与过度决定。但是这在今天却彻底改变了,出现了一种从未有过的可能性,即主体将直接介入到历史实体之内,通过引发生态灾难——致命的生物基因突变或者核战争以及类似的军事社会灾难——而灾难性的打乱历史进程。人类的行为不再是有限的,在人类历史上,一个单一的社会政治代理人的行为将第一次真正的改变甚至中断全球的历史进程,所以,可以在一个讽刺的意义上说,历史过程应该实际的被想象为'不仅是实体,而且是主体'。"① 主体性根本介

---

① Slavoj Žižek, *In Defence of Lost Causes*, Verso, 2008, p.421.

入历史实体,使偶然性逻辑上升为主导性的,从而压倒了理性计算,使灾难的发生真正成为不可测的。我们面对生态危机时的观念,从"保护自然"发展至"保护人自身",最终伴随着这种偶然性逻辑的主导作用,社会、人类、自然界都被一笔勾销,只有不确定性本身保存下来。

二 "担忧"政治学的表现

齐泽克认为生态危机是"实在界的应答"的一种终极形式,在生态危机中生死攸关的并非人类本身,而是我们最确定不移的前提出了问题,这个前提就是人类将自然界预先假定为一个规则的、有节奏的过程。面对生态危机,人们往往采取以下三种态度:

第一种就是不正视危机存在的现实。生态危机实际上是对客观确定性的入侵,对历史实体的入侵,但人们不愿意正视生态危机问题的严峻性,其反应就是:"虽然我知道问题很严重,但是我并不真正相信,而且我也不准备将它整合进我的符号界,这就是为什么我继续行动如常,就好像生态问题并未对我的日常生活产生持续的重要性一样。"

第二种就是不敢停止正在进行的行为。这类似于力比多机制中的强迫症行为。这些人确实严肃的对待了生态危机,他们狂热地工作,无法停止,因为他们害怕一停下来就会打乱已然确定的自然节奏,从而使一些无法言说的、可怕的某种东西暴露出来。齐泽克认为这种暴露用拉康的术语而言就是,大他者中短缺的显

现、象征秩序的不一致性的显现。

第三种就是将生态危机视为"实在界的应答",认为它作为一种符号显现,并承载着特定的讯息,他们把生态危机看做是对人类过分掠夺自然的惩罚,因此,必须停止这种浪费和破坏的出轨活动,改变生活方式,并开始这样一种新生活,即人类应该把自己作为自然的一部分,过一种根植于自然并符合自然节奏的新生活。①

齐泽克指出,从拉康的观点来看,以上对生态危机的三种态度都是不适宜的。因为它们都是避免与实在界遭遇的逃避方式。"对于第一种反应而言,它是一种拜物教式的分裂,它承认危机存在的事实,而这个危机使其符号功效失效;第二种反应恰恰体现了将生态危机转变为一种创伤性内核、一种神经症式的转换;而第三种反应,则是一种精神病式的意义投射,以为信号背后有某种意义承载完全是人为赋予的。"②齐泽克指出,在后两种反应中,把实在界从象征界中分离出来,实际上我们是被蒙蔽了。我们知道,在拉康的"三界"说中,三界呈现为一种拓扑学的结构,而非地形学的分布。在生态危机这一问题上,齐泽克认为,我们应该接受危机的事实,并将把实在界从象征界分离出来的这个裂口视为某种限制我们自身的条件/前提,而不是像所列举的三种反应那样,或者通过拜物教式的拒绝而悬置这个裂口,或者通过一种过剩的行动来掩藏裂口,或者通过意义投射来缓解这种分裂。

---

① Slavoj Žižek, *Looking Awry*, The MIT Press, 1991, p. 35.
② ibid., p. 35.

齐泽克应用拉康进一步解释说,话语本身是对人的一种阉割,话语/符号/象征意味着人无法返回的命运,由这种切割造成的裂缝时不时以一种惊人的形式展现出来,齐泽克举了切诺利核泄漏事件为例。没有人知道其确定性的后果,有的人为它将带来的灾难感到恐慌,而有的人却并不以为然,就像它没有发生过那样继续在那里生活、耕种,而"正是这种对事件符号化模式的漠不关心,将核辐射定位于一种实在界的维度上"①。因为射线完全无法描述,我们既看不到也感觉不到,只有科学家的知识和意见才能展示射线的存在,以及对人类和环境的影响。这种漠不关心显示了人类与射线的和谐共存,拉康将这种放射性死亡称为"第二次死亡","仿佛物质自身——基础、对生死永恒轮回的永久性支持——消解了自身,化为乌有了"②。放射性的衰变成为"世界敞开的伤口",与射线共生,就意味着与这种知晓共生,即知道在某处——比如说切诺利——有一个突然冒出的"原质",撼动着我们存在的基础。或者更进一步说,正是人才是这个"世界敞开的伤口",因为人本身被死亡驱力/破坏力所统辖,他固着于这样一个不可能的空位、原质所在的空位,正是这个原质使人的行为出位、越轨。人的出现就意味着自然平衡的失去,即生命过程本身的平衡的失去。③

在生态危机问题上的"担忧"表现为害怕生态灾难会深深地

---

① Slavoj Žižek, *Looking Awry*, The MIT Press, 1991, p. 36.
② ibid., p. 36.
③ ibid., p. 78.

扰乱甚至破坏人类文明,从而驱使我们为保卫安全、保卫存在而寻求新的方法。齐泽克指出,这种担忧与种种悲观主义实际上是一种伪装,因为他们越是担忧、越是强调、越是预言生态灾难的发生,那实际上,在他们的心里越是暗中希望灾难永不发生。

20世纪六七十年代在欧洲兴起的环境运动,是作为体制外的抗议力量的角色而出场的,但现在,它已经越来越深地被整合进社会政治的有组织的进程中去,在一定的意义上说,生态运动已经消失了。而且,齐泽克指出,生态问题自身具有依附性,它常常把自己依附于不同的意识形态和价值取向上面,比如,由于生态运动倡导回到前现代的简约生活方式,而与新时代的蒙昧主义合流,或者由于谴责第三世界(如巴西、中国)的过快发展导致全球性的生态环境问题,而与新殖民主义意识形态沆瀣一气,或者由于主张绿色消费、循环经济等而为自由主义和社群主义涂脂抹粉。齐泽克认为,这些都说明,担忧的政治学有很多机会发展成全球资本主义的一个统治意识形态。科学与技术作为当代理性的集中体现,将资本主义理性化的趋势推向极致。当人类面对着自身制造出来的令人尴尬的生态后果之时①,我们已无计可施、无路可退,这时"只有一个上帝可以救渡我们"(海德格尔语)。我们要恢复对自然的敬畏之心、神圣之感,但是,人类已经走得如此之远,以至于任何神圣感的恢复如果不是徒劳的、不是假装的、不是自欺欺人的,又会是什么呢?理性化、世俗化的进程已经彻底

---

① 比如当人类面对着怪物"弗兰克斯坦",或者由于"终结者技术"导致越来越多的物种,甚至包括人类都可能不育的状况等等。

完成了"祛魅"的任务,而辩证法,或者说"理性的狡计"现在又要求现代社会的"返魅",这个否定之否定的声称如果不是一种纯粹的形式,不是一种空洞的姿态,又会是什么呢?齐泽克指出,虽然生态学家总在要求我们要彻底改变生活方式,而在这种声称之下却掩藏着与之相反的倾向,即对于任何改变、发展或进步的深深地不信任感,他们暗中认为,任何根本的改变都可能会引发生态灾难,产生无法预期的后果。①

三 反自然的生态学与"恐怖"政治学诉求

《捍卫失落的原因》主要的目的就是探索过去的极权主义政治的真理内核。齐泽克认为,海德格尔被法西斯主义所引诱和福柯与伊朗革命的调情是"在错误的方向上走出的正确的步伐"。在分析了罗伯斯庇尔、布尔什维克的革命恐怖之后,齐泽克指出,虽然这些斗争作为被厌恶的事件,以历史的失败而告终,但是在血腥之下,确实有一个有价值的、理想主义的内核被遗失了。面对着当前全球性的生态危机,齐泽克主张诉诸革命的恐怖和无产阶级专政,回到过去的理想虽然冒险,但是与资本主义所必然导致的人类和自然的毁灭相比,总要好一些。用 Samuel Beckett 的话说就是:"再试,再失败,失败总要好一些。"齐泽克说:"全球资

---

① Slavoj Žižek, *In Defence of Lost Causes*, Verso, 2008, pp. 439～440.

本主义的兴起呈现给我们的就是这样一个命运，一个人类无法对抗的命运——个人或者适应，或者被排除在历史的进程之外：被压扁。唯一能做的事情就是使全球资本主义尽可能的人性化，为'有着人的面孔的全球资本主义而战'。在此，我们必须打碎这个坚固的障碍，我们不得不冒再次接受大规模集体决定的风险。"①

在面对全球生态危机的状况下，有两种政治道路的选择，即"担忧"与"恐怖"。前一种总是忧虑生态灾难的发生，类似于上文提到的种种反应，而齐泽克则认为，为了克服这种担忧，应该将它推向极致，即通过接受"我们害怕失去"这件事的虚无性来克服它。Isaac Asimov 曾说过，存在两种可能性，一种是宇宙中只剩下我们自己，没有人在外部观察我们，一种是确有某人在那里，对我们而言，这两种可能性都是无法忍受的，所以，从担心失去对"大他者"的寄托，我们已经进入这样一个恐怖的境地，即根本没有"大他者"。"没有什么可害怕的，除了害怕自身"，或者说，没有什么可怕的，是可以想象得到的最可怕的事。"恐怖"是自我相关、自我否定的，当"担忧"意识到或者接受了这样的事实，即我们早已无路可走，我们害怕失去的东西（自然界、生活世界等等）其实早就已经失去了，而且一直在失去，这时候，"担忧"就成为真正的"恐怖"。

马克思说，资本主义使一切固定的东西都烟消云散了。在这个大背景下，自然本身早已化为乌有。齐泽克重点讲了生物基因

---

① Slavoj Žižek, *In Defence of Lost Causes*, Verso, 2008, p. 459.

技术对自然和人类的消解。他认为,生物基因技术的科学突破意味着自然的寿终正寝。生物基因技术将人类自然变成了可以操控的"客体",从而被"去实体化",被连根拔起。所以,自然界再也不是自然的了。由于自然与人类是相互依存的,生物基因技术把人变成这样一个可操控的"自然客体",这就不仅失去了人性,而且也遗失了自然本身。生物基因技术使一切成为可再造的,我们自己、同伴以及其他的活的生命,这不仅给我们现有的伦理、道德、责任领域带来混乱,而且也深深侵犯了我们关于自由、自治的一些根本性存在的观念,这一切迫使我们发生转变,并发明一些新的更确切的概念或者象征符号以适应和整合这种不适。

科学技术的雄心不仅是征服和支配自然界,更想要创造新的生命形式——比自然人类更强大、更聪明、也更优等。科技进程正在引发一个没有回头路的进程。这个进程的惊人之处就在于它会自发的、独立的持续下去①。所以说"第二自然"的概念应用于当代的这种状况是再确切不过了。它不仅意味着人工产生新的自然,而且意味着我们自己行为结果的自动化过程,或言之,我们自己行为的结果把行为者自身排除出去,自动化的过程、行为自身产生了具有生命的怪物。所以真正令人担忧的并非自然界脱离了人类的控制,真正令人恐怖的是,我们自己的行为将会产生无法预测的结果。而且在今天,作为客观命运与自动化的社会过程的第二自然,正在产生人造自然物或自然怪物的第二自然,

---

① Slavoj Žižek, *In Defence of Lost Causes*, Verso, 2008, p. 436.

所以，可能失去控制的不仅仅是经济政治发展的社会过程，而且还有新的自然过程形式本身，比如无法预测的核灾难、全球气候变暖以及生物基因技术难料的后果等等①。Doyne Farmer 和 Aletta Belin 在《人造生命：正在到来的进化》一文中这样描述这种忧虑："在 50～100 年的时间里，很可能出现一个新的有机体阶级，这些机体是人工的，因为它们的产生源自人们的设计，但同时，它们能够自我再生产，并可能进化成不同于它们原初形式的某物。它们会活着……进化改变的步伐将极其迅猛……这对人性与生物领域的影响会是非常巨大的，远比工业革命、核武器或环境污染大得多。"②齐泽克还引用了米勒在《宗教，精神分析》一文中的观点，认为科学话语部分的与死亡驱力联系在一起，而宗教则恰恰与之相对立，它根植于捍卫生命与人类而使生命本身成为一种绝对的立场中。《弗兰克斯坦》中的怪物"弗兰克斯坦"就是科学家创造出来的一个人工生命，它由于得不到人类世界的接纳，由于无法忍受的孤独而对人类进行报复。齐泽克认为，这正如亚当抱怨说并没有要求上帝创造他一样，同样的抱怨也适用于怪物"弗兰克斯坦"。但是，上帝造人，那是上帝这个绝对的唯一者的特权，而现在，人类却企图僭越，从而破坏、反叛专属上帝的权能，科学家与怪物同归于尽的结局暗示了这种僭越本身必然遭到惩罚。

　　生物基因技术创造的人工生命体是一种人工组合，首先，来

---

① Slavoj Žižek, *In Defence of Lost Causes*, Verso, 2008, p. 436.
② ibid., p. 437.

源于不同的生物的基因被组装到一起；其次，他们被联系在一起形成全新的合成的自我复制机制，科学家将这种新的生命形式命名为"生命2.0"，从而使自然的生命自身变成了"生命1.0"，使自然生命回溯性地失去了其自然的特性，变成了人工合成系列中的一员。齐泽克说，这就是自然的终结所意味的东西，即合成生命不仅仅补充了自然生命，而且将自然生命降为一个低等级的生命，一种合成生命不完善的种类。①

我们还可以在另一个极端来思考相同的主题。"终结者技术"通过重新排列植物的基因来杀死植物的胚胎，从而使那些拥有此技术专利的公司可以培育不能繁殖的种子，从而迫使农民必须每年购买新的种子。而终结者技术还可能影响自然环境中的其他动植物②，不育种的动植物蔓延开来，势必危及人类自身，最后导致人类的灭顶之灾。终结者技术使自然生命的终结成为一种质的终结，自然生命的延续不再依赖有机体之间的性关系，而蜕变为一种商业行为、一种纯粹的机械过程。假如自然生命的基因——作为一种商品、一种物——被损害、被破坏，那自然生命就面临着真正终结的结局。"在自然公园出现之后，可能会出现一个'国际人类基金会'，就如在巴西已经存在的'国家印第安人基金会'……人不再对他自己的环境：人自身成为了一种需要保

---

① Slavoj Žižek, *In Defence of Lost Causes*, Verso, 2008, p.440.
② 赫顿、吉登斯：《在边缘：全球资本主义生活》，达巍等译，三联书店，2003年版，第175页。

护的环境。"①在鲍德里亚这句看似戏谑的话语背后,隐藏着深深的绝望。自然生命将逐渐变成少数,变成纯粹的对象化存在物,那在地球这个星球上面,要么是合成生命的统治,要么走向蛮荒。人类自身不仅将实现自我删除,而且将删除整个地球的自然生命。有人认为,生物基因技术由于优化基因组合而治愈了许多顽症,从而为基因技术的进展而欢呼。事实上,科学家发现人类基因的90%都是没有明显效用的垃圾基因,但也许正是这些"垃圾基因"发挥着一种关键的作用,比如防止基因被复制,而这些可能还不为我们所知。这不仅说明了我们每个人存在的唯一性和独特性,同时也证明了我们存在的完全偶然性。基因技术对新生命的创造不仅要证实生命的可复制性,同时也挑战和征服这种本体论意义上的偶然性。

恐怖政治学就意味着接受我们存在的完全无根基性这个事实,不仅没有坚固的基础,而且没有退路,因为,自然并不存在。那种认为由于人类的介入而打乱了自然平衡的想法只是人们的幻象,自然界已经自在的就是"第二自然",它的平衡一直是附属的、第二位的②。环境科学家对于人类活动对于自然到底产生什么后果虽然无法确知,但是认为,如果人类突然停止其工业活动,让自然"自在的"存在,那结果肯定是整体的崩溃和无法设想的灾难,这一点却是毋庸置疑的。"自然"早已适应了人类的介入,人

---

① 鲍德里亚:《符号政治经济学批判》,夏莹译,南京大学出版社,2009年版,第204页。
② Slavoj Žižek, *In Defence of Lost Causes*, Verso, 2008, p.442.

类产生的污染已经被完全包含进自然平衡中去,包含进自然再生产之中去了。齐泽克举了几个有趣的例子,比如因为火灾可以促进森林再生,生态学家对扑灭森林火灾持审慎态度;英国一个山谷被煤烟污染严重,一旦停止污染,鸟以及其他生物就无法在山谷中生存;还有大规模集中圈养的猪等动物,由于看不见也站不住,要让它们自己生活,可能都活不过两天。所以,齐泽克说,不仅没有大他者,也没有人们所想象的原初的自然界,不仅是 Ⱥ,而且是 N̸。在人类所谓的发展这列高速列车上,紧急制动装置已然失效,因为所有的事情都已经、正在或者必然发生了,一切都已经为时已晚。

海德格尔认为,真正的恐怖并非基因技术将人类改造成受操控的对象/物,真正的危险在于"没有任何事情不正常",包括基因技术在内的科学技术的迅猛发展不会遇到任何阻碍。所以,真正的灾难早已发生,我们早已将自身经验为一种被操控的存在物,一种彻底理性化和世俗化的存在物。我们的担忧只是拒绝将这种被操控性发展到极致,在这个意义上,所谓的主体性只是客体性中的主体性,是外部性中的内部性。技术化、官僚化的现代铁笼不是什么外在的东西,正是每个所谓的主体自身。齐泽克走得更远,他再次否定这种否定,他指出,乌托邦——梦想人的主体性可以自由展现,与恶托邦(dystopia)——设想人完全成为被操控之物,都只不过是一种意识形态幻象的两面,一种积极的呈现和一种消极的呈现而已。事实是,"人"已成为"后人","人性"成为"后人性",在"人"与"人性"中呈现的意义与非意义如何在"后人"

和"后人性"中呈现尚不清楚。如果说植物的根基在于土地,人之成为人的存在,其根基就应该在于符号界,但是科学技术的发展暴露了符号界的无能为力、漏洞百出,"人"无法弥合这个分裂,只能摆出一种主体性姿态,而最后,剩下的也只是这个姿态,这个纯粹的形式。齐泽克说:"技术是一个经由恐怖的自由许诺,经历过这个恐怖之后而暴露出的主体成了完全的'我思'自身,成为自我相关的否定性的深渊,成了死亡驱力的无头主体。恰当的说,它是一种非人的(in-human)主体。"①

在拉姆斯菲尔德的认识论中,我们可以了解到三种关于"知"与"非知"的关系,第一种是"知道我们知道",第二种是"知道我们不知道",第三种是"不知道我们不知道",齐泽克补充了第四种"不知道我们知道",这属于弗洛伊德的无意识范畴,也是拉康所说的"并不知晓自身的知",这正是我们面临的真正危险,与我们胶着在一起的,是我们拒绝承认的信仰和假设,对此我们甚至并不知晓。在生态危机上,我们拒绝承认危机的现实性,对危机的不发生抱侥幸的逃避心理,甚至不愿意去想它,这就像视觉上的盲点,虽然在我们的视域之内,但我们拒绝看它,以此保证我们看到的图像的连续性。另一个表现形式是,虽然我们承认在生态方面确实有一些严重的事情发生了,但却假装危机是一种"匿名的和系统性的",假装不知道谁应该为此负责,以此为自己开脱罪责。科尔曼认为应该为此负责的是"实业界",引申开来就是资本

---

① Slavoj Žižek, *In Defence of Lost Causes*, Verso, 2008, p.452.

家,齐泽克也朝这个方向上寻找罪犯,他要用"集体的决定"来为全球资本主义赋以人性的面孔,从而寻求以往的极权主义统治中那些"失落的原因",那些合乎人性的内核。

具体到面对当代的生态危机问题上,齐泽克借用了巴迪欧"革命的平等主义正义的永恒理念"的四个环节:第一,严格的平等主义正义。在单位资本能耗、二氧化碳排放等方面,所有人都负有同样的责任,发达国家不能再以当前的速度污染环境,而发展中国家(如巴西、中国)由于其过快的发展而破坏了我们共同的环境,也应该受到谴责。第二,恐怖。对那些违反强加义务的所有行为主体进行严厉的惩罚,包括预防性的技术控制。第三,唯意志论。面对生态灾难威胁的唯一方法就是通过利用大规模的集体决定来行动,这恰恰与资本主义发展的自发的逻辑背道而驰。第四,上述三方面要以在"人民"中的信任来联合起来,作为一种在人民群众中的恐怖和信任的结合,对于任何一种平等主义-革命恐怖的复活,人们都不应该感到害怕。[1] 通过这最后的一招,齐泽克向我们展示出,为了应对生态危机,他重新创造了平等主义恐怖的"永恒理念",这究竟将我们引向何方,我们无从知道。对于齐泽克而言,资本主义肯定没有前途,恐怖政治学也可能会失败,但如果不试一试,就不会知道结果如何,或者齐泽克根本就不想要一个结果,他希望的无非就是这样一个恐怖的姿态,一种纯形式,因为形式就是内容本身。

---

[1] Slavoj Žižek, *In Defence of Lost Causes*, Verso, 2008, p. 461.

四 结 语

齐泽克看待生态危机的视角很独特,也很有启发性。它既是哲学的文化的,又是政治的社会的,或者说它是所有这些方面的结合和重叠,它基于整个人类生存的现实,但这个现实却不是历史唯物主义所声称的经济生活,而毋宁说是"意识形态的现实",既是意识形态所构建的现实,又是作为现实的意识形态。在齐泽克那里,"意识形态就是已经被人设想为'意识形态性的'现实自身"①。

在生态危机问题上,与"担忧"的自由主义强迫症不同,齐泽克的恐怖政治学诉求呈现为一种歇斯底里的狂热和激进。而问题恰恰在于,如果正如齐泽克所一再重复指明的,科技已经使人类走上一条不归路,潘多拉的盒子已经打开,那么,"恐怖政治学"又能在多大程度上发挥效用呢?在齐泽克悲观主义科技观的基调上,对恐怖政治学的诉求只呈现为近乎歇斯底里的呐喊,难以掩饰其无法克服的无力感,我们无法确定,这种激进的诉求+偏执的回溯如何才能避免被理解为一种空洞的姿态。

我们清楚地记得,在1989年的《意识形态的崇高客体》中,齐泽克是这样说的:"要与环境和谐相处,人唯一能做的事情便是全

---

① 齐泽克:《意识形态的崇高客体》,季广茂译,中央编译出版社,2002年版,第28页。

盘接受裂痕、裂缝之类的结构性拱出,然后尽可能试着予以修复;所有其他的解决方案——幻想回到自然,强调自然的完全社会化——都直接通往极权主义。"①而时隔20年之后,齐泽克从一个极权主义的抵制者变成了恐怖政治学的要求者,如果生态危机直接促成了这一转变,那这的确值得我们深思"我们将要走向何方"。

(作者工作单位:中国社会科学院马克思主义研究院西方马克思主义研究室)

---

① 齐泽克:《意识形态的崇高客体》,季广茂译,中央编译出版社,2002年版,第7页。

马尔库塞与弗洛伊德的心理学

丁国旗

心理学在马尔库塞的美学理论中占有重要位置,无论"新感性"理论的提出,还是对既有社会工具理性的批判,抑或是对人类未来解放的展望,马尔库塞始终都能从个体的心理角度出发探求诊治与疗救的方法。这使马尔库塞的思想具有一种悲世悯人的价值情怀,有着一种深沉而亲切的道德诉求。心理学与存在主义、马克思主义一起共同构成了马尔库塞学术思想的三大资源,而他思想中的心理学资源又取决于仳同弗洛伊德的学术缘分。本文将围绕这一学术缘分对马尔库塞的心理学思想给予梳理与分析论述。

一 挥之不去的心理学情结

从心理层面介入对人的研究,马尔库塞较之法兰克福学派的

同行们是比较晚的。然而,他终归还是从弗洛伊德的心理学这里找到了自己对"人"研究的会心之处,从而在最切近处,即从人的"心理"层面,转向了对现实生活中的人的具体分析。对于弗洛伊德"心理学"理论的吸收和运用,使马尔库塞认识到"不论是本能的解放还是理智的解放,都是一个政治问题,因此关于这样一种解放的机会和前提的理论必定也就是一个社会变化的理论"①。马尔库塞将马克思的批判分析方法与弗洛伊德的心理学思想结合起来,对资本主义社会中的人和人所身处其中的资本主义社会本身做了一次成功的剖析。

早在马尔库塞写作《德国艺术家小说》这篇博士论文时,心理学对他的影响就已经存在。在论文中,他对托马斯·曼的小说《威尼斯之死》的分析为他以后对弗洛伊德理论的研究留下了一个有意味的预示。小说中的古斯塔法·渥恩·阿申巴赫(Gustav von Aschenbach)这个人物,使他最早认识到了"深层的原始力量"和"狄俄尼索斯"的诱惑怎样使一个地位极高的人沦入悲剧的命运之中。当然,那时的马尔库塞还没有也不可能在更深的层面上对这一现象做出更多的分析。不过,这并没有留下什么遗憾,因为马尔库塞后来的工作给了我们关于这一问题的完整解释。

如果说马尔库塞在《德国艺术家小说》中遇到的心理学问题只是一次偶然的相遇,那么在他此后的一些文章中,对于心理学问题的提及却已经让我们看到心理学研究对于马尔库塞整个思

---

① 马尔库塞:《爱欲与文明》,1961年标准版《序言》,黄勇、薛民译,上海译文出版社,1987年版,第17页。

想理论形成的重要作用。P. 罗宾逊（Paul A. Robinson）认为："实际上,在马尔库塞早期的著作中就已经清楚地存在着指向《爱欲与文明》的内容。"①1937 年在他所写的《文化的肯定性质》一文中,有对"人格""灵魂"在文化中的处境的具体分析;1938 年所写的《论快乐主义》,有对享乐主义成分有效性的承认和对于唯心主义禁欲主义倾向的反对,该文中还对性压抑与攻击之间的关系做了论述;《论萨特的存在主义》写作于 40 年代,该文通过描述情人之间相互的物化或者说客体化以及对于人的"内在自由"的批判叙述,从而引出了其中所存在的心理学问题。尽管这时马尔库塞还不能从专业心理学的角度对这些问题给予深入的分析,但我们却可以由此预见他后来对于弗洛伊德心理学理论的倾心之处。

马克思《1844 年经济学—哲学手稿》对于人道主义的相关阐述曾使马尔库塞在现实政治的迷茫中获得了一个认识世界的新角度,然而由于马克思总体上对于人的心理问题探讨的相对缺乏,使马克思主义理论在解决发达工业社会中出现的许多新问题方面有些苍白无力。这样,马尔库塞对于弗洛伊德的研究就试图用一种"新理论"来解释这样一个问题,即为什么革命的意识一直没有得到发展,是什么原因造成了个体屈服于法西斯、斯大林主义和消费的资本主义。马尔库塞曾谈到,他在 20 年代就已经读到了弗洛伊德的著作,也看

---

① Paul A. Robinson, *The Freudian Left*: *Wilhelm Reich*, *Geza Roheim and Herbert Marcuse*, Harper & Row, Publishers, inc., 1970, p. 188.

到了别人写的关于马克思和弗洛伊德的理论争论文章。①

试图用弗洛伊德的理论来丰富马克思的思想,在马尔库塞这里是十分明显的。即使在他的心理学著作《爱欲与文明》中马克思的名字一次也没有提到,但马克思的基本思想却在这里得到了自始至终的阐释。凯尔纳认为马尔库塞"'额外压抑'概念的提出是受了马克思的'剩余价值'概念的启发,而'操作原则'的概念也与马克思对资本主义的批评和异化劳动思想密切相关"②。依据马克思的异化劳动概念和弗洛伊德的压抑性理论,马尔库塞提出"异化"既是扎根于劳动组织中的,同时,在操作原则的支配下,异化还进入到人的意识之中,并渗入到身体和精神、行为和思想中。"异化"已成为人的真实的处境,成为人的生命不可或缺的部分。马尔库塞为马克思的理论注入了心理学维度,从而使心理学也成为一种政治分析手段,而不再是单纯的学问。阿多诺曾认为,心理学研究方法似乎在紧要关头失灵了,因为历史"从背后"越过了个体,而且历史过程的规律也一直是那些支配着具体机构而不是支配个体的规律。马尔库塞却不这样看,他认为,在弗洛伊德所涉及的心理学的心理机制中,个体也是属,现在也是过去。弗洛伊德的个体心理学本身就是属的心理学。这种心理学表明:"本

---

① Douglas Kellner, *Herbert Marcuse and the Crisis of Marxism*, Macmillan and University of California Press, 1984, p.154.

② ibid., p.164.

能的变迁也就是历史的变迁。"①"于是心理学问题变成了政治问题,个人的失调比以前更直接地反映了整个社会的失调,对个人失调的医治因而也比以前更直接地依赖于对社会总失调的医治。"②马尔库塞声称在《爱欲与文明》中我们关心的不是要纠正或改进对弗洛伊德概念的解释,而是要恢复这些概念的哲学和社会学意义。他认为"弗洛伊德的'生物主义'从深刻的意义上说是一种社会理论"③。在剥削社会中,最重要的压抑就是身体上的压抑,尤其是性方面的压抑。对于性的压抑,马尔库塞比他同时代的正统马克思主义者们要敏感得多。他赋予弗洛伊德心理学以更广阔的适用意义,同时也弥补了马克思主义学说在心理学方面的不足。

在马尔库塞看来,弗洛伊德关于什么是人的本能的理论提出了一种思考人的新视角。人的本能是什么的问题,也就是人是什么或人的本质是什么的问题。而在心理学上提出的问题,如果从"社会学"意义上去理解,就会是一件很有意义的事情。马尔库塞认为:"精神分析的范畴无须与社会的和政治的状况'联系'起来——它们本身就是社会范畴和政治范畴。无论精神分析是积极的或是消极的,它都能够在管理和批判作用中成为有效的社会和政治工具,因为弗洛伊德在本能的动机和满足的最深领域内发

---

① 马尔库塞:《爱欲与文明》,黄勇、薛民译,上海译文出版社,1987年版,第75页。
② 同上,第一版《序言》,第12页。
③ 同上,《导言》,第20页。

现了社会与政治控制的结构。"①正是在对弗洛伊德理论本身的理解中,马尔库塞发现了心理学与社会学的内在关联,因而有论者指出,马尔库塞论述弗洛伊德"性本能"的"社会学"意义就在于:一、提示了人的本质结构;二、找到了现代文明对人的最根本的伤害之处,即现代人的病根;三、认为要想把人类从现代病症中解救出来,只有把被压抑的人类本能再次解放出来,因此,找到现代人的病根也就提出了一种全新的人类"解放"的思路和模式。②

当然,正如马尔库塞所说:"从政治科学和哲学的立场出发来讨论弗洛伊德的理论是需要证明的,这是因为弗洛伊德反复强调他的工作的科学和体验的特性。这种证明需要从两个方面着手,首先,必须显示弗洛伊德的理论结构对于这种理论(即政治科学和哲学——引者注)是开放的并且实际上是鼓励以政治的术语来思考的,所显示的纯生物性,本质是社会和历史的。第二,它必须一方面在一定程度上显示出心理学在今天是政治科学的一个本质部分;另一方面在一定程度上,弗洛伊德的本能理论(这是我们唯一要关注的事情)还要使对于被隐藏在当前政治中某种决定性的趋势的理解成为可能。"③人的心理因素已经超越了心理问题本身,作为社会总体的一部分,它不能不处于社会总体统治之下,而成为政治统治的牺牲品。

---

① 马尔库塞:《弗氏的人的概念的过时性》,见《现代文明与人的困境——马尔库塞文集》,李小兵等译,三联书店,1989年版,第51页。
② 陆俊:《马尔库塞》,湖南教育出版社,1999年版,第113页。
③ Herbert Marcuse, *Five Lectures*, Beacon Press, 1970, p.1.

马尔库塞对于心理学问题的兴趣除了他本人对于人的心理问题的关注外,还与当时法兰克福社会研究所全体成员整体上对于心理学方面的重视直接相关。马丁·杰伊曾谈到霍克海默早在1927年就曾鼓励阿多诺写过一篇关于心理学方面的论文;并且,霍克海默本人还选择弗洛伊德的学生兰道尔为他的精神医师,一年后,曾严重折磨他的心理问题,即没有准备讲稿就不能授课的问题得到了解决。为了表示感谢,霍克海默为兰道尔在法兰克福建立了一个心理分析研究所。为此,作为兰道尔老师的弗洛伊德反而两次给霍克海默写信向他表示谢意。1942年10月,霍克海默曾在公开的信件中这样评价弗洛伊德:"他的思想是我们的基石之一,没有它,我们的哲学就不会是这样。最近几星期我再次意识到他的伟大。"[①]

弗洛姆是研究所中将马克思主义和弗洛伊德理论进行结合做得最好的一位。1931年,他为《精神分析运动》写的文章《心理分析与政治学》就曾在心理分析圈子中引起过很大的震动;后来他发表的《基督教教义的发展》被认为是"整合了弗洛伊德与马克思的第一个具体榜样"。这之后他在研究所机关刊物上发表的一系列文章以及出版于1941年的《逃避自由》一书,对马尔库塞的影响都是极大的。弗洛姆关于"容忍"的讨论和对马克思"异化"思想的心理学分析,对马尔库塞的影响尤其重要。

阿多诺对弗洛伊德的态度同霍克海默对弗洛伊德的态度是

[①] 马丁·杰伊:《法兰克福学派史(1923~1950)》,单世联译,广东人民出版社,1996年版,第120页。

基本一致的,霍克海默认为没有一个思想家能够完全逃脱他的社会起源,并且越是伟大的著作,越是植根于具体的历史环境。因此,弗洛伊德的死本能的观念就有一种"非常正确的""客观意图",这不仅是因为它与生物学普遍性相适应,而且它表达了现代人毁灭冲动的深度和强度。1946年4月,阿多诺发表了《心理分析中的社会科学和社会学倾向》一文,在文章中,阿多诺有针对性地指出,虽然修正主义和弗洛伊德一样都强调历史影响,但他们却较少像弗洛伊德那样转向"力必多"的"内部史"。由于过分强调自我的重要性,他们忽视了它和"伊特"(id)的遗传互动。修正主义自吹的对弗洛伊德的社会学修正其实是在缓和社会矛盾。他们根除心理分析的生物学根源,把它转化为一种人文科学和一种社会保健的工具,其"非性欲化"是否定本质与现象之间的矛盾,否定当代文明中真满足和假幸福的裂痕的一部分。阿多诺认为,在纳粹主义的表演非常喧闹的时候,弗洛姆否认虐待狂的性欲基础,是极为错误的,像弗洛姆所做的那样,把性格类型范畴化就是接受整合性格的存在,它不过是"每个个体心理事实上的意识形态的掩饰"。①

　　阿多诺的这一思想代表了40年代研究所对待弗洛伊德的基本态度,马丁·杰伊认为,实际上,"40年代研究所的许多著作——《权威人格》、《启蒙的辩证法》、洛文塔的《欺骗的预言家》——弗洛伊德的适度影响是显而易见的。研究所回到德国

---

① 马丁·杰伊:《法兰克福学派史(1923~1950)》,单世联译,广东人民出版社,1996年版,第123页。

后,这一影响继续在其理论和经验研究两方面发挥有意义的作用"①。心理学对于研究所来说,已成为研究现实问题的一个基本的理论支柱,而这一点最终也在马尔库塞1955年的著作《爱欲与文明》中得到了集中表现。

二 对人的生物学基础的强调

弗兰兹·斯达尔克在德文版的《革命或改良?》的《后记》中写道:"再一次与传统的马克思主义者不同,马尔库塞首先要求意识上的根本改变,也就是说,在经济基础的革命的改变之前,先要有'上层建筑'上的改变。这是社会主义的一个生物学基础:可以说,就是用西格马·弗洛伊德来丰富卡尔·马克思。"②凯尔纳也相信,马尔库塞对于弗洛伊德本能理论的生物学成分的接受,不仅是那种补充马克思理论的目的所致,而且也是重构马克思的人类学理论的目的所致。他试图在解放的人类学领域为革命的希望提供一个新的基础。既然历史没有给革命提供保证,那么马尔库塞就希望通过人的本性来为革命的发生寻找基础。在弗洛伊德的理论中,人的本性包括破坏和创造两种能量,它抗拒着过多

---

① 马丁·杰伊:《法兰克福学派史(1923~1950)》,单世联译,广东人民出版社,1996年版,第125页。

② A. T. Ferguson ed., *Revolution or Reform? A Confrontation Between Herbert Marcuse With Karl Popper*, New University Press, inc., 1976, p. 108.

的压抑,而如果这种力量得以释放,就能够产生出革命的斗争冲动。因此,在马尔库塞看来,弗洛伊德的理论本身就具有同马克思理论结合的内在潜能。加上革命实际的需要,马尔库塞便开始强调人的生物学基础,同时修正了弗洛伊德对人的概念的界定和对于人的本能力量的分析。

在弗洛伊德看来,有机体的发展有两种基本的本能性活动:生本能(指性欲,弗洛伊德在更多的时候称之为爱欲)和死本能(又称死欲,即破坏本能)。爱欲期望生活在快乐原则下,但是环境却阻碍这种目的的实现,所以心灵中始终存在着三个方面的斗争——爱欲、死欲和外部世界,相对于这三种力量,存在着三个基本原则——快乐原则、至善原则和现实原则,爱欲与死欲总会处于一种冲突之中,很难保持平衡,爱欲能力减弱了,破坏本能的能量就加强,反之亦然。马尔库塞谈道:"依据弗洛伊德的观点,如果不缩减爱欲的力量,破坏的力量就不会变得强大,在两种基本的冲动之间保持一种数量上的平衡;本能的力量是机械的,给两种对立的冲动分配相应的能量。"① 也就是说,在两种本能之间似乎存在着一种能量之间的守恒状态,它们是一种此消彼长的关系。在弗洛伊德这里,破坏本能也可以成为生本能的形式。作为生本能的爱欲就是性欲,而性欲在本原意义上的作用就是"从肉体上获得快乐"。从本原上讲,有机体就是一个富有性的潜能的领域,由快乐原则来支配。

---

① Herbert Marcuse, *Negations: Essays in Critical Theory*, Beacon Press, 1968, pp. 257~258.

马尔库塞认为,弗洛伊德的本能理论将成为他讨论人类进步的理论基础。有机体的两种本能——爱欲与死欲,只要处于非控制状态,它们就不可能适合社会的需要。在马尔库塞看来,死本能在既有社会中的攻击性力量已经被整合掉了,成为服务于文明的力量。破坏的本能力量得到了释放,而爱欲却受到了压抑。因此,马尔库塞所要做的就是使"爱欲"得到解放,实现一种"非压抑性升华"。在《爱欲与文明》中,马尔库塞用死来对抗生,并认为虽然生的斗争不能克服死亡的事实,但它至少可以使人带着一种"好的意识"去死,这种好的意识就是努力为之奋斗并建立这样一个社会,在这个社会中生活将会得到保护和改善。《爱欲与文明》全书就在于强调人要面对现实,面对残酷的痛苦、疾病、灾害和死亡等现实,为了人的解放和好的生活而同这种现实作斗争。在现实生活中,个体要么选择向压抑和破坏屈服,要么选择为了幸福和自由而去斗争。因此,为了解放,每一个个体必须不仅反对压抑的现实社会,同时也必须反对存在于人的灵魂中的世界。这样,"马尔库塞的解放理论确立了一个与马克思的阶级斗争方式并列共存的灵魂和肉体斗争的方式"①。在现实中,人的爱欲往往被现实原则所修正而成为性欲,但是"爱欲在本原意义上大于性欲,它不是部分的本能,而是用来掌管整个有机体的一种力量。只是到后来,它才服务于再生产并被局限于性欲之中"②。在马

---

① Douglas Kellner, *Herbert Marcuse and the Crisis of Marxism*, Macmillan and University of California Press, 1984, p. 188.

② Herbert Marcuse, *Five Lectures*, Beacon Press, 1970, p. 34.

尔库塞看来,爱欲而不仅仅是性欲才是人的全部需要和潜能,因而爱欲的实现真正关联着人的解放的实现。

有学者指出,在《爱欲与文明》中,马尔库塞是"用弗洛伊德的理论来转述自己对现代社会的看法,用心理分析理论作为一种批判工具的意图明显地表露出来了"①。这种看法大体不错,因为现实世界是一个到处都充满着压抑性"权力"的世界,商品、消费方式、政治语言、性交场所,等等。马尔库塞用弗洛伊德的理论来考察这一切,认为现代文明对人的最大伤害就在于对人的本能的压抑,在现代文明温文尔雅的面具后面,是一位原始的父亲。我们能够从现代社会简单的广告用语中,从政治家习惯用的语法中看到社会对人的思想的压抑,这不能不说是马尔库塞"解构"现代权力结构的后现代努力。② 笔者认为,做出任何努力都不是关键的,关键的是马尔库塞终究从既有社会的现实中,透视到了人类所面临的种种压抑,深入分析了那只压抑人的看不见的黑手。马尔库塞对于现实这种精辟的论述和分析得益于他对弗洛伊德理论的创造性运用。

从《爱欲与文明》开始,生与死的辩证法代替了资本和劳动的辩证法,美学的理论成为比经济分析更为紧要的对人的解放有用的东西。马尔库塞在此形成了一种不同于经典马克思主义政党所确定的阶级斗争的标准和视野。就像他在《单向度社会的艺术》中所说的"艺术是自由社会的设计师",并且"艺术形式确认它

---

① 陆俊:《马尔库塞》,湖南教育出版社,1999年版,第119页。
② 同上,第299页。

自身并且否定该否定的东西"。马尔库塞相信"第三条道路"的力量,即社会和哲学的解放力量。对马尔库塞来说,艺术不仅是通过它可以理解异化和物化的研究原则,而且美学的教育在消除异化中代表着关键的力量。马尔库塞肯定文化在社会理论中所承担的角色,对此他早就论述过。在他看来,经典马克思主义的社会批判理论对于经济和劳动关系的过于看重,也只是解决了人的解放中某一方面的问题。在政治和经济斗争的条件已经成熟的时候,革命并没有发生,人不仅没有得到解放,而且更加受制于外物的奴役,人的解放的希望不是更大,而是更小。这种从切身的经历和体验中得到的教训,使马尔库塞去寻找新的解放的途径,为人类寻找新的希望所在。

弗洛伊德对于艺术和审美的看法给了马尔库塞很大的启发。正是由此开始,马尔库塞构想出了一个非压抑性社会存在的美好前景。"俄耳浦斯的爱欲改变了存在,他通过解放控制了残酷和死亡。他的语言是歌声,他的工作是消遣。那喀索斯的生命是美,他的存在是沉思。"[①]艺术的世界是解放的世界,艺术以其同现实的异化而拯救现实中被压抑了的人的爱欲。在《审美之维》中,马尔库塞也谈道:"艺术表现的肯定特性还有另一个根源:这就是艺术对爱欲的执著,即艺术在反抗本能和社会的压迫时,对生命本能的深切肯定。艺术用它的恒常性即它历经万次劫难之

[①] 马尔库塞:《爱欲与文明》,黄勇、薛民译,上海译文出版社,1987年版,第125页。

历史性不朽,证明着它的这种执著。"①对于人的爱欲的强调,对于人的自然本性的强调,这就是马尔库塞从弗洛伊德那里所找到的关于人的最为具体实在的内容。在发达工业社会或者极权主义社会中,只有艺术还保存着人的这种最为真实的东西,只有艺术才能成为人的解放的一种保证。马尔库塞论道:"艺术的普遍性,不以特定阶级的世界或世界观为依据,因为,艺术要揭示的是一种具体的普遍性,即展示出人性。这种具体的普遍性是任何特定阶级,即使无产阶级(马克思的'普遍阶级')都不能独自构成的。艺术中表现的快乐与忧伤、成功或绝望、爱欲或死欲,这些东西之间无穷的纠缠,不可能皆归结为阶级斗争的问题。历史也是以自然为基础的,而且,马克思主义理论没有任何理由忽视自然与人类之间的新陈代谢,也没有任何理由把对人类社会赖以生存的自然土壤的强调,斥之为倒退的意识形态概念。"②的确,自然的人性和人的生存的自然环境,无论怎么说都不可能只归结于一个方面,马克思主义美学(不是指马克思本人的美学)所表现的不足,尤其是其对于经济和政治单一层面的强调所表现的不足,使其最终丧失了它最为强调的"政治潜能"。而艺术,因其是"异化"的,所以才保存了人类的全部希望和对于未来的憧憬。

可以清楚地看到,马尔库塞为我们提供了艺术得以四季常青的人类自然本能层面的底基,对于弗洛伊德爱欲与本能力量的强

---

① 马尔库塞:《审美之维》,李小兵译,广西师范大学出版社,2001年版,第198页。

② 同上,第202页。

调,使艺术终究与人的自然基础和人的解放相关联。在《反革命与造反》中,马尔库塞坚持认为,他正在做的是美和自由的回归而不是精神化。他相信,他正在通过重新解释许多年来在美学和教育哲学上出现的唯心主义概念,来为扩大马克思主义的唯物主义基础作出贡献。

三 论文明与进步的基础

在弗洛伊德看来,文明是以对主要本能的有条不紊的抑制为出发点的,主要有两种形式:一、对性欲的抑制,它将导致集体关系的稳定和发展;二、对破坏本能的抑制,这将产生对人和自然的控制。弗洛伊德确信,文明的压抑性基础无论如何是不能改变的,哪怕是以超个人的社会规模的变革来改变。

依据弗洛伊德的观点,文明的进化以镇压、限制和对感性、本能的渴望的压抑为基础,要是没有这种对于人的本能的压抑,那文明的发展将是不可想象的。人类机体在本原上受"快乐原则"支配,也就是说,人天生就有趋于快乐而避免痛苦的本性。然而文明的法则却不能提供这种原则,因为人类太脆弱,人类的生存环境又是如此的恶劣和残忍,对于本能的压抑和拒绝从开始就成为所有不快乐的劳动的基本条件,只有在对本能的否定和放弃中,文明的发展才成为可能。这样,人类社会要想从动物界走向人的世界,"快乐原则"就不可避免地要被"现实原则"所取代。现代社会在操作原则指导下形成了人的压抑性生存状态。从内在

结构上说,人的压抑起源于人格结构不同层次间的内在冲突;从外在原因上讲,人的压抑是由社会环境、社会文明状态造成的。因此,现代文明本身就是一种压抑性文明,压抑产生于文明发展的固有逻辑。马尔库塞由此认为,如果说弗洛伊德是一个非理性主义者,那就是对弗洛伊德的一种误解。"过去的几十年中怕是没有像弗洛伊德这样的理性的思想家了。他的所有努力都在于说明,如果人类的生存状况要想得到改变,那么仍在人身上起作用的非理性的力量,就必须适应理性的需要。他所说的'本我存在的地方,自我就要得到发展'这句话,是我在心理学中能够想象到的可能是最具理性的言论。"① 弗洛伊德对于文明与人的本能、快乐原则与现实原则的分析可谓是深刻的,马尔库塞对此给予了极高的评价,这种评价在马尔库塞一生中都是很少见到的。

弗洛伊德的文明观最终造成的结果是"压抑性反升华",即用减少和削弱爱欲能量的方式释放性欲。② 这表明现实原则的势力对爱欲范围的侵害。"压抑性反升华"是马尔库塞针对现实状况提出的一个新概念,"压抑性反升华"同"非压抑性升华"是相对的。在弗洛伊德的理论中,"压抑性反升华"是文明发展、社会进步的必然结果。"当代文明已经把社会财富发展到这样一个地步,以至于置于个体身上的弃绝(renunciations)和负担越来越显

---

① Herbert Marcuse, *Five Lectures*, Beacon Press, 1970, p. 33.
② 马尔库塞:《爱欲与文明》,1961年标准版《序言》,黄勇、薛民译,上海译文出版社,1987年版,第15~16页。

得不必要和非理性。"①也就是说，文明的发展成为人的唯一需要，个人被完全整合进了文明的劳动之中。这样，在一种满足的幸福中，"非理性的东西成为了社会合理的形式，成为了理性的整体"。个体就开始在他的本能结构、价值趋求和行为模式上迎合统治的需要，使统治也越来越缺乏对自主的、个人化东西的尊重。"实际的统治是经济的、政治的和文化的机构，它们已经成为由社会劳动组成的不可分割的统一体。"也就是说，一切为了文明，个体置于其中而丧失自我。

在文明中，人们可以享受自由，然而文明中的自由，在保证组织劳动生产的必然性中有其内在的局限性，这种组织使个体"从一个快乐的主客体转为一个劳动的主客体"。这是通过现实原则战胜快乐原则，这是从孩提时代就在灵魂深处形成的占主导地位的原则。为了文明，自由就要受到限制；个体在文明的发展中，遵循着的是现实的劳动原则，而不是人的本能的快乐的原则。文明构成压抑。在这种状态下，"平静、和平和快乐原则在人们生存的斗争中分文不值"②。快乐原则总是要在现实原则面前缴械投降，快乐原则提供给我们的幸福无法实现，这是压抑的根源。

尽管弗洛伊德对于文明的论述很是独到，然而这种看法并非无懈可击，这就是为什么弗洛伊德的理论需要修正的原因所在。在对弗洛伊德理论的批判性分析中，马尔库塞就试图从神话学与哲学的边缘处提出"一种非压抑性文化观，目的是要建立本能与

---

① Herbert Marcuse, *Five Lectures*, Beacon Press, 1970, p. 3.
② Herbert Marcuse, *Five Lectures*, Beacon Press, 1970, p. 11.

理性的新联系"①。马尔库塞的文明观是在《自由与弗洛伊德的本能理论》、《进步与弗洛伊德的本能理论》和《爱欲与文明》等著述中逐渐形成的。在这些论述中,马尔库塞从人类文明的物质成果出发,通过对弗洛伊德理论的详细分析和修正,为人类的解放和幸福找到了一条基于文明成果基础之上的发展途径,从而使人类文明的发展走出了对于人的压抑和控制的怪圈,一种完全意义上的幸福和自由的前景展示在人们面前。

在《社会主义的生物学基础》一文中,马尔库塞详细论述了社会主义发展的物质基础问题。他认为,社会主义的产生应立足于已有的科技成果之上。"资本主义的进步不仅生产出了自由的环境、人类生存的开放的空间,而且生产出了一种渴望,即对于这样一种环境的需要。"②技术使人们的生活发生了质的变化,使人类战胜了匮乏和贫穷,而"自由实际上依赖大量的技术进步和科学的发展"。在一次关于"新社会"的访谈中,马尔库塞也持同样的观点,他说:"年轻人想要的好的生活就是一个没有战争、剥削、压迫、贫穷和浪费的生活。而现在发达工业社会已经解决了技术、科学和自然资源方面的问题,而这些,在现实中构成了新社会的

---

① 马尔库塞:《爱欲与文明》,黄勇、薛民译,上海译文出版社,1987年版,第144页。

② Herbert Marcuse, *An Essay on Liberation*, Beacon Press, 1969, p. 18.

必需条件。"①马尔库塞并不幻想新社会或者人的真正解放会建立在一个虚玄的基础之上,他坚信新社会是可以在资本主义社会现有基础上得以完成的。与弗洛伊德的"文明"必然造成人的压抑的悲观态度不同,马尔库塞认为,现实原则并不必然同快乐原则对抗,至少在它们目标一致时是这样。人的需要是多方面的,人的潜能的实现也是多方面的,也正如比,处于压抑中的人类才永远都有希望。本雅明那句有名的话"正因为没有希望,希望才给予我们"在马尔库塞这里完全可以改为:正因为拥有希望,希望才给予我们。他对于人类社会和人的解放一直是持乐观态度的。

顺着弗洛伊德探讨人的本能结构的思路,马尔库塞进而研究了现代"文明"的辩证法,对文明的进步和技术的发展提出了新的解释。马尔库塞认为,弗洛伊德关于文明必然造成压抑的看法是未免失真的,因为"首先,并非所有工作都会导致非性欲化,都是不快的、都是克制性的。其次,文化推行的种种抑制也(甚至可能是主要地)影响来自死亡本能的攻击和破坏性冲动。至少在这一方面,文化的抑制会加强爱欲的力量。而且文明中的工作本身多半就是对攻击性冲动的社会利用,因此有助于爱欲的工作。"②正是意识到了这一点,马尔库塞赋予弗洛伊德理论以一种开放的视

---

① A. T. Ferguson ed., *Revolution or Reform? A Confrontation Between Herbert Marcuse With Karl Popper*, New University Press, inc.,1976,pp.69~70.

② 马尔库塞:《爱欲与文明》,黄勇、薛民译,上海译文出版社,1987年版,第59页。

野,将科技的发展、文明的进步从弗洛伊德理论的死胡同中拯救出来。在一次访谈中,马尔库塞谈道:"我相信,工业社会已有的成就,在较大范围内,为被压制在统治利益之中的本能的解放提供了可能。同时,通过这些解放的本能——本质上讲是生的本能而不是死的本能,像团结一致这些事,都在历史上第一次变成了现实。"①这些被解放了的本能能够变成提高人们生活的本能力量。

在马尔库塞看来:"本能在本质上要实现人的满足和永远快乐,但这种努力的实现将意味着人的死亡:自然的人和社会历史的人的死亡。自然的人的死亡在出生之前发生,而历史的人的死亡在文明出现以前发生。"②人的本能的全然满足和永恒的快乐,将永远不能得到实现。文明严格地说并不是造成人的压抑现象的直接而根本的原因。人的压抑的产生是有多方面原因的,作为一种物质肉体的生物性存在,人无法超越于此;而人永远也只能是生活于现世之中的,社会和历史的境遇在人出生之前和之后,都已经是作为人的一种必然的伴随条件而成为人的一种限制了,因而满足和快乐只能是相对的。弗洛伊德将压抑完全归罪于文明的发展显然是片面的。相反,文明可以在科学和知识的指导下,"将人们乌托邦的想象投入它的实现之中"。马尔库塞十分清

---

① A. T. Ferguson ed., *Revolution or Reform? A Confrontation Between Herbert Marcuse With Karl Popper*, New University Press, inc., 1976, p. 77.

② Herbert Marcuse, *Five Lectures*, Beacon Press, 1970, p. 23.

楚,文明本身并没有什么错,文明给人带来的压抑会在人对于文明的管理中得到解除,最终让文明的成果服务于人类。

马尔库塞认为,感性和理性、幸福和自由和谐起来或者达成统一,只有在文明高度发展的情况下才可能发生;绝对的需要和绝对的贫乏也只有在这时才得以废除。文明将给人带来真正的幸福和快乐,人将真正得到解放。恰如对于资本主义社会中一切进步因素的肯定一样,马尔库塞并不像弗洛伊德那样将文明看成是造成人性压抑的根本原因,而是实事求是地将人的解放关联于已有文明的成果。马尔库塞没有陷于弗洛伊德理论的窠臼之中,而是改正了弗洛伊德较为悲观的文明观。马尔库塞说,压抑的进步的结果预示着进步本身的压抑原则的废除。想象出这样一个国度是可能的,即在其中,劳动机械化的发展使进行异化劳动的人的本能力量得以收回而回到它原来的形式之中,即回到生命本能的能量之中。异化劳动的时间将不仅缩短到最小,而且将完全消失;那时,生活将由自由时间所组成。这个国度不会是这样的状况:在异化劳动中消耗的时间占据着生活的主要部分,而留下来的归个体支配的用来满足他自身需要的自由时间仅仅是一丁点儿。① 由此来看,面对文化危机的态度,马尔库塞比其同时代的哲学家们要乐观和积极得多,也现实得多。马尔库塞一向不反对科技和文明,对于发达工作社会所造成的人的异化状态,他并不是把矛头指向科技和机器本身,而是指向管理体制和管理形

---

① Herbert Marcuse, *Five Lectures*, Beacon Press, 1970, p. 39.

式,指向社会的组织方式。这也就是为什么他更关注各种媒介因素,从总体上关注社会和人的状况的原因所在。所以在这一点上,他比弗洛伊德,比《西方的没落》的作者,比机械地反科技主义者都更高明。也正是在这一点,他还启发了哈贝马斯"交往理论"的形成。

最后,要说明的是,弗洛伊德对于人的心理的分析实质上是一种本体论的分析,是一种在普遍意义上对人的心理的分析。而马尔库塞的分析,则显然是将其置于一个具体的社会和历史境遇下来进行的。无论是《爱欲与文明》的论述,还是对于弗洛伊德人的概念的分析或对于自由与进步与人的本能关系的分析,马尔库塞都没有脱开现实的基础。马尔库塞通过恢复弗洛伊德心理分析的具体性,使弗洛伊德的理论获得了对于现实的适用能力。犹如马尔库塞在《爱欲与文明》第一版《序言》中所说:"本书之所以运用心理学范畴,是因为这些范畴已变成政治范畴。"[①]对于弗洛伊德心理分析理论的这一改造,使马尔库塞获得了社会批判分析的思路和灵感,心理学理论使他真正获得了一个新的哲学批判的理论武器。

(作者工作单位:中国社会科学院文学所)

[①] 马尔库塞:《爱欲与文明》,黄勇、薛民译,上海译文出版社,1987年版,第12页。

荣格的精神分析学在日本
——以河合隼雄的精神分析理论为中心

张文良

弗洛伊德开创的精神分析学很早就传到日本。1928年,大槻宪二(1890~1977)创立了东京精神分析学研究所,创办《精神分析研究》杂志,并在1929年至1933年间翻译出版了《弗洛伊德精神分析学全集》。日本精神分析学的另一位开拓者是古沢平作(1897~1968)。古沢曾赴维也纳精神分析研究所留学,是弗洛伊德的学生,他并向弗洛伊德提出《罪恶感的两种》的论文,在论文中提出与欧洲的"俄狄浦斯情结"不同的"阿闍世情结"的问题[①]。1934年,古沢开设了日本第一家精神分析诊所。1950年,设立"精神分析研究会"。1955年成立"日本精神分析学会",并担任第一任会长。

---

① 古沢平作:「罪悪感の両種」、小此木啓吾編『精神分析 フロイト以後』,現代のエスプリ148、1979年所收。

战后,日本的精神分析学除了作为一种治疗手段被应用于临床医学,它作为一个方法还广泛运用于文学批评、教育学、心理学、文化批判、社会批判等诸多领域。如精神分析学家土居健郎(1920～2009)的著作《"娇宠"的构造》①就是从精神分析的立场考察日本人的民族性格。该书先后被译为英、法、德、意、中、韩等国语言出版,成为最具影响力的关于日本人国民性的研究著作。小此木启吾(1930～2003)的《日本人的阿阇世情结》②继承古泽平作的观点,力图从日本的文化背景出发考察日本人的精神结构,在运用弗洛伊德的精神分析方法的同时对弗洛伊德的学说进行修正或发展。现在仍然活跃在学术界第一线的新宫一城(1950～)先后出版《梦与构造——从弗洛伊德到拉康的隐蔽之路》③、《拉康的精神分析》④、《梦分析》⑤等,追踪精神分析学在弗洛伊德之后的发展,对拉康的精神分析学说做了深入分析。

值得注意的是,日本的精神医学界除了引进弗洛伊德等西方的精神分析学派的理论之外,还产生了日本本土的精神分析流派,特别是提出"森田疗法"的森田大作的精神分析理念和实践有着强大的影响力。森田从日本传统宗教特别是佛教思想受到启

---

① 土居健郎:『「甘え」の構造』、弘文堂、1971年。
② 小此木啓吾:『日本人の阿闍世コンプレックス』、中央公論社、1982年。
③ 新宮一城:『夢と構造―フロイトからラカンへの隠された道―』、弘文堂、1988年。
④ 新宮一城:『ラカンの精神分析』、講談社、1995年。
⑤ 新宮一城:『夢分析』、岩波書店、2000年。

发,将精神疾患视为生命观、价值观的问题,而精神治疗则是一种修行,所以森田把痊愈视为"开悟"。在治疗方法上,当代的精神分析医生在精神分析之外,往往附以药物治疗,但森田疗法拒绝一切药物治疗,而是通过谈话、集会等方式达到治病的效果。围绕弗洛伊德精神分析的合理性和有效性问题,森田曾与古沢等曾展开争论。

在西方精神分析学说的日本化或本土化方面取得成就最大的是河合隼雄。河合隼雄一方面作为一位精神分析医生,利用沙盘疗法等在日本从事精神治疗的实践,传播荣格的心理学;另一方面作为学者致力于利用精神分析的方法剖析日本人的民族传统和深层文化心理,进而从日本文化的立场对西方精神分析学说做出再诠释。河合隼雄的工作取得了相当多的成果,也在西方的精神分析学界引起一定反响和共鸣,如英文撰写的《荣格心理学与佛教》[①]等借用佛教的思想和理念诠释精神分析给人耳目一新之感。在东西方文化的交流日益日常化,交流的深度和广度都达到空前程度的时代,河合隼雄的研究为我们提供了在人类的意识深层东西方文化对话的个案。

下面,以河合隼雄的相关研究为中心,对荣格心理学在日本的展开做一简要介绍和分析。

一 从荣格心理学到佛教

河合隼雄曾有多重身份,精神分析医生、大学教授、国际日本

---

① 河合隼雄:『ユング心理学と仏教』、岩波書店、1995年。

文化研究所所长、日本政府文化厅长官等。但如果在学术上为他定位的话,他是第一位将荣格心理学介绍到日本的精神分析学家。河合隼雄的青少年时代赶上了第二次世界大战,当时的蒙昧主义、权威主义的教育曾经带给他极大的精神困惑,所以在战后,一方面是当时的社会思潮的影响,一方面是河合隼雄本人的个人选择,他很快接受了西方的理性主义和科学主义,而对日本文化则抱有强烈的情感上的抵制。在大学,河合隼雄的专业是数学,毕业后成为高中的数学老师。河合隼雄本人热爱教学事业,曾立志做一辈子高中的老师。在指导学生的过程中,河合隼雄发现要解决学生们的心理和思想困扰,需要应用心理学的知识。但在当时的日本,在应用心理学领域基本上还是一片空白。为了学习欧美的应用心理学,1959年,河合隼雄远赴美国加州大学洛杉矶分校学习。

正是在这里,河合隼雄遇到了影响到他后半生研究方向的人物,这就是当时的指导教授布鲁诺·克鲁伯(Bruno Klopper)。克鲁伯教授是信奉荣格学说的心理分析学家,也是荣格学说在美国的最重要传播者之一。正是在他的直接影响下,河合隼雄走入了荣格的精神分析的世界。最初,对于梦的解析等精神分析学说,信奉科学主义的河合隼雄是抱着拒斥态度的。但在老师的规劝下,勉强走入精神分析世界的河合隼雄很快就发现了这个世界的魅力。在他本人开始学习精神分析之初,他曾做过一个奇异的梦,梦到自己捡到许多古代匈牙利的金币。奇怪的是金币上竟有东方仙人的画像。分析师在分析他的梦境时,指出河合隼雄以后

要做关于东西方文化关系的工作,并且会有许多有价值的发现①。河合隼雄后来的诸多卓越的研究工作似乎都印证了这一预言。

在美国学习期满后,河合隼雄为了进一步探求荣格心理学的真谛,又远赴瑞士的苏黎世,在荣格研究所留学。在这里,河合隼雄在学习荣格的理论和分析技术的同时也开始强烈地意识到作为荣格理论文化背景的西方人的"意识"结构与东方人"意识"结构之间的巨大差异。如西方人的"自我"意识往往是各自独立的、与他人截然隔断的个体认同,而日本人则是以自他一体感为基础形成"自我"意识。这种差异深刻影响到东西方人的思维方式、行为方式和情感表达方式,河合隼雄在留学生活中也亲身体会到东西方文化的冲突和碰撞。如在毕业答辩时,当审查官问到"自我的象征有哪些"时,河合隼雄虽然知道标准答案(如"曼陀罗"),但还是按照自己的思维惯性说出了"森罗万象"(everything)。这种非典型性回答曾让审查官对其荣格心理学素养产生怀疑,但对河合隼雄来说,这样的回答又是他所生活其中的日本文化背景的不自觉的流露。如日本佛教教义中有"草木国土悉皆成佛"的说法,这种具有万物一体思想倾向的教义曾深刻影响到日本人的世界认知方式。虽然河合隼雄当时还对此没有自觉的意识,但他拒绝西方式的标准答案、不自觉地选择日本式的回答,实际上反映了深层的民族文化心理结构对人的规范力量。

---

① 参见河合隼雄『ユング心理学と仏教』、岩波書店、1995 年,34~35 页。

在回到日本后,河合隼雄作为第一个获得荣格精神分析师资格的日本人,主要从事以沙盘疗法为核心的心理治疗工作。但在美国和瑞士体验到的东西方文化的冲突和碰撞,让他意识到荣格心理学背后的"自我"意识只是人类精神发展史上的范式之一而不是全部。为了证明西方的"自我"意识是相对的而非绝对的,就需要揭示出"自我"意识在东方世界的特殊形态。河合隼雄归国后三十年的理论工作,实际上就是围绕这一课题而展开。最初,河合隼雄是通过对日本古代的民间故事的研究而探讨日本人的意识和精神构造,这一努力见于他最早的著作《民间故事与日本人的心》①。如他通过研究发现日本的文化底层是母系文化,这在神道教中的母性太阳神中得到确认。而在其他的文化体系中,太阳神往往是男性神。而且日本人的元母形象往往是绝对正面的形象,没有否定性的要素,所以难以见到所谓"杀母"情结。但随着战后欧美式近代化的"自我"意识的渗透,元母形象的负面因素开始显现。这在日本人的精神发展史上是一个值得关注的重大事件。

在从事心理治疗过程中,河合隼雄接触到的许多病例中都有病人(大多并非佛教徒)在不自觉的状态(如梦境)中出现佛、菩萨、寺院等形象,而且这些形象明显具有强烈的象征意义。这就促使河合隼雄思考佛教在塑造日本人的意识和精神结构过程中的作用问题。关于佛教与精神分析的关系,河合隼雄曾出版《明

---

① 河合隼雄:『説話と日本人の心』、岩波書店、1982年。

惠——活在梦中》(岩波书店,1988年)和《荣格心理学与佛教》(岩波书店,1995年)。前者是通过对日本佛教史上的著名僧人明惠的《梦记》的解析,考察佛教思想和理念是如何塑造日本人的意识和潜意识的。而后者则是根据河合隼雄在美国耶鲁大学的演讲整理而成。在本书中,河合隼雄探讨了西方近代的思考法和佛教所代表的思维方式、世界观之间的关联,提出"非个人的心理疗法"的全新概念。河合隼雄的创造性工作得到西方心理学界的高度重视,曾有四部著作被翻译成英文出版。在荣格心理学的日本化方面,河合隼雄无论在理论上还是在实践上都作出了开拓性贡献。

二 梦的解析与非个人关系的发现

众所周知,梦的分析在精神分析理论和实践中占有重要地位。在弗洛伊德看来,"梦"通过改变的形式曲折反映出人被压抑的欲望,所以"梦"是突破人的表层意识屏障深入到人的深层意识的重要途径。而对被治疗者的"梦"的分析是挖掘其最本真的意识、帮助其释放受压抑的情感和欲望的最主要的方法。

荣格也重视梦的分析,在晚年所撰《自传》的《死后的生命》一章中,荣格提到自己所做的一个梦:"我在散步,走在风景如画的丘陵的一条小路上。艳阳高照,极目四方,视野开阔。走到路端一个小小的礼拜堂。堂门半掩,我走了进去。让人吃惊的是里面的祭坛上既没有圣母像也没有十字架,只有盛开的鲜花。还见到

一位瑜伽行者在祭坛前的地上结跏趺坐,沉浸在冥想之中。再走近一看,这位修行者竟然长着与我一样的面孔。我很惶恐,悚然惊醒。"①关于这一奇怪的梦,荣格曾做出如下的解说:"梦的目的在于带来自我-意识与无意识之间关系的逆转,昭示人们无意识才是现实的、经验世界的人格的发生源泉。这种逆转意味着,如果我们站在'那一侧'来看,无疑这一存在才是真实的存在,而我们的意识世界则是一种幻想。正如在梦中梦才是现实的存在一样,意识的世界或许只是我们出于特殊的目的创作出来、给别人看的现实而已。显然,这种状态与东洋人的摩耶(māyā)概念非常接近。"②

荣格在这里提到的摩耶(māyā)概念是出现于印度佛教、印度教的一个重要概念。印度人有着冥想和禅定的传统。从事冥想实践的人们对意识与作为意识对象的外部世界的认识会与常人不同。一般认为我们周围的世界是实在的,而人的意识常常会出现错觉、幻想(摩耶(māyā)一词的原始含义)等。但在佛教或印度教看来,与人们通常的认识相反,真实存在的是人的意识,而周围的世界则是一种错觉或幻觉。荣格通过对梦的分析,得出了与东方神秘主义相近的结论。当然,摩耶(māyā)概念反映的是内在的意识与外在的环境的关系,而荣格对梦的分析则是针对意

---

① C.G.ユング(河合、藤縄、井出訳)『ユング自伝』2、みずほ書房、1973年。

② 转引自河合隼雄『ユング心理学と仏教』、岩波書店、1995年,131页。

识与无意识的关系,两者之间有所不同。但在颠覆传统的认识、颠覆传统的真实观方面,两者是相同的。

河合隼雄认为,梦的意义在于让我们更深入地思考"自我"和"我"的概念。在西方近代以来的传统中,"自我"往往被界定为意识、思维的主体,如笛卡尔的"我思故我在"的说法就典型地反映了这一立场。弗洛伊德也将"自我"与"我"等同起来。这样做,我们在考察"我"的问题时,就可以把"我"简约为意识或无意识主体的"自我",并将其对象化而加以客观分析。应该说,精神分析学的诞生和发展,精神分析疗法的出现都是这种简约化和对象化的结果。但梦的分析却为我们打开认识"自我"概念局限性以及将"自我"等同于"我"的非合理性的窗口。

河合隼雄通过两个梦来说明这一点。一是出自《今昔物语》中的故事。《今昔物语》是成书于12世纪初的佛教故事集,其中的"信浓国王藤观音出家语"的故事云,有一温泉村的村民梦到第二天午后二时会有观音菩萨到温泉村来,并且在梦中还有人告诉他观音菩萨会打扮成四十岁左右的武士模样骑马而来。这位村民把这个梦告诉了大家,第二天,全村人都在翘首等待观音菩萨的到来。午后二时,果然有一位武士模样的人骑马而来。村民们都激动不已,全部跪在武士面前礼拜。武士很惊讶,自述骑马打猎途中坠马摔伤,中途来到温泉村。当他听到村民讲述的梦的故事,感慨道"这么说自己是观音菩萨啊",并发心出家,到京都的比叡山修行。这个故事说明,武士的自我认同不是来自自己的判断,而是来自别人在梦中对自己的定位。也就是说,不是"我思故

我在",而是"他人有梦故我在"。本来,在近代西方对"自我"的认识中,"自我"是通过与"他者"的区隔而获得独立性,"自我"意识的形成是与"他者"意识的形成同步进行的。但在上述故事中,在梦的世界里,"我"与"他者"之间的界限变得模糊起来。在完全不相干的人的梦中出现的"我"决定了"我"的自我认同,这说明"我"与"他者"之间的边界是相对的,也是流动的。

当我们问"我是谁(Who am I?)"时,我们可以从不同的方面对"我"做出界定,如"我"是老师、"我"是学生等。但如果要问"什么是'我'(What is 'I'?)",就不是一个容易回答的问题。西方人通常在与"自我"关联中理解"我",而东方人则倾向于在自他未分离的状态中理解"我"。河合隼雄举出《今昔物语》的另一个例子来说明这一点。《今昔物语》的"西京仕鹰者见梦出家语"讲,有一位饲养鹰犬狩猎人梦到自己和妻子、三个孩子变成了野鸡,生活在荒原。这时有人牵着鹰犬过来追逐他们,最后,他的妻子和三个孩子悲惨地死去。等鹰犬奔向他时,他受惊吓而从梦中醒来。此人觉悟到野鸡的痛苦,放弃了狩猎职业而出家。这里值得注意的地方是,做梦者在梦中变成人之外的生物,并获得了与野鸡一样的感受,而且"梦"中的体验成为现实中"我"的行动的原动力。

河合隼雄通过对日本人梦境的分析,发现在日本人的意识深层,"我"不是现代心理学意义上的"自我"或自我意识,而是一种超越个人与他人,乃至超越人与其他生物界限的关系性存在。弗洛伊德、荣格的重要理论贡献是对人的深层意识的开掘,是对人的意识的多层次性结构的发现。但在西方人的传统中,无论人的

意识层次有几重，最终有一个作为统合者、主宰者的"自我"存在。只有这一统合者存在，人的意识活动才是统一的、协调的，反之，这种统合功能失调则意味着精神病患。但河合隼雄认为人的意识世界并没有这样一个作为统合者的"自我"存在。他借用免疫学的"超级系统"的概念，将人的意识世界也视为一个"超级系统"。即正如人身体由神经系统、内分泌系统、免疫系统等子系统所构成，各个子系统虽然皆具有统合性但在各自系统之上并没有一个统合者一样，在人的意识世界里，虽然不同层次的意识各自具有统合性，但并不存在一个最终统合者。而"超级系统"的概念意味着，虽然不存在这样一个作为统合者的"自我"，却并不意味着系统整体的崩溃，也不妨碍意识世界的正常活动。

这种从超个人的关系性的视角理解人的意识世界的思想，按照河合隼雄的说法，实际上也存在于荣格的思想之中。荣格虽然将意识的中心视为"自我"，但又认为"自我"既是"中心"又是"全体"。当有人问荣格"自我"具体何所指时，荣格回答"你们大家"（all of you）[①]。河合隼雄正是受到荣格思想的启发，同时结合对日本人梦境的分析，得出我们应该超越中心原理或法则的思维惯性，从关系性入手分析意识活动的结论。

三　俄狄浦斯情结与阿阇世情结

俄狄浦斯情结是弗洛伊德在观察分析神经症的成因时提出

[①] 参见河合隼雄『ユング心理学と仏教』、岩波書店、1995年，212页、214页的注12。

的概念。弗洛伊德认为儿童在三至五岁时如果在处理父亲-母亲-孩子这种关系时遭遇冲突和纠结,如母亲过于强势而父亲过于软弱,或反过来父亲过于强势而母亲过于弱势等,都可能使孩子产生占有父母一方而敌视另一方的情感,而这种情感与自然亲情相矛盾,于是造成孩子产生内疚、焦虑、犯罪感等否定性情感。这种情感潜伏在意识深处,在青春期或成年之后就表现为人际关系障碍、人格障碍或神经症。希腊悲剧《俄狄浦斯王》所表现出弑父娶母的悲剧是这种"俄狄浦斯情结"的极端形态。

对于弗洛伊德的"俄狄浦斯情结"说,后来的西方精神分析学界也有质疑和批判(如克莱因和胡科特等)。而最早对弗洛伊德之说提出补充说明的是日本早期的精神分析学家古沢平作。他在留学维也纳期间,曾亲自接受弗洛伊德的精神分析。他提出,除了弗洛伊德所说的基于"俄狄浦斯情结"的罪恶感之外,实际上还有另一种罪恶感。他借助佛教中的阿闍世故事来说明这种罪恶感,称之为"阿闍世情结"。

按照古沢平作及其弟子小此木启吾的叙述,阿闍世王的故事概要如下:王舍城的频婆沙罗王的王妃韦提希夫人年老色衰,担心失去丈夫的宠爱,很想生个王子。有预言者告诉夫人,三年后,深山的某位仙人会投胎于她。但韦提希夫人等不及,把仙人杀害。仙人临死怀恨而言"你肚子里的孩子将来会杀他的父亲"。韦提希夫人生下的孩子就是阿闍世王子。在他长大后,释迦牟尼的敌人提婆达多将这段曲折的身世告诉了阿闍世王子。阿闍世一怒之下,将父亲囚禁起来,准备将父亲饿死。但韦提希夫人偷

偷送食物给国王。阿闍世知道后欲将母亲也一同杀害,但被大臣所阻止。后来,阿闍世得恶疮,其他人避之犹恐不及,唯有韦提希夫人不仅原谅了阿闍世弑母的企图,而且奋不顾身地照顾他。阿闍世为母亲的这种献身性的爱所感动,在感动中深深体会到一种罪恶感。①

　　古沢平作和小此木启吾通过阿闍世王的故事,力图说明,与"俄狄浦斯情结"是针对父亲的、由弑父行为所带来的罪恶感不同,"阿闍世情结"则是自己的罪孽被母亲所宽宥所带来的负疚感和罪恶感。

　　但河合隼雄研究发现,古沢平作和小此木启吾关于阿闍世王的叙述与佛经中的故事文本并不一致。如《涅槃经》中的阿闍世王的故事梗概如下:因为有预言者预言仙人将投胎于韦提希夫人,生下的儿子将不利于频婆沙罗王,频婆沙罗王遂将仙人杀死。等韦提希夫人生下阿闍世王子,频婆沙罗王将他从宫殿的高处摔下。但阿闍世王子并没有死,而只是折断一根手指。阿闍世王子长大后知道了自己的身世,杀死了父亲,将母亲也囚禁起来。但阿闍世王子因为杀死父亲而感到罪孽深重,担心自己会堕入地狱,身体也长出恶疮,痛苦不堪。后来释迦牟尼佛告诉他,如果阿闍世王堕入地狱,佛也会去地狱救度他。

　　很显然,佛经中关于阿闍世王的故事情节和主题与古沢平作和小此木启吾的叙述有根本性的差异。佛经中的故事轴心是阿

---

① 小此木啓吾・北山修編『阿闍世コンプレックス』、創元社、2004年。

阇世王和频婆沙罗王,韦提希夫人在故事中是一个可有可无的角色,故事的主题是关于父子之间的冲突-死亡-纠结。而在古沢平作和小此木启吾的叙述中,频婆沙罗王退居次要角色,韦提希夫人-阿阇世王成为故事的轴心,主题也成为母子之间的冲突-和解-纠结。古沢平作和小此木启吾关于阿阇世王的故事可以说是独立于佛经之外的另一个故事。

那么,河合隼雄是如何看待两个版本的阿阇世王故事呢?河合认为从解释学的立场看,发生在古印度的阿阇世王的故事在日本的文化背景下出现变形是自然的文化现象,正如《圣经》的故事在日本流传过程中所发生的变形一样。而阿阇世王故事之所以由一个以父子关系为主题的故事变形为以母子关系为主题的故事,有两方面的原因。一是在日本文化中母-子关系极为重要,在个人关系层面,比之父-子之间的纵的关系,母-子之间的横的关系在日本孩子的精神成长过程中所占比重更大。按照荣格的原型理论,决定人的思考方式和行为方式的除了个人的因素还有更重要的非个人要素,这就是作为原型的集体无意识。同样的,如果说在俄狄浦斯神话中作为原型出现的是作为主司罪罚的父性神,那么,在日本的阿阇世王故事中作为原型出现的就是主司宽宥的女性神。也就是说,在非个人的层面,日本文化传统中的女性神的信仰是阿阇世王故事变形的重要文化动因。

阿阇世王发生变形的另一方面的原因是阿阇世王故事原本就具有的女性原理的存在。在古印度的阿阇世王故事中,虽然故事的主角是男性,故事的轴心是父-子关系,但正如故事所提到的

佛会到地狱救度众生那样,故事的背景实际上是以慈悲、包容、救度为核心的母性原理。这种母性原理作为原型存在于阿阇世王的故事中,当这一故事被置于日本文化背景之下,就与日本文化中的女性神和重视母-子关系的因素结合起来,由一种原型性存在显现为具体的故事情节。这就是我们在古沢平作和小此木启吾的阿阇世王故事中所看到的情节。

河合隼雄还注意到古沢平作和小此木启吾的阿阇世王故事中的另一个情节,即韦提希夫人为了留住频婆沙罗王的宠爱而杀死仙人。通过这一情节可以看出,在韦提希夫人身上既有作为母亲所具有的无私的母爱,同时也有作为妻子所具有的极端的自私。这种利己的感情和行动虽然是负面的,但从个体的觉醒、自我意识的确立的角度看又是有积极意义的。特别是在日本文化传统中,妇女一直是隐性的存在,没有独立的人格。古沢平作和小此木启吾设立这一情节,很可能是在潜意识中包含着对日本新女性的期待。河合隼雄在自己在精神分析治疗的经验中也发现,随着日本女性走向社会,活跃于社会的各个领域,女性的自主意识、自立意识越来越强烈,在她们身上体现出权利意识、控制意识、占有意识等父性原理的性格,使得仍然习惯于母性原理的父亲、丈夫等常常处于困惑之中。受到欧美文化的冲击,日本人的民族性格往何处发展确实是一个饶有兴味的问题。

四 无意识的世界与《华严经》的世界

河合隼雄最有影响的理论工作是结合佛教思想对心理分析

的再阐释,但他并不是一开始就对佛教有兴趣,相反,他最初把佛教视为与科学主义相对立的蒙昧主义文化而远离之。但在美国留学时,河合隼雄接触到了禅宗的"十牛图",这是通过失牛、寻牛、得牛的过程阐释人由迷到悟的转化过程的系列图画。这成为他日后写作比较"十牛图"与西方炼金术的"蔷薇图"的佛教论文①的远因。在苏黎世留学时期,河合隼雄又读了荣格作序的铃木大拙的英文著作《禅佛教》。但河合隼雄真正自觉地从佛教的立场考察荣格心理学是在回到日本之后的事情。其契机还是基于西方文化传统的荣格心理学在日本遭遇了水土不适。在最初阶段,河合隼雄运用荣格心理分析的方法,如梦的解析、绘画、沙盘疗法等为病人治疗,取得了一定的成果。但有一次一位看起来热衷于沙盘的女病人拒绝再次制作沙盘。河合隼雄问其理由,病人竟说自己并不是为了治病才到这里,"而就是为了来这里而来这里"。沙盘疗法是基于西方人的思维方式,即个体的意识自主和独立,由分析师对病人进行诊断和治疗,但在日本人的场合,病人追求的是与分析师的"共在"的关系,即双方只要在共同的时空关系中,意识之间有某种互动和共鸣就达到目的,治疗只是这种"共在"关系的次生品或者附属物。这件事情给河合隼雄带来极大的思想冲击,促使他思考日本人思维和意识的独特性。

日本人的这种在关系中把握"自我"的思维习惯有没有更深的思想基础呢? 在思考这一问题时,河合隼雄发现佛教的缘起

---

① 河合隼雄:「元型としての老若男女」、叢書「文化の現在」5、岩波書店、1987年。

说,特别是《华严经》的性起说具有特别重要的意义。佛教所说的缘起是指一切存在都没有自己的本质规定性("自性"),万物都是由各种因缘和合而成,因而是"空"的。《华严经》的性起说则进一步认为诸法的缘起是同时俱起,也就是说与日常经验世界的因果关系不同,缘起不是先因后果的"历时性"的过程,而是"共时性"的结构,是同时因、同时果。如此一来,诸种要素应该不分先后、不分主次地同时存在,那为什么会有现象形态上的诸种不同呢?华严哲学以"主伴"论来解释。即在无限要素构成的、重重无尽的存在网络("因陀罗网")中,如果某种要素进入人的视域,与主体产生关联,它就显现为"有力"(积极的、显现的、自我肯定的、支配的)要素,而其他的要素则成为"无力"(消极的、退隐的、自我否定的、被支配的)要素。虽然"有力"的要素引人注目,但"无力"的要素并不是不存在,只是作为深层构造以潜在的方式而存在。

荣格所说的个人无意识、集体无意识,如果站在《华严经》性起的立场来看,则是作为"无力"要素的人的意识世界的组成部分。按照性起说的说法,要体认存在的空性,即深入到无尽缘起的世界,需要主体的意识的"空化"。意识的"空化"是指消除对事物的分别意识("分别心"),最终达到对万物一体的认识。佛教中的冥想、读经、坐禅等都是为了消除这种分别意识,进而突破表层意识的障碍,引导人深入到意识的深层。这一过程实际上是表层意识的降解过程。这种意识降解到极限,就是《华严经》所描绘的那种"空"的境界。

问题是《华严经》所说的"空"的世界是否就是精神分析学说

中的"无意识"呢？河合隼雄认为两者不能等同。因为荣格明确地把"无意识"定义为"不能意识得到的意识"，也就是说，它仍然是一种意识，只是超出了我们通常的意识范围而已。"无意识"并不是经验世界之外的超验的存在，而仍然是一种我们可以通过各种手段进行观察、通过语言进行描述的经验性事实。而《华严经》所说的"空"是对一切分别意识的超越，是最终超越主客对立的世界。在这里，没有观察者也没有观察对象，是主客体未分的一片混沌的状态。

"无意识"与"空"的不同，源于前者是一个心理学的概念，而后者是宗教实践的概念。前者是以"自我"的存在为前提的由"自我"来把握的观察对象和研究对象，而后者则是通过修行所达到的境界。如在禅宗中，这一境界就是"无"的境界。而在趋向这一境界的过程中，"意识"和"无意识"都是需要穿越的中间地带，是需要排除的对象。禅宗的创立者慧能在《坛经》中提出"无念为宗"，就是视一切意识和无意识为否定的对象、克服的对象。

由于佛教在日本文化中的持久的、广泛的影响，佛教的思维方式深刻影响到日本人感知世界的模式。河合隼雄接触佛教虽然是偶然的，但作为无意识中受到佛教浸染的日本人，在探讨意识和自我问题时与佛教相遇又具有某种必然性。当他有意识地根据佛教的理念阐释自己熟悉的精神分析理论时，他就能够在更广阔的理论背景下关照荣格等人的理论，并在实践方面做出新的开拓。

一个显著的例子是河合隼雄在处理与患者关系时的态度变

化。由于日本人在处理人间关系时普遍的、强烈的母亲原型的作用,患者往往把救世观音的形象投影到治疗者身上,而治疗者也有意无意地扮演着救世观音的角色。一旦治疗者拒绝扮演观音的角色,往往意味着治疗关系的中断,甚至造成患者走向极端。这就给治疗者带来极大的精神负担。河合隼雄因为精神疲劳和不堪重负,甚至产生过自杀的念头。治疗者与患者之间的紧张关系,缘于治疗者与患者在治疗关系中实际上处于不同的意识层面。患者是在原型的层面与治疗者交往,而治疗者则处于表层意识的层面。这样虽然患者期待治疗者是全知全能的观音,但治疗者在表层意识的层面不可能一直扮演这样的角色。河合隼雄受到《华严经》的缘起、性起说的启发,在治疗过程中,有意识地深入到意识的深层与患者交往,这样治疗者与患者的关系就不是独立个体与独立个体之间的关系,而是两者在关系性中"共同浮游",双方建立一种"非个人的关系"。

这种非个人的关系并不是以前所说的治疗者的中立性,相反它是一种更深层面的投入和参与。如原来只停留在表层意识,治疗者会有意识地压抑自己的感情表达,在治疗现场尽量不表现出喜怒哀乐。但在"非个人关系"中,个人的感情得到自由抒发,从而减少了精神的压抑和精神疲劳,治疗效果也更好。

五 结 语

河合隼雄游走于西方和东方之间,力图在东西方文化之间架

起一座沟通的桥梁。可以说河合隼雄的努力取得了巨大的成功。这种成功,一方面表现在他吸收佛教的思想和理念拓展了西方精神分析、心理治疗的理论和实践;另一方面也为重新关照日本的文化,包括佛教文化,提供了新的视角和方法论。如河合隼雄对日本古代著名思想家明惠的梦的解析,对日本净土真宗创立者亲鸾的梦的解析,都发前人所未发,给日本文化研究带来了新的范式。当然,河合隼雄的身份始终是一位心理治疗师,一位文化学者,而不是宗教学者。这就决定了他对佛教的理解往往是利用第二手资料、通过其他人的研究著作而获得,对佛教的概念,如缘起、性起、空等的解释多有牵强、片面之处。对明惠、亲鸾的梦的解析如果能够与他们的思想整体以及他们所处的时代背景联系起来考察也许更有意义。尽管如此,河合隼雄所确立的心理学与佛教学、文化学的沟通与相互阐释的范式,为后来的研究者开辟了广阔的研究空间。

(作者工作单位:中国人民大学佛教与宗教学理论研究所)

齐泽克论意识形态理论释例

季广茂

齐泽克论意识形态,颇多妙论。现做少量摘抄(主要摘自笔者所译的《意识形态的崇高客体》),然后翻译,再后释义(paraphrase)。如此做法,看似极其简单,实际并非如此,这与精神分析理论的一个特点有关:精神分析并注的是"无意识的逻辑",关注的是"欲望的原理",其理论博大精深。精神分析理论的博大精深,常常折射于它的重要范畴("主人能指")和重要命题(语句)之中。齐泽克有关意识形态的命题(语句)就是如此。这些命题(语句)看似简单,其实浓缩了精神分析理论的主要学理,理解起来相当不易。如此范畴和命题,可谓"一沙一世界,一花一天堂"。充分理解了这些语句,不仅可以帮助我们理解齐泽克的意识形态理论,而且意味着我们已经理解了齐泽克意识形态理论的关键内核。不过话分两头,要想理解这些语句,必须对齐泽克的意识形

态理论有相当的了解。

● 摆脱(被我们体验为)意识形态(的那种事物),正是我们受其奴役的一种形式。(The stepping out of (what we experience as) ideology is the very form of our enslavement to it.)

【注解】在某些情况下,我们越拉着架子,要摆脱某种意识形态,我们就越是受其奴役。因为意识形态并不处于意识的层面,而处于无意识的层面;它所遵循的逻辑并非意识、理性的逻辑,而是无意识、非理性、欲望、幻象、症兆等的逻辑。我们刻意摆脱某种意识形态,其实遵循的正是这种意识形态希望我们遵循的逻辑,因而也中了它的诡计,成了它的奴隶。

● 意识形态与"幻觉"无关,与"幻觉"的社会内容的错误的、扭曲的再现无关。(Ideology has nothing to do with "illusion", with a mistaken, distorted representation of its social content.)

【注解】意识形态与"幻觉"。"幻觉"有其社会内容,如激进的乌托邦。这些社会内容通常都是错误的,都是被扭曲的。在弗洛伊德以前(包括弗洛伊德,他有《幻觉的未来》),意识形态乃"幻觉",乃"虚假意识"(false consciousness)。但到今日,意识形态则是响当当的现实,即某种行为、实践或践行。这些行为、实践或践行是基于无意识的,是无意识的外在化。开会即一种仪式,参加这种仪式即是对这个仪式及其社会内涵的认可、接纳。西藏的转经轮,情景喜剧(sitcom)中的罐头笑声(canned laughter),都是如此。

● 意识形态批判的出发点,是必须承认,在说实话的伪装下说谎,是完全可能的。(The starting point of the critique of ideology has to be full acknowledgment of the fact that it is easily possible to lie in the guise of truth.)

【注解】说谎的定义是"故意是假话,以达到骗人的目的"。骗人的目的或许依旧,但手段已经变化:以前说是假说,冒充真话;现在是说真话,其实是在说假话。信息时代,透明度大增,撒谎的难高越来越大,成本越来越高。于是改变了策略:说真话,但有选择,只说对自己有利的真话,不说对自己不利的真话。世界各大新闻传媒都明白这个道理。伊朗的PressTV最典型。它的世界新闻相当真实,却是有所选择的真实。看它的新闻,发现全世界人民都在风起云涌地反抗美帝国主义及其代理人——以色列,都在支持伊朗"人民"和巴基斯坦"人民"的正义斗争。

● 每种意识形态都依附于某种快感之核。不过,它依然保持着"含混的剩余"这一身份。(Every ideology attaches itself to some kernel of jouissance which, however, retains the status of an ambiguous excess.)

【注解】每种意识形态都包含着某种快感之核。快感当然不是生理意义上的快感(如渴了喝水、饿了吃饭),而是心理意义上的快感(如透过别人的眼睛来吃饭和喝水带来的快感)。它并不处于意识的层面(纯粹而单一的快感),而处于无意识的层面(含混而杂多的快感,如痛快之快,是基于受虐的快感)。这样的快感永远是杂多而暧昧的,永远都是某种"剩余"(excess),具有无穷

的能产性和持久力。在这方面,政治意识形态并不明显。西方人的排犹主义总是给他们提供或隐或显的快感,至今如此。中国人对于权柄的执著,也是各种意识形态的快感之核。如今,无论在朝在野,无论表面上信奉何种主义,都以保持权柄或获取权柄为终极目标。审美意识形态的快感之核最为明显:为什么至今还有人喜欢"革命样板戏"并念念不忘?为什么那么多人还在喜欢《沙家浜》中的"智斗"?因为在阿庆嫂、刁德一和胡传魁之间充斥着某种"力比多能量"?为什么文学作品中即使最俗最滥的三角恋仍有其经久不息的魅力?不要忽视审美意识形态的社会政治内涵。

● (意识形态的能指网络在"掌控"着我们,由此产生的)意识形态效果的最终支撑物,是愚蠢的、前意识形态的享乐之核。(The last support of the ideological effect (of the way an ideological network of signifiers "holds" us) is the non-sensical, pre-ideological kernel of enjoyment.)

【注解】拉康的精神分析经历了结构主义的洗礼,而结构主义是以现代语言学为根基的,因此拉康的精神分析必受现代语言学的影响。其最浅显的表现形式,即借助于现代语言学的概念来分析无意识的结构。所以才有了"意识形态的能指网络"一词。真正的意识形态都是没有所指的能指,即"空洞的能指"。如此"空洞的能指"又被称作"主人能指"或"主能指"(master signifier)。我们被意识形态的能指网络"掌控"着,只有这样,意识形态才能发挥其效力,产生"意识形态效果"。但意识形态之所以能有此效

果，并不因其理性的内容，而是因其非理性的内容，即"愚蠢的、前意识形态的享乐之核"。这里的"享乐"类似于法文中的"快感"（jouissance），二者虽略有差异，但可忽略不计。在意识形态形成之前，已经存着某种享乐之核，并以这种享乐为存在的根基。理论上清晰表述出来的意识形态都是对这种享乐之核的"合理化"而已。消解意识形态最难，难的不是它的理论。指出其理论的矛盾与荒谬并不难，难的是消除这种"愚蠢的、前意识形态的享乐之核"，它在左右着一切，它是冰山处于水下的那一部分，甚至人们根本意识不到这种"享乐之核"的存在。

● 一种意识形态认同真正地掌控我们，恰恰发生在这样的时候：那时，我们保持着清醒的认识，觉得自己并没有完全与这种意识形态认同保持一致，觉得在这种意识形态认同的下面，存在着一个性情丰富的人。我们会说："并非一切都是意识形态，在意识形态面具之下，我是一个人。"这话正是意识形态的形式，是意识形态"实际功效"的形式。（An ideological identification exerts a true hold on us precisely when we maintain an awareness that we are not fully identical to it, that there is a rich human person beneath it: "not all is ideology, beneath the ideological mask I am also a human person." is the very form if ideology, of its "practical efficiency". ）

【注解】齐泽克还在提醒我们，强调意识形态的无所不在和魔力无边。我们信奉某种意识形态时，它当然存在；我们与某种意识形态采取不即不离的态度，它依然存在；即使我们在大张旗鼓

地反对某种意识形态时,它依然强有力地存在。它是一种魔鬼式的存在。还是那句老话:它遵循的逻辑是无意识的逻辑,是欲望的逻辑,是幻象的逻辑。这种逻辑逃避我们的意识、理性,使我们对它一无所知;即使我们在某种程度上意识到了这一点,还是感到无能为力。它只能解释世界,无法改变世界。所以才有了"穿越幻象,认同症兆"之说。我们常常觉得自己既非左派,亦非右派,落了个自在逍遥,其实呢,某些意识形态正是通过这种形式发挥效力的。

● 适合于晚期资本主义"后意识形态"社会的意识形式,是犬儒的、"清静的"态度。这种态度在"意见"的问题上倡导自由的"开放性"(人人都自由地信奉自己想要信奉的东西,这样做仅仅涉及他或她的隐私),漠视可怜的意识形态措辞,只以功利主义和/或快乐主义为动机。严格说来,这种态度依然是意识形态的态度:它涉及一系列的意识形态预设(这些预设表现在"价值观念"与"实际生活"之间的关系上,表现在个人自由的问题上),这些预设对于现存的社会关系的再生产来说,都是必不可少的。(The form of consciousness that fits late capitalist "post-ideological" society — the cynical, "sober" attitude that advocates liberal "openness" in the matter of "opinions" (everybody is free to believe whatever she or he wants; this concerns only his or her privacy), disregards pathetic ideological phrases, and follows only utilitarian and/or hedonistic motivations — stricto sensu remains an ideological attitude: it involves a series of

ideological presuppositions (on the relationship between "values" and "real life", on personal freedom, etc.) that are necessary for the reproduction of existing social relations.)

【注解】齐泽克还在强调意识形态的无所不在。他提醒我们，即使生活在一个自由的社会里，即使享有充分的自由，想相信什么就相信什么，但我们依然逃不脱意识形态的魔掌。这是因为，无论你相信什么（我们的悲剧在于，我们生活在社会中，必须相信什么，相信好人总比坏人多，好货总比坏货多，进食堂相信厨师不会下毒，坐飞机相信驾驶员有驾驶资格，等等，否则寸步难行，度日如年。我们要有怀疑精神，但怀疑精神并不意味着怀疑一切，而是怀疑某些超乎经验和常识的理论），都有其预设。比如，我们相信，"事实"和"价值"是两码事，"事实"和"意见"也是两码事，似乎"事实"是"硬"的，"意见"是"软"的，其实，事实都是"价值化"的事实，"意见"也是"意见化"的事实。这样的预设显然是意识形态的态度，是靠不住的。但我们并没有意识到它们靠不住。值得注意的是，齐泽克在此采取了"功能主义"的态度：他认为意识形态的功效（我们所谓的"功能"）比意识形态本身（我们所谓的"本体"）更为基本。他相信，意识形态之为意识形态，是因为它们在发挥意识形态的功用。即使在自由的社会里，在意识形态最不明显的社会里，它也发挥着"再存的社会关系的再生产"的作用。

● 意识形态的功能并不在于给我们提供一个出口，供我们逃避现实；而在于向我们提供社会现实，并把它当成一种逃避。(The function of ideology is not to offer us a point of escape

from our reality but to offer us the social reality itself as an escape.）

【注解】这是对弗洛伊德有关梦的功能理论的套用。在普通人那里,梦是对现实的逃避;但在弗洛伊德看来,现实是对梦的逃避。在普通人那里,现实比梦重要;在弗洛伊德那里,梦比现实重要,因为只有在梦中,我们才能遭遇自己的"实在界",才能展示自己的欲望(虽然也有二度修正),而那才是我们的本质之所在。而现实只是对"实在界"的掩盖、遮蔽或逃避。我们做梦,在梦中,我们杀人放火受招安。在对普通人而言,算不了什么,因为我们本质上是个好人,只是一不留神,做了个梦,梦里变成了坏人。但在弗洛伊德看来,并非如此:我们本质上都是坏人,但在现实上把自己装扮成好人。就功能而言,普通人所谓"梦",正是弗洛伊德所谓"现实";普通人所谓"现实",正是弗洛伊德所谓"梦"。梦不是我们逃避现实的出口,相反,现实却是我们逃避梦的出口。同样,意识形态不是梦,不是我们逃避现实的出口,相反,意识形态就是现实,它是我们逃避梦的出口。意识形态就渗透在我们生活的方方面面和点点滴滴之中。

● 意识形态的基本层面,并不是掩饰事物的真实状态的幻觉层面,而是结构我们的社会现实的(无意识)幻象的层面。在这个层面上,我们的社会当然远非后意识形态的社会。犬儒性的距离只是众多方式的一种,它使我们对意识形态幻象的结构性力量视而不见。即使我们并不认真地对待事物,即使我们保持反讽的距离,我们依然在做那些事情。(The fundamental level of ideo-

logy is not of an illusion masking the real state of things but that of an (unconscious) fantasy structuring our social reality itself. And at this level, we are of course far from being a post-ideological society. Cynical distance is just one way – one of many ways – to blind ourselves to the structuring power of ideological fantasy: even if we do not take things seriously, even if we keep an ironic distance, we are still doing them.)

【注解】齐泽克告诉我们，意识形态的作用不同于幻觉，而幻觉的基本作用是掩饰事物的真实状态；意识形态的作用相同于幻象（幻象不同于幻觉，因为它处于无意识的层面，涉及人的欲望），而幻象的基本作用是结构现实。这涉及齐泽克的现实观，在他那里，现实永远是"现实感"（sense of reality），这是不言自明的。在齐泽克看来，现实的构成离不开幻象；一旦抽离了幻象，现实就会成为纯粹的噩梦（在他那里，这也是噩梦的定义）。意识形态涉及无意识，无意识的核心是欲望，欲望是"对象小 a"（崇高的意识形态）为载体的，是以幻象的形式投射出去的，现实是由幻象构成的。所以说到底，意识形态是结构现实的力量。从这个意义上看，即使意识形态意味着邪恶，它也是必要的邪恶。

● 对象小 a 是"崇高的意识形态客体"：它是意识形态的命题的幻象支撑。（Objet petit a is the "sublime object of ideology": it serves as the fantasmatic support of ideological propositions.）

【注解】在齐泽克那里，意识形态、意识形态的认同、意识形态

的预设、意识形态的命题……这些概念各不相同。"意识形态的命题"显然是以理论形式陈述出来的意识形态,是意识形态众多形式中的一种。可能也是最明显、最不重要的一种。在拉康和齐泽克那里,"对象小 a"是一个复杂多变的概念。晚年拉康把对象小 a 界定为"残渣",即实在界在进入符号界后,因为符号界无法完全消化而形成的残渣。这告诉我们,实在界总是要进入符号界的,但又无法全部进入,总要产生某些残渣。它是欲望的载体,当然也是快感的载体。这里所谓的"崇高"不同于我们理解的作为审美范畴的"崇高",这里所谓的"崇高"意味着充斥着快感,并引发某种情绪反应,包括快乐、痛苦、厌恶等等。

● "崇高的意识形态客体"是幽灵般的客体,它没有任何实证性的本体论一致性,而只是用来填充某种构成性的非可能性的空白的。(The "sublime object of ideology" is the spectral object which has no positive ontological consistency, but merely fills in the gap of a certain constitutive impossibility.)

【注解】这里没有什么理论,要注意的只是几个概念。"对象小 a"即"崇高的意识形态客体","崇高的意识形态客体"是幽灵般的客体,因为它并不成形,没有实证性的本体论一致性。所谓"实证性",即归纳出来的、可以验证的特性。人是两足而无毛的动物,"两足而无毛的动物"是人的"实证性"特征。所谓"本体论一致性",即本质性的一致性,即核心性的一致性。对象小 a 不具有实证性的属性,也没有本质性、核心性的一致性。因而称之为"幽灵般"的客体。"构成性的非可能性"一词涉及两个关键,一是

"非可能性"(impossibility),一是"构成性"(constitutive)。"非可能性"即"无",拉康-齐泽克的哲学本质上是"无"的哲学,他们认为人类的一切都是围绕着"空"(nothingness)和"无"(void)构成的,也是围绕着它们来旋转的。他们的哲学是真正的"无中生有"的哲学。从这个意义上说,只有拉康才算是真正的后现代主义者。齐泽克一直谈论的"麦格芬"(McGuffin)就是如此。我们在谈及婚恋时,有一句俏皮话:恋爱就像狗咬尾巴转圈子,咬不着想一辈子(空),咬着了疼一辈子(还是空)。这是全部人生的隐喻。虽然"非可能性"是"空",是"无",但却具有极强的"构成性",因为整个人生都是围绕着"构成"的。

行文至此,还有如下两个问题值得注意:

(1)意识形态具有它的历史阶段性,在不同的时代会呈现出不同的形态。在前现代社会,意识形态是错误观念,是谎言,是"虚假意识";但是在现代社会,特别是后现代社会,它以"真理"的形式呈现出来,甚至不再以理论、话语的形式呈现出来,而以种种不同的实践方式呈现出来。我们处于从现代社会向后现代社会过渡的时期,政治、经济、文化都呈现过渡的特色,因此我们的意识形态也呈现过渡的特色,有时是公然的谎言,有时是如假包换的实话("跟政府作对就是恶"),甚至有时干脆就是实践。拆迁,仅就其行为而论,就是一种意识形态性实践,而且是"刚性"(hard)的意识形态。当然,"拆迁"也有其理论形态,第一阶段,中国=China=拆哪;第二阶段,"没有强拆就没有新中国"。齐泽克对意识形态的分析和批判,主要是以西方后现代民主社会为目标

的,未必完全适用于我们。

(2) 精神分析是分析意识形态的利器,但精神分析也是一种意识形态,至少弗洛伊德时期的精神分析是一种意识形态。Eli Zaretsky 在其《灵魂的秘密——精神分析的社会史与文化史》(*Secrets of the Soul: A Social and Cultural History of Psychoanalysis*)中明确提出了这一点。Zaretsky 认为,就"现代性运动"而言,西方有两次"现代性运动"。第一次"现代性运动"是启蒙运动,它崇高理性,把理性视为普遍和必然的真理;第二次"现代性运动"是所谓的"现代主义"运动,它注重有血有肉的人,注重历史的偶然性和主体的独特性。"哲学是第一次现代性的标志。与现代主义艺术和文学一道,精神分析则是第二次现代性的标志。"

Zaretsky 认为,就工业革命而言,西方经历了两次"工业革命"。"第一次工业革命始于英国,它创造了工厂体系(factory system)。第二次工业革命始于美国,创造了垂直性的联合公司(vertically integrated corporation)。垂直性的联合公司不仅组织原材料和生产,而且统筹广告、营销和消费。第一次工业革命从体力劳动中榨取剩余价值,第二次工业革命则依赖于高等教育、科学和脑力劳动。在第一次工业革命中,劳动和生活基本重合:工厂不大,离家不远,而农业依然是主导性的生存之道。在第二次工业革命中,劳动与生活彻底分道扬镳,正如休闲(leisure)和消费已经自立门户一样。"第一次工业革命的意识形态是"加尔文主义"(Calvinism),第二次工业革命的意识形态则是精神分

析，它发挥的作用"类似于加尔文主义在早期资本主义、卫理公会（Methodism）在工业化中发挥的作用"。精神分析放弃了家庭这个童年的古老形象，确立了更为本真的私人化、个性化关系。它是真正注重个人主义的意识形态。它"扩展了个人自治的意义。自治不再仅限于道德之域，它现在已经适用于诸如创意、爱情和幸福之类的超道德经验"。

齐泽克的意识形态理论是否也是一种意识形态？这是一个值得考虑的问题。但有一点是可以肯定的，在一个连"意识形态"概念都已经被"意识形态化"的时代，任何人的任何理论都难以逃脱意识形态的牢笼。

（作者工作单位：北京师范大学中文系）

后　　记

这本论文集是于 2010 年 10 月 23～24 日，由《哲学动态》编辑部与河南大学出版社在北京共同举办的"精神分析与现代意识形态理论"专题学术研讨会的基础上，对参会论文加以选编而成的。会议的成功召开离不开中国社会科学院哲学研究所和河南大学出版社的鼎力支持，也离不开国内与会中青年学者的积极参与，以及中国社会科学院哲学研究所"国外马克思主义读书小组"诸位成员的共同努力。在此，我向上述诸位领导、同仁和朋友表达我深深的敬意和感谢。

本次会议规模虽小，与会学者仅仅 20 余人，但会议讨论热烈，论题深入，问题集中，取得了我们预期的效果。与会者大都是这一领域内有所研究的中青年学者，其中有些学者堪称为这一领域内的专家。其中，季广茂教授、吴琼教授、马元龙博士、严泽胜

博士、韩振江博士和刘长荣博士都是专门研究精神分析的学者,并有相关的论文或专著问世。

为何选择"精神分析与现代意识形态"这一问题作为研讨会的主题,乃是基于精神分析与意识形态在当代社会中日益凸显的功能及其内在联系。与近代理性哲学不同,由弗洛伊德所开创的精神分析理论无疑构成了文化思想领域内的另一场"哥白尼革命"。但长期以来,精神分析理论被贴上了"非理性主义"或"泛性主义"的标签。然而,殊不知,西方精神分析理论历经百余年的发展,其面貌已焕然一新,今非昔比。不仅如此,精神分析理论早已越出自己的专业领地,渗透到人文社会科学的诸多领域。其中,精神分析与现代意识形态的关系尤为密切。在某种程度上,甚至可以说精神分析已经成为现代意识形态理论研究不可或缺的一个方法论维度。当代西方学者已经在此方面做出了积极有益的理论探索。其中,齐泽克的《意识形态的崇高对象》堪称此方面的代表作。这一点应当引起国内学界的关注和重视。

约200年前,法兰西学者特拉西(D. de Tracy)首度提出了意识形态概念。之后,意识形态问题始终成为人们挥之不去的理论难题。马克思的意识形态理论批判,特别是马克思在《资本论》中有关商品拜物教研究的方法论,构成了20世纪法国另一位精神分析大师拉康的重要精神资源,并为现代意识形态理论的形成奠定了理论基础。20世纪之后,意识形态问题又成为现代西方马克思主义的重要理论资源和批判武器,如早期西方马克思主义学者卢卡奇和葛兰西的意识形态批判,德国法兰克福学派的意识

形态批判理论,如哈贝马斯所谓的"科学技术就是意识形态"的论述,法国学者阿尔都塞的意识形态理论建构,及至当今后马克思主义学者拉克劳、齐泽克有关"意识形态"的论述,等等。然而,现代意识形态研究中一个难以回避的问题是,如果要深入研究意识形态问题,除了不断地深化马克思主义的意识形态理论研究之外,人们不得不重新回头关注由弗洛伊德所开创并由法国精神分析大师拉康所发展的精神分析理论。齐泽克正是在继承拉康精神分析理论的基础上,对现代意识形态理论及其文化底蕴进行了深度的理论阐释和注解,并在东西方世界获得了巨大的反响。当然齐泽克的理论阐释及其影响也不乏诸多的批评之声。

本次会议对拉康的一些核心概念,如三界概念(想象界、象征界和实在界)以及拉康前后期思想的分野及其不同特征展开了探讨,并对精神分析的某些概念的理解和翻译达成了基本共识。但在拉康的某些核心概念上,仍存有颇多争议。

首先,针对齐泽克的 *The Sublime Object of Ideology* 中的"object"一词,与会者大多倾向于将该书中的"object"译为"对象"而非"客体",因为这将使意识形态规避"客观主义"之嫌,并与意识形态乃"观念学"的原有之意更趋吻合。该书的中文译者季广茂先生在会上表达了不同的意见和看法。但他表示,他会充分考虑大家的观点,并与齐泽克先生沟通后,再与大家交流并定夺。与会学者还倾向于将拉康的"object petit a"直接翻译为"对象小 a"或"对象 a",而不是翻译为"小对体";将"other"或"big other"译为"他者"或"大他者",而不是翻译为"大对体"。

其次，具体到精神分析领域的其他概念的翻译，与会学者也仍存在着诸多不同的看法。如对拉康"symptom"概念的翻译仍没有达成共识。"symptom"是拉康的一个核心概念，其在前后期的意思相差甚大。在20世纪50年代初期，拉康经常使用的是"symptom"（一般译为"症兆"、"症候"或"病症"）；然而到了50年代末，拉康开始抛弃此前"symptom"的概念规定，并赋予它更为复杂的含义。拉康启用了"sinthome"一词来表达不同于前期的"symptom"之意。"sinthome"是symptom的古体字，拉康在此使用该古体字，以彰显它与一般意义上的"symptom"的根本性差异，即sinthome与实在界、快感相关，而"symptom"尚未完全触及"快感"层次。季广茂先生在齐泽克的《意识形态的崇高对象》中将"Sinthome"译为"synthetic-artificial man"（症兆合成人）这也有一定道理，只是理解起来更为复杂和困难一些。也有学者主张将"symptom"译为"症兆"，将后期的"sinthome"译为"症候"，以示拉康前后期的区别。然而，究竟如何翻译该概念，大家仍未形成一致意见。综合以上看法，我在此冒昧地提出，是否可将"Sinthome"一词直接音译为"神托目"，就像将精神分析的概念"phallus"音译为"菲勒斯"，而非"男根能指"那样。如此直接音译，旨在表示"Sinthome"不是一般意义上的症兆或病症，而是与实在界、快感密切相关，是难以根除的主体的根本特征。如此冒昧试译，是否妥当则另当别论。其目的旨在抛砖引玉而已。

再次，对于拉康精神分析的其他概念，也仍存争议。如在本文集中，大多数学者沿用季广茂先生的译法，将"jouissance"译为

快感(enjoyment);但吴琼先生则将"jouissance"译为"原乐",其旨在强调"jouissance"一词原初的"(性)快感"之意。就此点而论,译"原乐"当然更符合弗洛伊德和拉康精神分析的本意;当如果考虑到"jouissance"的延伸意义,即"jouissance"不仅局限于"原乐",而且还包括了"超我"的意蕴,如现代意识形态就包含了某种"超我快感",等等,那么,将"jouissance"译为"快感",其覆盖的范围可能更广。当然,"快感"这一译法必然丧失"jouissance"的部分原意,这也是不得已而为之的无奈之举。另外,对于拉康50年代后期启用的另一个重要概念"Thing"的中译也不尽相同。本书中大部分作者沿用了季广茂先生"原质"的中文译法,吴琼先生则将其译为"物"或"大写的物"。当然,本书中也还有针对精神分析理论其他概念的不同译法,在此我就不一一列举了。因为是一本会议文集,所以,我们还是保留了每位作者对相关概念的原有译文,没有对其中存有分歧概念的中文译名加以统一,以示尊重作者之意。需要特别说明的是,指出上述核心概念译文的不同之处,并非是为了表明孰优孰劣,而是旨在提醒读者在阅读时关注到其中的差异或细微的不同之处,并借以促发读者的翻译智慧,以有助于国内精神分析和意识形态理论研究的深入。至于具体的不同或细微的差异之处,还有待对此问题感兴趣的诸多读者的发现。

最后,需要特别提及的是,河南大学出版社总编辑张云鹏先生于百忙之中亲自赴京参会,并为本文集的出版、编辑和校对劳神费思;本书的责任编辑王可佳也为本书的编校付出了极大的精

力,在此,我要表示特别的感谢。另外,还需要交代的是,本文集的内容主要由我来统一负责加以选编而成;选编主要依据于文章的内容、主题和逻辑发展线索,而非其他标准。如果出现什么不妥之处,将由我来统一负责。虽然我们竭力避免本书中可能出现错误,但仍难免挂一漏万,祈望读者给予批评指正,以便我们今后进一步改进和纠正。

孔明安

2011 年 4 月 16 日于北京建国门内大街 5 号

赫尔墨斯国际前沿论文书系

主　　编　汝　信

副 主 编　金惠敏

策　　划　张云鹏